Begegnungen

Begegnungen
Begegnungen

Erzählungen – Essays – Gedichte

appelhans Verlag

Herausgegeben von der Braunschweigischen Landschaft e. V.,
Arbeitsgruppe Literatur
Nachdruck, auch auszugsweise nur mit Genehmigung des Herausgebers.
© 2002, Appelhans Verlag, Braunschweig
ISBN 3-930292-64-5

Vorwort GERNOT BISCHOFF 9

Literarische Begegnungen der besonderen Art
Zum Wettbewerb und zu diesem Buch WOLFGANG RISCHER 11

Partnerbegegnungen

Erfahrung SILVIA SCHÖNBERG 21
Der Arm der Eisenhütte RALF NIESKE 22
Eigentlich SILVIA SCHÖNBERG 33
Die Frau im Auto SOPHIE SCHÄPE 34
Das Sofa FRIEDERIKE KOHN 35
„... schön' dass es Dich gibt ..." ANDREA LUDWIG 37
Spielchen ANDREAS HARTMANN 38
Der Stern von Saint Malo SIGRID ELISABETH HERMANN 39
Das Paar an der Ampel MICHAEL ZOCH 43
Eine alte Liebe HERMANN ORLAMÜNDE 45
Dir entgegen BIRGIT UTHE 48
Tiefe Liebe INGEBORG BAUMANN 49
Nachklang ANDREAS HARTMANN 50
DIE KETTE SIGRID SCHWARTZ 51
Jahresring KARIN STIDDIEN 55
die greisin FRED KAHL 56
Auszeit VANESSA SEELIG 57
Du? CLAUDIA LIEPELT 63
Eine Kneipe RALF ERSFELD 64

Begegnung mit Landschaft und Natur

Alte Bäume UWE HILDEBRANDT 69
Alte uralte Weiden FRIDA KOPP 72
Ein Tag begegnet dem Herbst FLINT ROSNER 73
Herbstgang BIRGIT RÜHE 74
Märznacht BERND KLOSENDORF 75

Einmal Ewigkeit und zurück MANFRED STOPPE	76
Garding ULRIKE GLOCKENTÖGER	81
Blaue Stunde BETTINA EGBUNA	82
Wie schmeckt Blau? CHARLOTT RUTH KOTT	83
gehörtes Gefühl IMKE RIECHEY	86

Naive Welterfahrung und Traumwelt

Ein Weihnachtstag in Braunschweig HANNELORE BARTSCH	87
Alleen ULRIKE GLOCKENTÖGER	90
Ich schenk dir meine Zeit SIMONE KÖNIG	94
Winter JUTTA LESKIEN	96
Der Mond BIRGIT RÜHE	97
Die Murmelleute HARALD RIEBE	98
Jo FRIEDERIKE KOHN	106
Alles auf einmal ANDREAS HARTMANN	108
Hühnergaucho GREGOR W. SCHULZ	109
Himbeersommer 64 RALF OHAINSKI	110
Die Lütte und der alte Dichter RENATE KOCH	111

Begegnung mit Literatur und Gesellschaftskritik

Vor dem Spiegel HEINZ SCHICKTANZ	121
Die Verteidigungsrede des Wolfes JOSEF HERZOG	122
Jagdschloss II BIRGIT RÜHE	126
Nathans Gegenwart KLAUS NÜHRIG	127
Leitbilder GERD MOHR	131
auch feldwege REINHARD FÖRSTERLING	132
Umleitungsende JAN OFF	134
Sie marschieren wieder KARIM ABDEL GAWAD	135
Volkberts Begegnungen nach der Gnade der späten Geburt JÜRGEN KUMLEHN	136
Contradictio MIRIAM KOSEWITSCH	147

Begegnung mit der Geschichte und Fremdkulturen

Entwurzelung oder Eine Kindheit in Danzig Christiane Krüger 149
Bamberg Klaus Ilberg 157
Heimkehr nach Braunschweig Erich Helmer 158
Bosnische Begegnungen Friedel Nüsse 164
FILM-SPOTS Peter M. Jander 171
Schicksal oder Fügung? Dagmar Nabert 173
Ein langer Weg nach Hause Helene Boleininger 180
Chancen Marianne Jondral 190
Der Macham-Buddha Anja Börries 191

Begegnung mit Gott, dem Absurden oder Unbegreiflichen

Begegnung mit Gott, dem Tod und zum letzten Mal
  mit dem Vater Michael Stock 209
Am letzten Tag Bernd Klosendorf 212
ABSCHIED Peter Janssen... 213
Vollpension Karin Stiddien 214
Von ganzem Herzen Ralf Ohainski 215
Der Urlaub Frieda F. Büscher 216
Die verpasste Gelegenheit Renate G. Koch 222
erlegt Elsa Romfeld 228
Grenzgang Linda Entz 229
Die letzte Geschäftsverhandlung Harald Riebe 234

Biographien der an der Anthologie beteiligten Autoren 245

Biographien der Juroren bzw. Lektoren 255

Begegnungen

Die Anthologie „Begegnungen" ist aus Beiträgen zu einem Literaturwettbewerb für Lyrik und Kurzepik hervorgegangen, der sich mit dem gleichen Thema beschäftigt hat.

Zu den Vorüberlegungen der Arbeitsgruppe Literatur der Braunschweigischen Landschaft gehörte, dass „Begegnungen" zum Erfahrungsschatz aller Menschen gehören und das Thema deshalb viele Autoren aus der Region zur Teilnahme am Wettbewerb animieren könnte. Die Einsendung von über 300 Beiträgen gab den Planern Recht.

Das Leben der Menschen ist von der Geburt bis zum Tod von „Begegnungen" geprägt. Alle fünf Sinne sind daran beteiligt, das außerhalb von uns Seiende zu begreifen. Flüchtige oder schicksalhafte, gewollte oder zufällige Begegnungen sind Splitter eines Erfahrungsschatzes, die sich zum Gedächtnis zusammensetzen. In erster Linie begegnen wir vertrauten oder fremden Mitmenschen, Tieren und Pflanzen, der gesamten Welt, in der wir leben, die wir in unseren Träumen reflektieren, begreifen oder nicht begreifen. Dazu gehören Weltanschauung, Religion, Gesellschaft, Kultur und Geschichte. Die Kapiteleinteilung der Anthologie widerspiegelt die Vielfalt möglicher Begegnungen. Von den Planern des Wettbewerbes wurden zunächst sehr knappe Beiträge mit Besinnung auf das Wesentliche erwartet, da der „Begegnung" als unverhofftem menschlichen Gedächtnissplitter eigentlich nur Kurzgeschichte, Kurzerzählung oder lyrische Momentaufnahme adäquat zu sein schienen. Sie wurden als Juroren überrascht davon, und sie akzeptierten, dass die Reflexion über andauernde und tiefer gehende Begegnungen durchaus epische Breite rechtfertigte. Das trifft vor allem für Begegnungen von Menschen aus verschiedenen Kulturräumen zu.

Die in der Gegenwart Lebenden werden vielfach Rückerinnerung und Betroffenheit über eigene Begegnungen aus den Beiträgen herauslesen können; denn die Autoren sind Menschen wie du und ich. Mögen sich die Gedächtnissplitter der Beiträge für den Leser zu einem Mosaik zusammenfügen, das einen nachhaltigen Eindruck von der Welt entstehen lässt, in der wir leben!

Gernot Bischoff

Wolfgang Rischer

Literarische Begegnungen der besonderen Art

Zum Wettbewerb und zu diesem Buch

1. Die Ausschreibung

Die Literatur ist reich an Begegnungen, oberflächlichen oder folgenschweren. Eine der eindrucksvollsten in der klassischen deutschen Literatur beginnt mit der Frage: „Mein schönes Fräulein, darf ich wagen, / meinen Arm und Geleit Ihr anzutragen?" und endet zunächst mit einer kokettschnippischen Antwort, die den Fragesteller abblitzen lässt. Ein Ritter von trauriger Gestalt begegnet Windmühlen und verliert den Kampf gegen die vermeintlichen Riesen; Tell begegnet grußlos dem Geßlerhut auf der Stange; Kapitän Ahab dem weißen Wal – die Beispiele ließen sich mehren. Diese oder andere mögen insgeheim Pate gestanden haben, als in einer Sitzung der Arbeitsgruppe „Literatur" der Braunschweigischen Landschaft e.V. im November 1999 nach ausführlicher Diskussion verschiedener Themenvorschläge der Beschluss gefasst wurde, das Projekt „Literaturwettbewerb 2001" unter das Thema „Begegnungen" zu stellen.

Hatte das erste Literaturpreisausschreiben im Jahre 1993 in sinnfälliger Weise das Thema „Braunschweigische Heimat" ausgelotet, so wollte man sich bei diesem zweiten Wettbewerb aus dem Korsett einer allzu engen regionalen Vorgabe lösen, ohne aber den Gedanken eines „roten Fadens" und damit eine gewisse Vergleichbarkeit aufzugeben. Das vielschichtige Thema „Begegnungen" verband das gewollte Maß an Öffnung einerseits mit vergleichbaren Schreibanlässen andererseits, seien es nun Begegnungen mit Menschen, mit der Geschichte, mit der Kultur eines Landes oder mit einer Landschaft. Damit war das Feld abgesteckt. Die Mühen der Ebene konnten beginnen.

Unter der Federführung Gernot Bischoffs, des Sprechers der Arbeitsgruppe, wurden Einzelheiten und Bedingungen für die Ausschreibung festgelegt. Anfang September 2000 wiesen die regionale Presse und der Rundfunk auf den Wettbewerb hin, ein ausführliches Informationsblatt folgte, das wiederum über Buchhandlungen, Bibliotheken, Hochschulen, Kulturämter, Kreisvolkshochschulen und die Bundesakademie für kulturelle Bildung in Wolfenbüttel an Interessierte herangetragen wurde. Die Einsender sollten in der Region Braunschweig wohnen und konnten sich mit bisher unveröffentlichten Texten aus den Bereichen Lyrik und Kurzprosa beteiligen. Eine Begrenzung des Umfangs auf bis zu fünf Gedichte oder zwei Prosatexte mit jeweils bis zu zehn maschinengeschriebenen Seiten erschien – wie beim ersten Wettbewerb – aus Gründen der Übersicht und der Vergleichbarkeit sowie im Hinblick auf die von der Jury zu leistende Arbeit als zwingend notwendig. Um jede Beeinflussung durch bekannte Namen von vornherein auszuschließen, durften die eingesandten Arbeiten auf jeder Seite nur mit einer frei wählbaren Buchstaben- / Zahlenkombination gekennzeichnet sein.

In die Jury wurden vom Veranstalter auch dieses Mal fünf im Bereich der Literatur seit Jahren schreibend oder vermittelnd Tätige berufen, und zwar Gernot Bischoff (Salzgitter) als Vorsitzender, Dr. Anette Boldt-Stülzebach (Braunschweig), Rudolf Guder (Dettum), Aribert Marohn (Braunschweig) und Wolfgang Rischer (Süpplingen). Zusätzlich sollte Gerda Wiele-Mende in beratender Funktion zur Verfügung stehen.

Die mit der Ausschreibung verbundenen Erwartungen der Jury waren nicht so sehr auf einen hohen literarischen Ton gerichtet, als vielmehr auf ein realistisches Maß herabgestimmt. Schließlich wusste man aus den Ergebnissen des ersten Wettbewerbs, dass damit nur wenige professionell arbeitende Autorinnen und Autoren zu erreichen waren, wohl aber eine Vielzahl von unbekannten Beiträgern mit bisher noch unveröffentlichten, zum Teil wirklich lesenswerten Texten, darunter einige bislang unentdeckte Talente: Wer einen vielgestaltigen Fang will, darf nicht mit einem zu weitmaschigen Netz fischen.

Um jedoch auch den bereits an die Öffentlichkeit getretenen Schriftstellerinnen und Schriftstellern einen Anreiz zur Teilnahme zu bieten, wurde die Dotierung gegenüber dem ersten Wettbewerb mit insgesamt 3500 DM deutlich angehoben. Außerdem wurde beschlossen, die Kategorien Lyrik und Kurzprosa dieses Mal – wie allgemein üblich – getrennt zu bewerten. So setzte die Braunschweigische Landschaft als Veranstalter dementsprechend Preise in Höhe von jeweils 1000 DM für die ersten, 500 DM für die zweiten und 250 DM für die dritten Preise aus und behielt sich eine Veröffentlichung ausgewählter Arbeiten in einer Anthologie vor. Einsendeschluss war der 30. November 2000.

2. Die Arbeit der Jury

Vor der Aufnahme ihrer Arbeit verständigte sich die Jury zunächst auf Bewertungsmaßstäbe. In einer älteren Veröffentlichung, der aber nichts Angestaubtes anhaftet, weil sie durch eine profunde Sachkenntnis glänzt, verweist kein Geringerer als Walter Jens auf das Handwerkliche als Grundlage jeglicher Kunst seit den Zeiten der attischen Tragiker und fordert, die

Kritik solle „die 'Machart' eines Kunstwerkes, seine Struktur und Handwerks-Perfektion betrachten. Sprach-Analysen, Bewertungen der Syntax, sachgemäßes Prüfen der Vergleiche und Bilder... " (Walter Jens, Deutsche Literatur der Gegenwart, dtv 172, München 1964, S. 35 u. S. 49 f): Eine Forderung, die bis heute nichts von ihrer Aktualität eingebüßt hat und die, naturgemäß mit Abstrichen, ebenso für einen Regionalwettbewerb gelten sollte. So war man sich einig, bewährte literarische Kriterien anzuwenden, wie das angemessene Verhältnis von Form und Inhalt, die innere Stimmigkeit eines Textes mit Blick auf Stil und Wortwahl, die Eigenständigkeit der verwendeten Bilder und Vergleiche, die Beherrschung von Gliederung, Satzbau und Grammatik (einschließlich bewusster, aus textimmanenten Gründen zu akzeptierender Regelverletzungen), weiterhin die Mehrschichtigkeit und das Sagen des Nichtgesagten bei lyrischen Gedichten. Holprige Metrik und platte Reime in der Lyrik sollten zur Abwertung; Klischees, Kitsch und krasses Epigonentum zur Ablehnung führen; fremdsprachige Texte aus der Bewertung herausfallen. Ein Themenbezug im Sinne des oben genannten Rahmens musste erkennbar sein. – Somit lagen die Instrumente bereit, der Blick war geschärft. Die Frage war nur, würde die Ausschreibung genügend Widerhall finden, erwies sich die Öffnung des Themas als vorteilhaft oder als eher hinderlich?

Dann die Überraschung, ein Echo, mit dem kaum jemand gerechnet hatte: 102 epische und 228 lyrische Einsendungen lagen vor, das bedeutete für jedes Jurymitglied eine Lektüre im Umfang von etwa 700 Seiten! Jedes Mitglied begutachtete alle Arbeiten zunächst für sich allein und nahm eine Einteilung in drei Qualitätsklassen – nach Lyrik und Kurzprosa getrennt – vor, um daraus in einem zweiten Schritt mit Hilfe einer Punkteskala die jeweils zehn am besten bewerteten Gedichte und Prosastücke auszuwählen. Eine darauf fußende Zusammenschau dieser Urteile aller fünf Juroren in Form von je einer Übersicht für Lyrik und Kurzprosa bildete die Grundlage für intensive Diskussionen, durch die unter ständigem Heranziehen der Texte selbst eine allmähliche Eingrenzung auf die jeweils drei nach Auffassung der Jury herausragenden Gedichte und Prosatexte erfolgte, die abschließend in eine Rangfolge gebracht wurden. Wegen der recht großen Zahl gelungener Einsendungen entschloss man sich, zusätzlich zwei undotierte vierte und fünfte Preise für Lyrik und Kurzprosa auszusetzen. Mit dieser Prämiierung war die Arbeit der Jury zunächst beendet; eine Arbeit, die unter strikter Wahrung der Anonymität vor sich ging, da die Juroren auf Grund der Chiffrierung der eingesandten Texte die Namen der Preisträger erst später erfuhren.

Wer staubtrockene Statistik bietet, läuft Gefahr, seine Leser zu verschrecken. Doch ein kurzer Blick auf die regionale Verteilung der Autorinnen und Autoren mag erlaubt sein. Eine von der Geschäftsstelle der Braunschweigischen Landschaft erstellte Liste erfasst 241 Einsender, und zwar:
    117 aus der Stadt Braunschweig,
    12 aus dem Kreis Helmstedt,
    23 aus dem Kreis Peine,
    25 aus Salzgitter,
    29 aus dem Kreis Wolfenbüttel und
    35 aus sonstigen Kreisen.

Es ist anzumerken, dass sich auch einige ehemals in Braunschweig oder im früherem Braunschweiger Landschaftsgebiet Wohnende am Wettbewerb beteiligt haben, unter denen sich jedoch keine Preisträger befinden. Weil viele Autorinnen und Autoren mehrere Beiträge eingereicht haben, liegt die Gesamtzahl der Einsendungen höher.

3. Die Preisträgerinnen und Preisträger mit ihren Texten

Die feierliche Preisverleihung fand am Tag der Braunschweigischen Landschaft, dem 12. Mai 2001, im Fürstensaal des Schlosses Salder statt. Die Ehrung der Preisträgerinnen und Preisträger nahm Salzgitters ehemaliger Oberbürgermeister Hermann Struck als Ehrenvorsitzender der Braunschweigischen Landschaft vor; die im Auftrag der Jury abgefassten Laudationes hielten Gernot Bischoff (Epik) und Wolfgang Rischer (Lyrik). Diese ausführlichen Begründungen können hier wegen der insgesamt zehn vergebenen Preise nur auszugsweise herangezogen werden, um den Rahmen dieser Ausführungen nicht zu sprengen.

In der preisgekrönten Prosa wird das Thema „Begegnungen" auf verschiedenen inhaltlichen Feldern entfaltet, da gibt es den geschichtlich-politischen Hintergrund ebenso wie den humanen Gedanken der Völkerversöhnung, satirisch verpackte Gesellschaftskritik neben einer Alltagsgeschichte oder märchenhaften Verfremdungen. Eine „klare politische Tendenz, die er von Anfang bis Ende durchhält", verfolgt Jürgen Kumlehn aus Wolfenbüttel mit seinem in dreizehn Teile gegliederten Lebensbericht „Volkberts Begegnungen nach der Gnade der späten Geburt", welcher die Jury durch seine formal wie sprachlich gelungene Gestaltung überzeugte und deswegen mit dem ersten Preis ausgezeichnet wurde. Darin wird der Lebenslauf eines kritischen Achtundsechzigers, der in der „Nachkriegspolitik und in der Wertewelt der älteren Generation Nazi-Gedankengut wieder entdeckt" und hierin die Wurzeln für Rechtsradikalismus sieht, aus unterschiedlichen Blickwinkeln betrachtet. Negative Begegnungen überwiegen. Dabei passt der „sarkastisch lapidare Stil im Stakkato knapper parataktischer Sätze... zu den dokumentarischen Aussagen, die voller Anspielungen und Zitate sind. Zeitraffer und Reihung wirken eindringlich und verstärken die emotionale Betroffenheit".

Davon sehr verschieden ist die stille Geschichte einer möglicherweise schicksalhaften Begegnung im Alltag mit dem Titel „Die Kette", für die Sigrid Schwartz aus Braunschweig den zweiten Preis erhielt. Nach Auffassung der Jury sind die „Grundbedingungen des offenen Eingangs und Ausgangs für die Kurzgeschichte... stimmig, ebenso die Alltäglichkeit der Handlung. Die Autorin beherrscht die Stilmittel des inneren Monologs und der szenischen Gestaltung, die mit allen Sinnen erlebten Bilder beschreiben die Wirklichkeit treffend... Überlegungen darüber anzustellen, ob etwas aus der Beziehung wird, bleibt dem Leser überlassen."

Ebenfalls vor dem langen Schlagschatten des Krieges ist die Erzählung mit dem Titel „Der lange Weg nach Hause" zu sehen, für die Helene Boleininger (Braunschweig) der dritte Preis zuerkannt wurde. Im Vordergrund steht dabei „die Eisenbahnfahrt einer mit einem Deutschen verheirateten Weißrussin von Minsk nach Braunschweig,... 'nach Hause' zu Mann und Kindern. Oder ist das Zuhause in Weißrussland...?" Nach Überzeugung der Jury ergreift die Erzählung den Leser „durch ihre Wahrhaftigkeit und ihren Willen zur Völker-Versöhnung". Die Autorin gebraucht gleichfalls „souverän das Stilmittel des inneren Monologs und des szenischen Dialogs, zahlreiche Rückblenden (Erinnerungen) offenbaren den in der Epik erlaubten freien Umgang mit der Zeit... Die Autorin wird dem Thema gerecht durch 'Begegnungen' vielfältiger Art zwischen Russen und Deutschen, eine beachtens- und veröffentlichungswerte Erzählung".

Ein Autor kann sich der Gegenwart auch nähern durch satirische Zuspitzung oder Verfremdung, davon zeugen die Arbeiten von Josef Herzog (Salzgitter, vierter Preis) und Ulrike Glockentöger aus Remlingen Kr. Wolfenbüttel (fünfter Preis). Herzogs Text „Die Verteidigungsrede des Wolfes" in der „Rotkäppchen-Affäre" ist „eine satirisch gemeinte Anspielung auf das moderne Gerichtswesen. Der weit ausholende hypotaktische Juristenstil passt zu der heuchlerischen Rhetorik des Wolfes...". Als Einschränkung wertete die Jury, das Thema „Begegnung" sei nur bedingt getroffen worden. - In Ulrike Glockentögers Erzählung „Alleen", die, zur Weihnachtszeit spielend, märchen- und legendenhafte Züge trägt - ein Kind begegnet „Engeln" - entsprechen die „von der Autorin verwendeten Bilder und der schlichte Stil... der Aussage des Textes" und der „Leser vermeint, Elemente des Sterntalermärchens in Büchner-Verfremdung erkennen zu können."

Sehr unterschiedlich gehen auch die mit Preisen bedachten Gedichte an das Thema heran; sie beziehen sich auf menschliche Begegnungen, aber auch auf Begegnungen mit den Stätten der Kindheit, mit der Schönheit des Alltags, mit einer Winterlandschaft.

„Alles auf einmal" lautet der Titel des Gedichts, für das Andreas Hartmann aus Braunschweig, der bereits mehrere Veröffentlichungen vorgelegt hat, der erste Preis zuerkannt wurde. Sein Gedicht überzeugte die Jury „durch die innere Stimmigkeit von knapper Form und einfacher Sprache"... In einer poetischen Momentaufnahme wird eine winzige Alltagsszene detailgetreu eingefangen. „Es ist ein Augen-Blick, in dem verschiedene Wahrnehmungen blitzartig zusammenlaufen, gleichsam ein Erfassen der Welt mit mehreren Sinnen. (Das erinnert ein wenig an den amerikanischen Dichter William Carlos Williams, der solche raschen Einblicke als 'glimpses' bezeichnete.) Das Gedicht aber gibt nur scheinbar die Oberfläche wieder. In Wahrheit ist der Gedanke vollständig ins Bild gelöst. Und so nehmen die Schlussverse auch uns, die Leser, ...mit hinein in die Begegnung mit der Schönheit des Alltags, der Welt."

Eine Begegnung gänzlich anderer Art bestimmt das Gedicht „die greisin", für das Fred Kahl aus Peine mit dem zweiten Preis ausgezeichnet wurde. „Es ist ein mehrschichtiges Gedicht, in dem zwischen den Zeilen etwas vermittelt wird, das im Kopf des Lesers weiterwirkt und einen Gedankenraum öffnet: 'da sein // ohne aussicht / auf dauernden aufenthalt' heißt es darin. Damit wird ein existentieller Hintergrund aufgezeigt, der über den Text hinausweist. In klarer Sprache werden die Bedingungen einer schwierigen Existenz...benannt, das Außen entspricht dem Innen: 'aber den hof offen halten / in ordnung den herd und / den kopf für hoffnung // frei'. Dies ist die positive Botschaft einer Begegnung mit einem alten Menschen 'am ende des steinigen weges' in einem Gedicht, in dem mit wenigen Worten alles gesagt, aber nichts verraten wird."

Um Zwischenmenschliches geht es auch in dem Gedicht „Eigentlich" von Silvia Schönberg (Braunschweig). Darin wird das Kennenlernen zweier Menschen poetisch eingefangen als eine „etwas andere, ungewöhnliche Form eines Liebesgedichts, in dem die Unsicherheiten und Fährnisse der ersten Begegnung ironisch gebrochen und reflektiert werden, verstärkt durch stete Wiederholungen... Der überlegte Aufbau und die leicht ironische Distanz" auch durch die lapidare Schlusspointe heben dieses Gedicht nach Überzeugung der Jury ebenfalls aus dem Kreis der übrigen Lyrikeinsendungen heraus und begründen die Vergabe des dritten Preises mit.

Jede Straße, liest man, führe in die Kindheit. Darauf spielt Reinhard Försterling aus Salzgitter in seinem Gedicht „auch feldwege" an, das den Leser „mit auf eine melancholische Zeitreise zurück in die Kindheit... zu einer Wiederbegegnung mit den Stätten jener frühen Jahre" nimmt und in „kraftvoller, intensiver Sprache... eine vergangene, bäuerliche Welt" in weitgehend überzeugenden Bildern beschwört. Erinnerung erschafft sie im Gedicht noch einmal neu. Hierfür wurde der vierte Preis vergeben. Der fünfte Preis wurde Jutta Leskien (Braunschweig) für ihr stimmiges Gedicht „Winter" verliehen, in dem wir einer trügerischen Idylle begegnen, das darüber hinaus poetologisch „die Sprache selbst zum Gegenstand der Reflexion" macht und als spätes Echo auf Eichendorffs „Schläft ein Lied in allen Dingen" gelesen werden kann.

4. Diese Anthologie

Die im Dunkeln sieht man nicht. Nur die Spitze des Eisbergs ragt aus dem Wasser: Von den insgesamt 102 Prosatexten und 228 Gedichten erreichten 67 epische und 194 lyrische Einsendungen nicht das Veröffentlichungsniveau oder verfehlten das Thema. Neben den nach Auffassung der Jury herausragenden Texten werden in dieser Sammlung all jene Prosatexte und Gedichte dokumentiert, die sich in der engeren Auswahl befanden oder bei der Bewertung eine Mindestpunktzahl erhielten. Leitender Gedanke war dabei, möglichst vielen Autorinnen und Autoren der Braunschweiger Region ein Forum zu bieten.

Das Wort „Anthologie" bedeutet eigentlich „Blütenlese". Und das trifft im vorliegenden Fall wohl auch den Sachverhalt. Aus der Fülle des Materials wurden Beiträge von 57 Autorinnen und Autoren mit 35 epischen und 34 lyrischen Texten ausgewählt und zusammengestellt, die aus der bunten Vielfalt herausleuchten, weil sie literarischen Ansprüchen ganz oder weitgehend genügen, zumindest aber Interessantes oder Eigenes vorzuweisen haben. Viele werden hier mit ihren Texten erstmals öffentlich vorgestellt. Deswegen erschien eine vorsichtig lektorierende Beratung einiger Einsender angebracht, um wenigstens die eine oder andere Ungeschicklichkeit zu beheben oder abzumildern. Ein heikles Unterfangen, gewiss. Denn selbstverständlich darf dies nicht dazu führen, dass Texte aufpoliert und dadurch Gewichte verschoben werden.

Wie breit die Palette der Begegnungen in dieser Auswahl ist, verdeutlicht ein Blick auf die Kapiteleinteilung. Sie reicht von Partnerbegegnungen über Landschafts- und Natur- sowie Welt- und Traumweltbegegnungen, über Begegnungen mit Literatur und Politik, ferner mit Fremdkulturen bis hin zu

Begegnungen mit dem Absurden, dem Unbegreiflichen, mit Gott. Nicht immer ist die Einordnung von Texten in eine dieser Kategorien ganz eindeutig möglich gewesen, doch mag sie als Orientierungshilfe dienen. Eine derartige Vielfalt innerhalb dieses Themas stellt auf literarischem Felde durchaus eine Besonderheit dar.

Formal ist der Bogen vom kurzen Gedicht über lyrische Naturimpressionen und Essayistisches bis zur surrealen Erzählung gespannt. Die klassische Moderne und die zeitgenössische „postmoderne" Lyrik haben in einigen der hier vertretenen Gedichte ihre Spuren hinterlassen. Vieles ist aber doch eher konventionell. Das muss grundsätzlich kein Nachteil sein, sofern ein eigener Ton hörbar wird. Wie reizvoll das Spiel mit einer strengen Form sein kann, belegt ein als Ringkomposition angelegtes Haiku-Band, das damit den Kreislauf des Jahres abbildet (Karin Stiddien: „Jahresring"). Die filmische Technik der raschen Abfolge kurzer Bildsequenzen wird durch eine lapidare Reihung sprachlicher Bilder nachgeahmt (Peter Michael Jander: „Film-Spots"). Gleichsam in Windeseile besichtigt man durch die Methode der Aussparung und Andeutung eine Stadt, wir wissen, welche (Birgit Rühe: „Herbstgang"). – In der Prosa werden kompliziertere Erzähltechniken vereinzelt erprobt. So spielt der innere Monolog nicht nur in einigen der preisgekrönten Texte eine Rolle, sondern hat eine ironisch-dominierende Funktion in der Geschichte einer sich zuspitzenden Begegnung (Harald Riebe: „Die letzte Geschäftsverhandlung"). Als Rahmenerzählung glaubwürdig angelegt ist „Der Arm der Eisenhütte" von Ralf Nieske; in ähnlicher Weise gestaltet eine poetische – und ein wenig didaktische – Erzählung, die den Reiz des Exotischen auskostet (Anja Börries: „Der Macham-Buddha"). Aber jenseits aller Fiktion schreibt auch das Leben manchmal eine Geschichte, die keines Arrangements bedarf und die doch anrührt (Dagmar Nabert: „Schicksal oder Fügung?"), weil das Vergangene nicht vergangen ist. „Ihr seid / Gerührt, und Euer Auge steht voll Wasser?" zitiert der Braunschweiger Schriftsteller Klaus Nührig in seinem Text in der Nachfolge der Aufklärung Lessing („Nathans Gegenwart") und fährt fort: „Immer muss er (Nathan) jemand sein, für den die Erinnerung nicht bis in die Gegenwart brennt, als könne nach Jahren verschwinden, was damals erlitten wurde". Es gibt Geschichten, in denen verschwindet es nicht.

Diese Anthologie vermag keine repräsentative Auswahl zu bieten, liefert aber hinsichtlich der regionalen Verteilung der Autoren in grober Annäherung ein verkleinertes Spiegelbild der regionalen Gruppierung der Einsender, obwohl allein unter literarischen Gesichtspunkten ausgewählt wurde. Kurzbiografien am Ende des Buches geben Auskunft über Alter, Herkunft und Beruf und können damit als Ergänzung zu den Texten auf Autorinnen und Autoren der Region aufmerksam oder gar neugierig machen. Damit wäre eine wichtige Aufgabe des Literaturwettbewerbs, der mit dieser Anthologie abgeschlossen wird, erfüllt. In der Rückschau kann aus der Sicht des Veranstalters wie der Jury ein positives Fazit gezogen werden. Das Echo war mit rund 340 Einsendungen für einen Regionalwettbewerb ungewöhnlich groß, einige Autorinnen und Autoren mit beachtenswerten Texten sind in das Licht der Öffentlichkeit gerückt worden.

Kultur bewahren heißt nicht, Asche aufheben, sondern eine Flamme am Brennen erhalten – so ließe sich ein Wort Jean Jaurès' abwandeln. In mageren Zeiten ist die Kultur immer als erste von der Auszehrung bedroht. Die Ebbe in den Kassen der Länder und Kommunen lässt derzeit manch ein Projekt stranden. Umso mehr muss vor diesem Hintergrund die Finanzierung des Wettbewerbs und dieser Anthologie als beispielhaftes Handeln anerkannt werden. Dafür gebührt der Braunschweigischen Landschaft e.V. Dank. Es bleibt zu hoffen, dass künftige literarische Vorhaben dieser oder anderer Art mit einer ähnlich engagierten Unterstützung rechnen dürfen, damit jungen oder unbekannten Talenten wiederum eine Chance geboten wird.

Die Herausgeber hoffen, mit dieser Anthologie über die Dokumentation des Wettbewerbs hinaus ein anregendes Lesebuch vorzulegen.

Partnerbegegnungen

Erfahrung
SILVIA SCHÖNBERG

Wenn du hören könntest,
was der, der zu dir spricht,
nicht sagt –
wenn du sehen könntest,
wie die Maske vor seinem Gesicht
dich narrt –
wenn du fühlen könntest,
wann der, der sich fürchtet,
dich täuscht –
dann könntest du erkennen,
wie sehr der Mensch neben dir
dich braucht.

Hör' doch mal,
was der, der zu dir spricht
verschweigt –
sieh' doch mal,
wie die Maske vor seinem Gesicht
zerreißt –
fühl' doch mal,
wann der, der sich fürchtet,
zittert –
dann wirst du erkennen,
wie sehr der Mensch neben dir
dir gleicht.

Der Arm der Eisenhütte
Ralf Nieske

Tief in seiner eigenen Welt verfangen hockte der Mann an der verwilderten Böschung, die den algengrünen Zweigkanal säumte, dessen Oberfläche selbst in der ungetrübten Sommersonne stumpf erschien. Ein Netz von feinen Falten, das seine Züge, umrahmt von stumpfen grauen Haaren, deutlich prägte, ließ ahnen, dass der Mann die Fünfzig schon vor Jahren überschritten hatte. Und doch wirkte er jugendlich, nicht so wie der frische Alte, der Reife mit Offenheit für die Bewegungen der Welt zu paaren versteht, sondern wie der Reifende, der noch nicht alle grundsätzlichen Lektionen, die vor der ruhigen Bahn eines festen Lebensweges stehen, absolviert hat. Umgeben von borstigen Büschen und stachligen Kräutern wirkte er unpassend, wie ein ungebetener Gast in frostiger Runde.

Dies ungewöhnliche Bild ließ auch die junge Frau, die gerade ihr Fahrrad an einem nahen Baum abgestellt hatte, einen Moment zögern. Dann aber ging sie entschlossen auf den Mann zu. „Haste mal Feuer?" Der Mann zuckte zusammen und schaute auf. Verständnislos betrachtete er die Frau in den engen verschlissenen Jeans und dem knappen T-Shirt, die nicht älter als zwanzig Jahre sein mochte. Die junge Frau machte eine ungeduldige Kopfbewegung, so dass ihre stumpfen ausfasernden Rasterlocken in Schwingung gerieten. „Was is'n, noch nie'n Piercing gesehen?" Die zahlreichen kleinen Metallteile, die ihre ebenmäßigen angenehmen Züge aus dem Gleichgewicht brachten, beschäftigten ihn in diesem Moment aber nicht, sondern er fragte sich, ob die dunklen Ornamente, die um ihre schlanken Arme liefen, dauerhafter Natur waren.

Wortlos holte der Mann aus seiner Brusttasche ein Feuerzeug hervor. Die Frau setzte sich zu ihm und begann, sich eine Zigarette zu drehen. „Mein Freund, dieser Arsch, hat mein Feuerzeug. Der wollte doch unbedingt bei diesem geilen Wetter mit dem Fahrrad in der Gegend rumfahren, wo jeder normale Mensch zum Baden geht." Der Mann schaute aus den Augenwinkeln zu ihr herüber. „Woher kommt ihr denn?" – „Aus Braunschweig." Der Mann nickte kurz. „Wo ist denn dein Freund?" – „Weiß ich doch nicht, wahrscheinlich schon wieder in Braunschweig. Dieser Hirni wollte bei dieser Schweinehitze immer weiter neben diesem dreckigen Kanal herfahren." – „Und warum bist du jetzt hier und er in Braunschweig?" Die junge Frau schaute den Mann nachdenklich an. „Ja, bescheuert, nicht? Ich hab ihm doch nur erklärt, warum er so ein Vollidiot ist. Da hat er plötzlich rumgebrüllt und wollte nach Hause. Ich konnte ihm doch nicht hinterherfahren. Wie hätte das denn ausgesehen? Und festwachsen wollte ich da auch nicht. Also bin ich einfach weiter am Kanal entlang gefahren." Die junge Frau schaute sich kurz um: „Und jetzt sitz ich hier am Arsch der Welt. – Wo sind wir hier denn eigentlich?" Der Mann wandte sich nach rechts und zeigte auf das andere Ufer, dort wo eine Brücke den Kanal überspannte. „Gleich da vorn liegt Üfingen." Die junge Frau schaute kurz in die Richtung. „Aha." Schulterzuckend ließ der Mann den Arm sinken. „Und was willst du jetzt machen?" Mit einer flinken Bewegung nahm die junge Frau dem Mann das Feuerzeug aus der Hand und zündete sich ihre Zigarette an. „Was soll ich schon machen? Nach Hause fahren und den Macker vergessen." – „Wegen so was wirst du ihm doch nicht den Laufpass geben?" Ungeduldig verdrehte die junge Frau die Augen. „Texte mich jetzt ja nicht mit deinen Altersweisheiten zu." Der Mann ließ ein nachdenkliches Lächeln aufscheinen. „Weisheiten hab ich nicht zu bieten." – „Was dann?" – „Ich weiß nicht, ob dich das interessiert." Die junge Frau machte eine ungeduldige Handbewegung. „Erzähl schon!"

„So trist sah es hier nicht immer aus. Damals wehten frohes Gelächter und heitere Stimmen über die mit lebhaften, entspannten und auch trägen Menschen bevölkerten Böschungen links und rechts des Kanals. Selten noch schickten die jungen Transistorradios die von den Alten als revolutionär und kaum als Musik empfundenen Klänge der Beatles über den Kanal. Ein Sonnenmilchhauch erfüllte die Luft. Manch junger Mann lag, müde von der schweren Arbeit in dem nahen Stahlwerk, der „Hütte", wie die Arbeiter sagten, in tiefem Schlaf versunken, den auch das muntere Treiben nicht stören konnte. Mütter bewachten ihre Kinder, die im flachen Wasser nahe am Ufer spielten. Der eine oder andere Vater mochte sie stolz beobachten und seinem Nachwuchs ein besseres Leben erträumen, ohne den unerträglichen Lärm des Walzwerkes, die höllische Hitze des Hochofens, die giftigen Dämpfe der Kokerei, die seinem Leben schon unabwendbar ein vorzeitiges Ende bestimmt haben mochten.

Mit ausgelassenem Gekreisch stürzten sich Kinder mit dem Freischwimmerabzeichen auf der Badehose von einem kleinen Holzsteg, am anderen Ufer nach Üfingen hin gelegen, in das hoch aufspritzende Wasser. Aufmerksam beobachtet von dem Bademeister, der mit ruhigem Blick neben seinem grünen Holzhäuschen stand.

Jeden strahlenden Sonnentag nutzte ich zu dieser Zeit, um von Steterburg kommend, mit dem Fahrrad an den Kanal zu fahren. Immer die Erinnerung an die strahlende Spanne der Kindheit dabei, als ich, auf meinem kleinen Fahrrad immer vorneweg, mit meinen Eltern dem Kanal entgegenstrebte.

Unheimlich war es, unter der, wie es mir als Kind erschien, gewaltigen Autobahnbrücke hindurch zu fahren. Gleich darauf das Herzklopfen, wenn wir die Autobahnausfahrt überqueren mussten und mein Vater mich mit ernsten Worten zur Vorsicht mahnte. Aber schon im nächsten Augenblick schweifte mein Blick nach Norden, denn mit etwas Glück sahen wir in der Ferne einen Zug heran gleiten, der dem nimmersatten, mitten in Salzgitter gelegenen Stahlwerk seine harten Speisen brachte. Dann verweilten wir auf der Brücke über dem Bahndamm. Jetzt schon nah, grollte die Diesellok dumpf und schwer heran. Mit bangen Schauern genoss ich den Moment, als das Ungetüm brummig unter die Brücke tauchte, hinter sich die braune Schlange der rumpelnden Güterwaggons. Wagen um Wagen, immer weiter und weiter, endlos erschien die Reihe. Als der Letzte dann doch mit verhallendem Scheppern verschwunden war, blieben wir noch eine kurze Weile still stehen, um den gewaltigen Eindruck verklingen zu lassen.

Dann aber ging es ohne Aufenthalt vorbei an der kleinen Baumschule, der Kiesgrube und den weiten Feldern dem bunten Treiben am Kanal entgegen. Schon bald wies im Dunst des Horizontes das Tragwerk der Üfinger Brücke das Ziel.

Diese Faszination des Weges hatte mich nicht verlassen, auch wenn ich damals schon kein Kind mehr war, sondern ein junger Mann. Noch konnte ich nicht ahnen, während ich mein Fahrrad kurz vor der Brücke die Straßenböschung hinab zum Kanal schob, wie bald mir diese unbeschwerte Freude verloren gehen sollte. Während ich oben auf der Böschung entlang, schon Teil des heiteren Sommerfarbenspiels, meinem Stammplatz entgegen ging, ließ ich meinen Blick suchend schweifen. Als ich wieder nach vorn den Weg hinunter schaute, zuckte ich überrascht zusammen. Der Grund meiner Neugier schlenderte auf mich zu in dem knappsten Bikini, den ich je gesehen, ein feines Fußkettchen blinkte golden bei jedem ihrer Schritte. Augenblicklich wurde mein Blick starr, mein Gang mechanisch. Fast glaubte ich, das Mädchen zeigte mir ein verhaltenes Lächeln, aber schon war sie vorüber, und ich haderte mit mir wegen meines tölpelhaften Verhaltens. Wenigstens ein Lächeln hätte ich ihr zurück geben können. Aber schon im nächsten Moment sagte ich mir, dass sie mir bestimmt nicht zugelächelt hatte. Warum sollte sie ausgerechnet mir eine solche Aufmerksamkeit schenken? Ich konnte es mir nur eingebildet haben.

Schon oft hatte ich das Mädchen, wohl nur wenig jünger als ich, beobachtet. Aus der Ferne waren mir erst der weiche Schwung ihres schlanken Körpers und die kecke Bewegung ihrer dunklen kurzen Haare aufgefallen, die sich keiner strengen Ordnung fügen wollten. Immer den gebührenden

Abstand wahrend, folgte ich dem Mädchen fortan, so dass mir ein günstiger Augenblick die Möglichkeit schenkte, sie eingehender zu betrachten. Unter dem widerspenstigen Pony schauten ihre dunklen Augen mit kindlicher Unschuld erstaunt in die Welt. Die leicht nach oben gezogenen Mundwinkel gaben ihrem Gesicht einen schelmischen Ausdruck, der sich noch verstärkte, wenn ein freies Lachen ihre sinnlichen Züge formte.

Nach diesem ersten Blick befand ich mich in einem verwirrenden Getümmel der verschiedensten Gefühle: Unermessliche Sehnsucht dem Mädchen nahe zu sein, ihre Stimme zu hören, die bisher nur aus der Ferne zu mir herüber wehte, die Angst mein verborgenes Interesse könnte offenbar werden und sie belästigen. Wunschbilder, auch sie hätte mich bemerkt und suche meine Nähe, dann wieder Verzweiflung über die Sinnlosigkeit solch kühner Träume.

Selbst im angenehme Kühlung spendenden Wassers des Kanals ließen mich die Gedanken an das Mädchen nicht frei, so dass ich mich schon in der Mitte des Kanals fand, als ich sah, wie sich der bedrohlich dunkle, mächtige Bug eines Binnenschiffes heranschob. Hastig strebte ich umgehend dem sicheren Ufer zu. Dort stürzten sich drei Burschen, mit denen ich zusammen in die Lehre ging, ungestüm in das bis dahin ruhige Wasser. Mit kräftigen Kraulzügen schwammen sie ausgelassen rufend und lachend an mir vorbei. Unbehaglich fragte ich mich, ob sie meine eilige Flucht bemerkt hatten. Kaum dem Wasser entstiegen, setzte ich mich auf einen der grauen kantigen Steine, die in einem schmalen Streifen vom Bett des Kanals her aufsteigend, den Fuß des Hanges deckten und schaute den dreien zu, wie sie sich daran machten, auf das mit vollen Bäuchen tief im Wasser liegende Binnenschiff zu klettern, das jetzt gemächlich an uns vorüberzog und mir bescheidene Wellen ans Ufer schickte. Wenn ich auch ihr gefährliches Treiben nicht billigte, so faszinierte es mich doch, mit welch selbstverständlicher Frechheit sich die drei des Schiffes bedienten, um ihre Abenteuerlust zu stillen.

Aber auch wir friedlichen Sonnenhungrigen hatten uns den Kanal zunutze gemacht. Diese offene Wunde, tief in den Acker geschlagen, den bis dahin nur der Pflug geritzt; gefordert von dem Stahlwerk, das vor dem großen Krieg gestähltes Eisen schuf. Eine ganze Stadt wurde zu der Riesenschmiede zwischen uralte Dörfer in die bäuerliche Landschaft geworfen. Triste Siedlungen auf fruchtbare Felder gestreut, unter dem Namen Salzgitter vereint, den Arbeitern ein bescheidenes Heim. Die Einförmigkeit der Wohnanlagen bemerkten wir kaum, weil es unsere Heimat war, die wir mit unseren bescheidenen Mitteln gestalteten, so wie wir uns den Kanal erobert hatten.

Ausgelassenes Gejohle ließ mich aus meinen Gedanken schrecken. Übermütig hampelten die drei auf dem Deck des Schiffes herum. Sofort lief ein heftig gestikulierender Mann auf die Burschen zu, die mit übertrieben ausgeführten Schritten vor dem Schimpfenden davonliefen und wieder in das Wasser sprangen.

Nur wenige Meter von meinem Platz tobten sie aus dem Kanal und winkten mir, mit dem Stolz ihres Übermutes in jeder Bewegung ausgelassen zu. Mein Blick folgte ihnen, wie sie den Hang hinaufstiegen. Es gab mir einen schmerzlichen Stich, als ich das Mädchen auf dem Kamm der Böschung stehen sah, wie sie den dreien lachend zuwinkte. Während sie sich vielsagende Blicke zuwarfen und mit verschmitzten Lächeln anstießen, gingen die Jungs auf sie zu. Bestimmt hatte das Mädchen beobachtet, wie ich ängstlich dem Schiff entfloh. Eifersucht und Scham überkamen mich. Verstohlen beobachtete ich, wie sich die vier mit Gekicher entfernten.

Niedergeschlagen streckte ich mich auf meiner Decke aus und ließ mich von den wohlig warmen Strahlen der Sonne trösten. Dahindösend löste ich mich von der Zeit; erst ein ungewisses Bewusstsein beobachtet zu werden, brachte mich in ihre Fänge zurück. Neugierig schaute ich auf. Nicht weit von mir saß das Mädchen auf einem Handtuch, schaute aber nicht zu mir herüber, sondern hatte den Blick auf das aus mächtigen grünen Stahlträgern gewirkte Tragwerk der Brücke gerichtet, das sich als schlichtes geometrisches Bild eines Trapezes über dem Kanal abzeichnete. Behände erklomm ein junger Mann mit sicheren konzentrierten Bewegungen die stählerne Konstruktion. Na klar, das also interessierte sie. Wahrscheinlich war es sogar einer der drei tollen Burschen, der sich als Meister des Leichtsinns auszeichnen wollte. Ein schauriges Kribbeln durchzog mich, als ich mich an seine Stelle dachte. Den Sprung von der Straßenhöhe, die Brücke hinab, hatte ich oft gesehen, nie selbst gewagt. Deshalb schien der Sprung mir von dieser Stelle verwegen, von dem ungesicherten Tragwerk, der riskante Weg hinauf unbegreiflich. Tatsächlich zeigten auch nur wenige solch unfruchtbaren Mut. Der Bursche doch schloss seinen Aufstieg ab und strebte mit festem Schritt oben auf dem Tragwerk entlang dem Punkt des Absprung zu. Dann, als der Wagemutige mit weit ausgebreiteten Armen und elegantem Schwung in der Höhe schwebend in schnellem Schuss die Oberfläche des Wassers Oberfläche brach, hatte auch mich dies prächtige Bild in staunender Erschütterung gepackt.

Unzufrieden mit mir und dem Mädchen stand ich auf und stapfte dem Wasser entgegen. Verbissen versuchte ich meinen Verdruss mit ruckartigen Bewegungen hinweg zu schwimmen, was mir aber nicht gelang, so dass ich bald wieder dem Ufer entgegen strebte. Das Mädchen hatte sich nicht von der Stelle bewegt. Als ich Grund unter den Füßen fand, blieb ich unschlüssig im Wasser stehen. Verließ ich hier den Kanal, führte mich der Weg zu meiner Decke direkt an dem Mädchen vorbei, was natürlich verlockend war. So kühn war ich dann aber doch nicht. Legte ich die Strecke aber schwimmend zurück, musste ich mich in tieferes Wasser begeben, und so weit wollte ich mich auch wieder nicht von ihr entfernen. Also hielt ich es für eine gute Idee, bedächtig durch das Wasser watend meiner Decke näher zu kommen. Wie es aber nun mit halbherzigen Entscheidungen kaum zu vermeiden ist, befand ich mich auch hier schnell in einer recht unglücklichen Situation. Wankend stolperte ich über die algenbewachsenen glitschigen Steine, die den Grund des Kanals bildeten und häufig auch eine unangenehm scharfe Kante oder gefährlich in die Höhe ragende Spitze für meine schutzlosen Füße bereit hielten. Das Mädchen beobachtete mich mit einem erstaunt interessierten Blick, der deutlich zum Ausdruck brachte, dass sie sich auf mein seltsames Verhalten keinen Reim machen konnte. Schon fast so weit, die peinliche Vorstellung abzubrechen, verletzte ein gut gewetzter Fremdkörper meine Haut. Der plötzliche Schmerz ließ mich auf die Knie sinken und ans Ufer kriechen. Dort betrachtete ich meine Verletzung. Sie schien nicht allzu schwer zu sein, und selbst wenn: dies war im Moment meine geringste Sorge. Gerade wollte ich vorsichtig nach dem Mädchen linsen, da war sie auch schon bei mir und nahm meinen Fuß in die Hand, um ihn eingehend zu betrachten. Während ich vor Verlegenheit zitterte, durchzogen mich zugleich wohlige Schauer. Mit einem leichten Lächeln schaute das Mädchen mich ruhig an. „Warum zitterst du denn, so schlimm ist es doch gar nicht?" - „Nein, nein, ich habe mich nur erschrocken. Nur ein kleiner Kratzer." - „Aber desinfiziert werden muss es trotzdem", stellte sie, mit ihrer so überraschend warm und voll klingenden Stimme fest, die so gar nicht zu ihrem schalkhaften Äußeren passen wollte. Verlegen schaute ich auf meine winzige Wunde. „Das ist doch nicht nötig". Mit einem tadelnden Kopfschütteln schaute sie mich an. „Es könnte sich entzünden. Zum Glück sind meine Eltern auch hier. Die haben immer so was dabei." Noch einmal schaute sie auf meinen Fuß, gab ihn nur zögernd frei, bevor sie mich verließ.

Die kurze Zeit die mir bis zu ihrer Rückkehr blieb, reichte nicht zu begreifen, was mir widerfuhr. Schon war sie wieder bei mir und stellte einen kleinen Kasten und eine Wasserflasche auf meine Decke. Sorgfältig säuberte sie die Wunde, dann schaute sie mich mit einem feinen Lächeln an. „Jetzt musst du ganz tapfer sein." Worauf sie den Kratzer mit Jod betupfte. Die

Schmerzen, die so eine Behandlung im Allgemeinen verursacht, registrierte ich kaum. Viel mehr schmerzte, dass die Prozedur nun bald beendet schien. Ich sehnte mich nach tausend Wunden. Geschickt gab sie ein Pflaster auf die Wunde und packte dann rasch die Utensilien in das Kästchen zurück. Ich haftete meinen Blick auf einen Paddler, der sein Boot mit bedächtigen Bewegungen seinem Stützpunkt, dem Kanu-Club unter der Brücke an unserem Ufer näher brachte. „Sind deine Freunde schon gegangen?" - „Wen meinst du damit?" - „Na du weißt schon, die sich ganz toll finden, wenn sie auf einem Schiff rumhampeln. Du hast doch vorhin noch mit ihnen herumgealbert." Unbeschwert lachte sie auf „Du meinst deine Kollegen. Magst du sie nicht?" - „Nun ja, wir haben wenig gemeinsam." Das Mädchen besann sich einen Augenblick. „Die drei sind ganz nett und auch wirklich lustig, aber doch noch sehr kindisch." - „Hältst du mich für reifer?" fragte ich unsicher. „Die drei haben mir die Geschichte mit dem Rizinusöl erzählt." Gequält krümmte ich mich zusammen. „O Gott, das hätte ich mir denken können". Strahlend lächelte sie mich an. „Die Jungs haben mir das natürlich nur erzählt, um sich über dich lustig zu machen. Aber ich meine, du warst sehr tapfer." Ich entspannte mich etwas. „Na ja, so tapfer war ich gar nicht." - „Warum?" - „Weist du, dieser Berufsschullehrer, der uns einen ausgegeben hatte, ist sehr unsicher. Jedem war klar, dass er sich anbiedern wollte. Das wirkte schon ganz schön lächerlich. Aber als sie ihm das Gemisch mit dem Rizinusöl hinstellten, kuckte er mich so glücklich an, er hätte die Enttäuschung und Demütigung nicht verkraftet. Ich konnte gar nicht anders, als mir die Flasche mit dem Öl zu schnappen. Er nahm eine andere. Zu meinem Unglück wollte er unbedingt mit mir anstoßen. Ich musste auch trinken." - „Egal wie es dazu gekommen ist, du hast dich getraut, dem armen Kerl gegen alle deine Mitschüler zu helfen. Das ist mutig. - Hast du eigentlich wirklich so lange auf dem Schulklo gesessen?" Wieder verspürte ich eine unangenehme Anspannung. „Du machst dich auch über mich lustig." Das Mädchen machte eine entschiedene Geste. „Aber nein, ich bewundere wirklich deinen Mut, und das hab ich auch den Jungs gesagt." Langsam schüttelte ich den Kopf. „Hör ich zum ersten Mal, dass ein Mädchen einen kühnen Durchfall bewundert." Lachend legte sie mir die Hand auf den Arm. „Kühner, als vollkommen sinnlos von einer Brücke zu springen." - „Meinst du das wirklich?" Nachsichtig lächelnd strich sie mir über den Arm. „Du bist wirklich niedlich." Ihre zarte kühle Hand ruhte jetzt ganz leicht auf der meinen. Mein Blut schien mir brodelnd durch den Körper zu jagen, ganz schwindelig wurde mir: ich konnte diesen Augenblick nicht lange genießen. Denn das Mädchen richtete sich auf und schaute die Böschung hinunter, wo ihr in einiger Entfernung eine Frau Zeichen gab. „Tut mir Leid, ich muss jetzt los, meine Eltern wollen nach Hause." Sie stand auf und nahm ihr Kästchen. „Morgen bin ich allein hier. Du bist doch bestimmt auch wieder da?" - „Ja, natürlich', versicherte ich hastig. Ein schnelles Lächeln, und schon eilte sie davon.

Der nächste Tag war ein Sonntag, so dass ich mich schon früh am Morgen zum Kanal aufmachen konnte. Eine seltsame Stimmung erfasste mich. Meine Gedanken waren ausschließlich bei dem Mädchen, eine seltsame Stimmung, freudige Erwartung und fiebriges Bangen verwirrten meine Seele in einem grausig schönen Tanz. Mit dem Verfließen der Stunden packte mich eine quälende Ungeduld. Als das Mädchen auch nach der Mittagsstunde nicht erschienen war, schlich ich zunehmend enttäuscht die Böschung entlang. Warum war sie nicht da, lag ihr nichts daran mich wiederzusehen? Wahrscheinlich nicht, sonst hätte es sie doch so früh hierher getrieben wie mich. Jede Minute nahm mir ein Stückchen Hoffnung. Wie konnte ich mir einbilden, dass sie mehr von mir wollte, als nur ein bisschen plaudern? Wie konnte ich denn aus einer ganz alltäglichen Begegnung nur so viel herauslesen? Es war ja auch alles viel zu leicht gegangen. Zeugte ihr unschuldig erstaunter Blick einfach nur von Einfalt, ihr schalkhaftes Wesen von Oberflächlichkeit? Die Zweifel begannen an mir zu nagen.

Unbeschwertes Gelächter schlug in mein galliges Brüten. Meine drei Kollegen kamen auf mich zu. Verschreckt trat ich vom Weg auf den Hang zurück. „He, Bücherwurm, nicht so trübsinnig, das heb dir für die Maloche auf". Sie blieben bei mir stehen, und nahmen mich unversehens in ihren Kreis auf. Munter begannen sie über Chefs und andere Kollegen herzuziehen. Da konnte ich mitreden, erst schleppend und mechanisch, dann mit stetig wachsender Hingabe. Die Leere begann sich zögernd zu füllen. Was hatte es denn für einen Sinn, meinen törichten Träumen nachzuhängen? Ein wohliges Gefühl war es, einmal nicht im Abseits zu stehen.

Das Thema erschöpfte sich, so dass mich die Frage traf: „Sag mal, hast du eigentlich schon die Kleine mit dem Mund gesehen." - „Wen?" fragte ich, als wüsste ich nicht, wen sie meinten. „Na, die Kasperfresse, mit dem billigen Fußkettchen. Mein Gott, dieser Bikini ist doch nicht zu übersehen." Prompt erhob sich prustender Einspruch: „Ich hab das winzige Ding fast übersehen." Schallendes Gelächter folgte und auch schon die nächste Frage: „Aber sag mal, hab ich dich nicht gestern mit der Kleinen gesehen?" Eine unangenehme Spannung legte sich auf meine Züge. „Ich hatte mich am Fuß verletzt, und sie hat mir ein Pflaster auf die Wunde geklebt." Spöttisch schauten sie mich an. „Und das war alles?" Ich machte eine abwehrende

Handbewegung. „Na klar." Der Nächststehende stieß mich vertraulich an. „Na, man hört da so einiges, die soll schon so manchen an ganz anderen Stellen behandelt haben" Verlegen stimmte ich mit gesenktem Kopf in ihr Lachen ein. – Das Gelächter verklang. Ich hob meinen Blick. Sah an den Kollegen vorbei. Da stand, ganz nah, das Mädchen auf dem Weg. Ihre Lippen waren in einem gefrorenen Lächeln erstarrt, fassungslos ungläubig suchte sie meinen Blick, wies bald mit einer kurzen Kopfbewegung zu meiner Decke hinüber. „Kommst du mit?" Die drei ließen unterdrücktes Kichern hören „Du kennst sie also nicht." „So wie ich es gesagt hab", presste ich hervor. „Wo willst du unseren Kollegen denn heute behandeln?" schlug es dem Mädchen entgegen. Ich spannte mich dem Kreis zu entfliehen, aber schon warf mich das nächste Wort zurück. „Na geh schon, du wirst doch deine Kleine hier nicht stehen lassen, wer weiß, wen sie dann verarztet." – „Sie ist nicht meine Kleine." Es war eigentlich keine Frage mehr, sondern die ausgesprochene Fassungslosigkeit, als mich das Mädchen nochmals fragte: „Kommst du mit?" Drei spöttisch blitzenden Augenpaare schauten mich an. „Jetzt nicht", murmelte ich mit abgewandten Blick. Dann aber schaute ich kurz auf und fand ihre Augen. Dieser Moment genügte, um dort das zu sehen, was mich fortan jeden Spiegel fürchten ließ. Abrupt drehte sich das Mädchen um und schob mit schnellen steifen Bewegungen ihr Fahrrad der Landstraße entgegen. Wie ein böser Spuk wirbelten auch die drei davon. Allein blieb ich, mitten in dem fröhlichen Badegewimmel ringsum, zurück.

Nur langsam und zäh begriff ich, was eben geschehen war. Ich hatte zerbrochen, was so selten und wertvoll ist. Nichts ersehnte ich so sehr, wie mich zu stellen, nichts fürchtete ich so sehr. Und tief im Innern hockte die lauernde Hoffnung, ich könne das Geschehen verwischen wie einen grausigen Traum.

So kam ich am nächsten Nachmittag wieder voller Angst, dem Mädchen in die Augen zu schauen. Am Abend schlich ich traurig nach Haus, weil ich das Mädchen nicht gesehen hatte. Trost gab mir der Gedanke an die nächsten Wochen. Aber nur wenige Sonnentage gestand der verwehende Sommer mir noch zu. An jedem hielt ich vergeblich Wacht und blieb dann in einem trüben Herbst zurück.

Die Hoffnung legte sich auf das kommende Jahr. Auch die langen grauen Monate, die mich von der erhofften Begegnung trennten, ließen meine fiebrige Erwartung nicht vergehen. Der Sommer brachte strahlend helle Tage, das Mädchen aber kam nicht zurück. Wie fröhlich glitzernd auch das Licht auf sanften Wellen spielte, ich fand zu alter Heiterkeit nicht mehr zurück.

Doch einen andren Ort; der an den warnen Tagen Kühlung bot, wollte ich mir niemals suchen. Andere dachten in den folgenden Jahren nicht so wie ich, die Reihen der Badenden lichteten sich. Zwischen Thiede und Steterburg wurde eine Badeanstalt eröffnet; immer mehr konnten sich ein Auto leisten und so verlockendere Orte ansteuern, um Erholung zu suchen. Das Bademeisterhäuschen blieb geschlossen. Eines Tages war es abgerissen. Immer seltener verirrte sich ein Unentwegter an einem sonnigen Tag an den Kanal, still wurde es an dem einst von sprudelnder Fröhlichkeit gesäumten Wasser. Auch ich begann den Ort zu meiden, doch ganz lassen konnte ich ihn nie. Hatte ich mir den Besuch nur lang genug versagt, trieb mich die Sehnsucht nach der Begegnung, für die es keine Hoffnung mehr gab, an den Kanal zurück.

Ich ließ mich in den Alltag sinken, und füllte der nicht meine Zeit, vergrub ich mich in Probleme, deren Lösung Anerkennung schafft. So wurden mir recht schöne Erfolge beschert. Frauen traten in mein Leben. Doch niemals mehr war ich im Innersten erschüttert. So blieb ich stets mit mir allein, und manche, die sich nahe wähnte, erkannte bald: äußerlich ihr zugetan, bewegte sich mein Inneres in einer andren Zeit.

Wucherndes Buschwerk und kleine Bäumchen begannen nach der Böschung zu greifen, dort tummelten sich jetzt Mückenschwärme und manch anderes Getier. Wer wollte hier noch in das Wasser steigen?

Die pendelnden Bewegungen des Lebens begannen sich bald in zunehmendem Maße abzuflachen, die Jahre glitten gleich einer Kette sich wiederholender gleichförmiger Ereignisse ruhig dahin. Gäbe es nicht die grauen Haare, die sich im Kamm verfingen und das unbestechliche Zahlenwerk des Kalenders, ich wäre der Meinung, keine zehn Jahre sind seit damals vergangen, so aber muss ich glauben, dass es mehr als dreieinhalb Jahrzehnte sind; ja bald werden es vierzig Jahre sein, die mich von dem letzten Treffen mit dem Mädchen trennen.

Der Mann schaute sich wie erwachend um. „Heut sind die kleinen Bäume erwachsen, die Büsche haben kaum einen freien Fleck für ein wenig struppiges Gras gelassen, hier ließe sich eine Decke nicht mehr ausbreiten. Was erinnert noch an das einst so quirlige Leben? Nur der aus Beton gegossene harte Strand, ein kurzes Stück des Uferstreifens, für die wenigen gemacht, die den Weg über die schroffen Steine scheuten, hegt verwittert und zerbrochen am Kanal. Der Weg ganz oben auf der Böschung nur schmal ausgetreten, war damals nicht belegt, nun ist er von grau überpulvertem Schotter breit bedeckt. Jede zementstaubige Großbaustelle ist anheimelnder."

Aus kurzer Besinnung zusammenzuckend, schauten sich beide um, als ein Geräusch die Ruhe störte. Einige Meter von ihnen entfernt stand, mit einer Hand sein Fahrrad im Gleichgewicht haltend, ein verlegen lächelnder Junge. Mit seinen stachelig in die Höhe ragenden unnatürlich blonden Haaren schien er nicht älter als die junge Frau zu sein.

Rasch wandte die sich wieder dem Mann zu und schaute ihn nachdenklich an. Der nickte kaum merklich. Zögernd erhob sie sich, schenkte dem Mann ein kurzes Lächeln und ging zu dem Jungen hinüber. Vom Wasser, so meinte sie, sprudelte ihr einem Wispern gleich das Stimmengewirr von fröhlichen Menschen hinterher.

Eine leichte Bö kräuselte einen Wellenteppich und ließ kleine Sonnenflämmchen über das Wasser tanzen. Der Wartende sah es nicht, hörte nur noch das Knirschen der Reifen auf dem grauen Weg.

Eigentlich
SILVIA SCHÖNBERG

Der erste Blick
aus deinen Augen –
warf mich schon zurück.

Der erste Tanz,
um den du mich batest –
machte mir schon Angst.

Das erste Lächeln,
das nur mir galt –
ließ mich dann erwachen.

Eigentlich
hätte ich deinen Blick nicht sehen,
den Tanz nicht mit dir tanzen,
dein Lächeln nicht bemerken
und erst recht nicht erwidern dürfen.

Eigentlich
dürfte mich nichts zurückwerfen,
dürfte mir nichts Angst machen.

Eigentlich
hätte ich immer wach sein müssen.

Aber
eigentlich
ist relativ

und

eigentlich

bin ich jetzt glücklicher so.

Die Frau im Auto
SOPHIE SCHÄPE

Wir stehen vor einer Ampel, und die ist natürlich rot.
 Ich mag rote Ampeln, denn sie geben mir die Möglichkeit, Menschen zu betrachten. Nehmen wir zum Beispiel die Linksabbieger, die nervös auf das grüne Startzeichen warten und jenen armen Fußgänger verfluchen, der jetzt über die breite Straße hastet.
 Neben uns hält ein Auto, dunkelgrün. Darin sitzt eine Frau, etwa 28 oder so, sie will endlich-rucki-zucki-marsch-marsch fahren, aber es ist immer noch rot.
Rotrotrotrotrotrot!
Wo sie wohl hinfährt?
Nach Hause?
Zu Freunden?
Oder hat sie einen dringenden Termin?
Arbeitet sie noch? Es ist immerhin erst drei Uhr nachmittags!
Ob sie Geschwister hat?
Warum sieht sie nicht herüber?
Uns trennen nur 50 cm, ich könnte das Fenster herunterkurbeln und sie berühren.
Wozu? Keine Ahnung, einfach nur so.
Sie guckt ja doch nicht.
Hey, huhuuu!
Na, dann eben nicht!
Ist es nicht merkwürdig: Wir teilen uns drei Minuten unseres Lebens, vielleicht die letzten drei, dicht an dicht, und ich kann mir nicht einmal ihr Aussehen merken ...
 Wir fahren weiter. Häuser, Straßen, Fenster, hinter jedem dieser Fenster wohnt ein Mensch.
Mensch, ein MEHENSCHSCHSCHSCHSCH!
Er hat eine Familie, Freunde. Einen eigenen, einzigartigen Lebenslauf. Erinnerungen, Sorgen, Träume und Ideen. Du rempelst sie an, sie helfen dir Geld aufzuheben, du hältst ihnen die Tür auf, sie lächeln dich an ...
 Wer sind diese Menschen?

Und was bin ich für sie?
Ein Schatten bloß ...

 ... Es sei denn, man macht mehr daraus.

Das Sofa
FRIEDERIKE KOHN

Sie öffnete die Tür zum Treppenhaus. „Was ist denn da unten los?" Das rumpelnde Geräusch verstummte. „Hätten Sie vielleicht einen Moment Zeit?" Ein Mann reckte sich über das Geländer im ersten Stock und sah nach oben. „Könnten Sie mit anfassen?" Sie zögerte. „Augenblick, ich muss schnell den Topf vom Herd nehmen." Wurde Reis gar, wenn man ihn beim Kochen unterbrach? Sie hoffte es und schaltete die Herdplatte herunter. Die Hausschuhe lagen unter dem Schreibtisch. Wie ein Spotlight beleuchtete die Lampe den losen Blätterhaufen ihrer Diplomarbeit. Sie schlüpfte in die Schuhe und lehnte ihre Haustür an. Unten rührte sich nichts. Im ersten Stock stand ein riesiges rotes Sofa. Der Mann, der darauf saß, wischte sich die Stirn mit dem Hemdsärmel. „Hallo", er lächelte, „zwei Treppen habe ich geschafft, zwei muss ich noch. Helfen Sie mir?" Sie betrachtete das Plüschobjekt. „Ist es so schwer, wie es aussieht?" – „Bisschen leichter." Er stand auf. „Sie könnten hier anfassen." Sie krempelte die Ärmel ihres Pullovers hoch und hob die Ecke an. Er stellte sich auf die andere Seite. „Geht's?" – „Ich hoffe", sagte sie, „ich wusste gar nicht, dass eine Wohnung frei geworden ist." Er kämpfte sich rückwärts. Nach zwei Stufen wurden ihre Arme länger. „Haben Sie keinen starken Freund?" – „Um diese Uhrzeit nicht." Er schnaufte. „Ich muss mal absetzen", sagte sie und stemmte sich gegen das rote Fell. Er lehnte sich gegen die Wand und sah nach oben. „Ich hätte mir dieses Sofa niemals kaufen sollen." – „Ich find's schön", sagte sie „ist was für lange Fernsehabende." Sie hob wieder an. „Los, weiter geht's." Er stolperte vorwärts, drehte den vorderen Teil um die nächste Plattform herum, stieß gegen das Geländer. Ihre Hände rutschten vom Stoff ab. „Stop." Sie fasste nach. „Weiter." Ihre Arme zitterten. Unter äußerster Anstrengung und nach mehrmaligem Absetzen erreichten sie den letzten Absatz. Er stöhnte und schloss die Tür auf. „Passt nicht durch", stellte sie fest. „Quer legen, das muss gehen", sagte er „sonst zerhack' ich's." „Bloß nicht", sagte sie „eher nehm' ich es und erweitere meinen Türrahmen."

Er stellte das Sofa auf die Kante und zog es bis zur Tür. „Moment." Sie hob an und drückte, er dirigierte das Sofa durch den Türrahmen. Es schliff an den Seiten, passte aber durch. „Geradeaus", sagte er „nur noch ein kleines Stück." Sie drehten das Sofa um, er rückte es gegen die Wand. Sie strich ein paar Flusen von den Armlehnen und setzte sich seufzend hin. „Es ist doch ein Einzelstück, oder?" Er lachte. „Ja, der Rest ist Kleinkram, das schaffe ich alleine." Er setzte sich dazu und betrachtete den ansonsten leeren

Raum. „Danke", sagte er, „du warst mir eine große Hilfe." „Gern geschehen." Er zeigte an die Wand. „Da kommt ein großes Regal hin, das baue ich als Nächstes auf." Er stand auf und blickte aus dem Fenster. „Die Aussicht ist ganz schön, meine letzte Wohnung war im Kellergeschoss. Wenn ich Glück hatte, klebte mal eine Schnecke an meinem Fenster." Sie lachte. „Ich habe höchstens ein Rotkehlchen auf dem Balkon." „Viel besser", sagte er. „Ich glaube, ich mach jetzt mal weiter. Ich muss um sechs den Möbelwagen abgeben." Sie stand auf „Na dann." Er hielt ihr die Tür auf „Danke noch mal." Sie reichte ihm die Hand. „Wenn ich dir bei irgendwas helfen soll, kannst du ja klopfen, Wohnung 32." Er nickte. „Ich habe da noch ein blaues Sofa … " Sie lachte und stieg langsam die Treppe hoch. „Vergiss es." Er lief die Stufen hinunter. Unten fiel die Eingangstür laut ins Schloss.

„ ... schön, dass es Dich gibt ... "
ANDREA LUDWIG

„Schön, dass es dich gibt",
hast du gewagt, zu sagen.
Wer auf der Welt den Nächsten liebt, hat schwere Last zu tragen.

Der Satz, erfüllt von Ehrlichkeit, Gefühl und Harmonie,
zerstörte meine Achtsamkeit
- ja, zwang mich in die Knie.

Fünf Worte hast du mir geschenkt, die ich dir schenken sollte.
Das hat mein Schiff versenkt,
auf dem ich fliehen wollte.

Deine Stimme ist mein Glück
- und doch, sie klingt betrübt.
Gern begleit' ich dich ein Stück:

Schön, dass es dich gibt!

Spielchen
ANDREAS HARTMANN

Um zu genießen,
wie sie auf mich zukommt,
mach' ich mich von ihr los,
laufe ein paar Meter weg,
drehe mich dann um
und ruf ihr zu:
„Was bist du schön!"

Sie stapft dann immer auf mich zu
und sagt:
„Ach, Quatsch!"

Der Stern von Saint Malo
SIGRID ELISABETH HERMANN

Als ich nach Saint Malo kam, dachte ich nur daran, Urlaub zu machen. Meine Wahl war auf diese kleine, französische Stadt in der Bretagne gefallen, die in früheren Jahrhunderten als Heimathafen von Korsaren berühmt oder, anders betrachtet, berüchtigt gewesen war, weil eine meiner Urururgroßmütter einen Kapitän aus Saint Malo geheiratet haben sollte. Das erzählte man jedenfalls in unserer Familie. Damals wusste ich nicht, ob es der Wahrheit entsprach, obwohl als „Beweis" der fein ziselierte, altmodische Ring mit dem funkelnden, inzwischen etwas zerkratzten Rubin gezeigt wurde, der zu einer Art Erbstück geworden war und den jetzt ich trug. Angeblich sollte der französische Zweig unserer Familie einen ebensolchen Ring besitzen.

Aus Neugier, wegen dieser Geschichte hatte ich mein Reiseziel ausgewählt, aber im Grunde wollte ich nur Urlaub machen, dem Alltag entkommen, wie wohl jeder Urlaub eine Art Flucht ist. Ich ahnte nicht, wie sehr diese Reise mein Leben verändern würde. Die Stadt faszinierte mich sofort mit ihren festen, grauen Steinhäusern an den schmalen Straßen und den schützenden Mauern, die nie erobert worden waren. Ich besichtigte das Château und sah über den Hafen hinaus auf das Meer, wo hinter dem grauen Dunst die früher feindlichen englischen Kanalinseln liegen.

Das feuchte und trübe Wetter, das, wie man mir versicherte, nicht ungewöhnlich war, und der Hunger trieben mich gegen Mittag dazu, ein kleines Restaurant aufzusuchen. Es war ziemlich voll, aber am Tresen gab es noch einige freie Plätze. Ich schob mich auf einen Hocker und bestellte. Mit der Sprache hatte ich keine unüberwindlichen Schwierigkeiten.

Wenig später setzte sich ein junger Mann auf den Hocker neben mir. Er war groß und schlank, hatte welliges, braunes Haar und lebhafte, grüne Augen. Offenbar kannte er das Restaurant sehr gut, denn er begrüßte den Barkeeper mit dem Vornamen und bestellte „wie immer".

Ich beachtete ihn nicht weiter, bis er, als ich nach meinem Glas griff, auf den Ring an meiner Hand starrte. Dann sprang er plötzlich auf, rief in einem deutsch-französischen Kauderwelsch etwas wie: „Cousinchen, das ist aber eine Überraschung, dich zu sehen." Ehe ich wusste, was geschah, umarmte er mich und küsste mich verwandtschaftlich auf beide Wangen. Wäre seine Freude nicht so spontan gewesen, wäre ich vielleicht wütend geworden, aber in diesem Fall erklärte ich ihm nur, dass es sich um eine Verwechslung handeln müsse. Ich schloss mit den Worten: „Ich kenne Sie schließlich gar nicht."

Er ließ sich dadurch nicht beeindrucken, sondern stimmte mir sogar fröhlich zu: „Ich kenne dich auch noch nicht. Trotzdem bist du meine Cousine, wenn auch einige Generationen dazwischen liegen. Schau." Er zerrte eine schmale Goldkette unter dem Rollkragen seines Pullovers hervor, an der etwas Rundes hing. Als er sie vor mir auf den Tresen legte, erkannte ich, dass daran das genaue Duplikat meines Ringes hing. Und ich hatte geglaubt, die Familiengeschichte sei ein Märchen.

„Du musst meine deutsche Cousine sein, sonst hättest du nicht den anderen Ring," meinte er zuversichtlich. „Ich bin Marcial, Marcial Lucas," sagte er und streckte mir die Hand hin. Ich stellte mich ebenfalls vor und im Laufe des Gesprächs merkte ich, dass er die Geschichte über meine Urur-und-so-weiter-Großmutter und ihren Kapitän genauso gut kannte wie ich. Es bestand kein Zweifel, dass Marcial mein Verwandter war. „Lisa, wo wohnst du?" Wenn Marcial „Lisa" sagt, klingt es in seinem französischen Akzent immer wie ‚Liza'. „Ich hole dich morgen ab und zeige dir die Stadt, das was nicht im Reiseführer steht," schlug er vor. Ich war einverstanden. Er begleitete mich zum Hotel, denn es war spät geworden. Am anderen Morgen saß ich noch beim Frühstück, als Marcial im Speisesaal erschien. „Ich habe gestern bei mir zu Hause noch etwas aufgeräumt, weil wir bald renovieren müssen. Dabei bin ich auf etwas gestoßen, das auch dich interessieren wird," erzählte er. „Ich zeige es dir." Wir gingen zu seiner Wohnung, die in einem schmalen, zweistöckigen, grauen Haus in einer alten Straße lag. Hinter der Tür gelangte man in ein enges Treppenhaus, wo eine Holzstiege nach oben führte. „Die zweite Etage ist vermietet. Ganz ohne Geld geht es nun mal nicht," sagte Marcial.

In der Ecke zwischen Treppe und Wand war ein Tohuwabohu aus Kisten, löcherigen Fischernetzen, Ölzeug und Eimern. „Schau besser nicht so genau hin. Ich bin etwas unordentlich," meinte Marcial verlegen und führte mich zu einer schmalen Tür am Ende des Korridors.

Als er sie öffnete und einen Schalter drehte, erkannte ich im spärlichen Licht einer weiter unten hängenden Lampe eine steingehauene Treppe, deren ausgetretene Stufen zwischen roh behauenen Wänden abwärts führten. „Was ich dir zeigen wollte, steht im Keller," erklärte Marcial. Ich zögerte. Sollte ich mit ihm allein in dieses düstere Gewölbe hinunter steigen? Eigentlich kannte ich ihn doch gar nicht. Er schien meine Bedenken zu erraten, denn er drückte mir eine schwere Taschenlampe in die Hand. „Da unten ist es etwas dunkel. Wir brauchen sowieso eine Lampe. Nimm du sie, und ich gehe voran. Wenn du meinst, dass ich zu frech werde, haust du sie mir über den Schädel," meinte er lachend. Eigentlich wirkte er doch ganz Vertrauen erweckend, entschied ich und folgte ihm die Treppe hinab.

Sie machte eine Wendung und endete in einem geräumigen Kellerraum, dessen Wände aus großen, ebenfalls roh behauenen, jetzt etwas feuchten Steinen bestanden. An einer Seite stand ein altmodisch wuchtiger, wurmstichig wirkender Schrank neben dem unvermeidlichen, gut bestückten Weinregal. In der Mitte befand sich ein wackeliger, zur Werkbank umfunktionierter Tisch und an den übrigen Wänden lagen ungeordnet zerrissene Fischreusen, Paddel, brüchige Fischerstiefel und Leinen.

Marcial steuerte auf eine große Holzkiste in der hintersten Ecke zu, die ich beim schwachen Schein der nackten, staubigen Glühbirne an der Decke erst im Näherkommen besser erkennen konnte. Sie war mit kräftigen, im Laufe der Zeit rostig gewordenen Eisenbändern beschlagen und wies an den Enden zwei massive Tragegriffe auf. Marcial wischte mit der Hand über den staubigen Deckel und deutete auf eine undeutlich gewordene Schnitzerei, die im unteren Teil eine Art Gitter und darüber ein Hermelin zeigte.

„Schau, Cousinchen. Das ist das Wappen von Saint Malo," erklärte er. „Und darunter stehen Initialen." Erst jetzt bemerkte ich den Schriftzug, O. L. Es waren die Anfangsbuchstaben des Namens Olivier Lucas, jenes Kapitäns, den meine Vorfahrin geheiratet hatte. Aber konnte es wirklich wahr sein, dass diese Seekiste ihm gehört hatte?

„Ich habe gestern schon hinein gesehen, aber noch nichts ausgeräumt," berichtete Marcial und stemmte den schweren Deckel hoch. Die Kiste war etwa zur Hälfte gefüllt, und obenauf lagen vergilbte, staubige, teils wasserfleckige Karten und Bücher. „Die alten Seekarten stammen von meinem Großvater und die Segelhandbücher auch. Er war Fischer," sagte Marcial mit einem Blick auf die Initialen am Rand der Karten. Er räumte einige Stapel zur Seite. „Das hier muss Großvaters Logbuch gewesen sein," meinte er und hielt einen dunklen Einband in Händen, auf dem gerade noch lesbar das Wort ‚pétrel', also Sturmvogel, stand. „Pétrel war der Name von Großvaters Schiff." Marcial legte auch dieses Buch mit einigen weiteren hinüber auf den Tisch.

Je tiefer die Bücher in der Kiste lagen, desto älter schienen sie, nach ihren verblichenen, abgeschabten und verbogenen Rändern beurteilt, zu sein. Fast ganz unten stießen wir auf ein schweres, in abgeschabtes Leder eingebundenes Buch. Als er es heraushob, erkannten wir, dass auf dem Deckel das Bild eines unter vollen Segeln fahrenden Dreimasters unter einem strahlenden Stern eingeprägt war.

Ich schlug es auf. In lang geschwungener Schrift stand auf der ersten Seite: „Logbuch der Etoile de Saint Malo, 450 Tonnen, 130 Mann Besatzung, Kapitän: Olivier Lucas." Meine Vorfahrin Etta und ihr Korsarenkapitän hatten also wirklich gelebt. Mit klopfendem Herzen blätterte ich weiter und las: „60,5 Grad West, 15,5 Grad Nord, in Sichtweite der Küste der karibischen Insel Marie Galante. Ein englisches Linienschiff verfolgt uns mit gleichem Kurs. Die Mannschaft ist unruhig. Einige scheinbare Unfälle an Bord geben zu denken. Sie sind nicht so zufällig, wie sie scheinen. Sollte Verrat im Spiel sein ..."

Ich wurde durch einen Ausruf Marcials unterbrochen, der einen zylinderförmigen Gegenstand aus fleckigem grauen Flanell aus der Kiste hob. „Was hast du da gefunden?" fragte ich. „Das ist eine Kartusche. In solche Hüllen füllte man früher das Pulver, das man für die Kanonen brauchte," erwiderte Marcial und schüttelte die Kartusche leicht, wobei wir deutlich hörten, wie darin etwas hin und her rutschte. „Ich werde mal nachschauen, meinte er. „Sei vorsichtig," warnte ich. „Vielleicht ist noch Pulver darin, das explodieren könnte." Marcial lachte. „Wenn wirklich Pulver darin ist, ist es längst feucht und unbrauchbar." Er ließ den Inhalt der Kartusche, der aus einem mit Öltuch umwickelten Päckchen bestand, auf den Tisch gleiten.

Hastig vor Neugier wickelte er es aus und vor uns im matten Licht funkelte - ein Kollier. Es bestand aus einer doppelreihigen Kette aus Rubinen, die einer neben dem anderen in Abständen kleine Rosetten bildeten. Die Fassungen aus Gold waren dunkel angelaufen, aber die Steine glitzerten wie am ersten Tag. Sie entsprachen genau denen unserer Ringe. Sprachlos und geblendet starrten wir auf diese Kostbarkeit.

Fast andächtig zog Marcial ein vergilbtes Pergament, das wir erst übersehen hatten, unter dem Kollier hervor und las die geschwungene, verblichene Schrift: „Dieser Schmuck gehört zu den zwei Ringen, die die beiden Zweige unserer Familie tragen. Er soll das Bindeglied sein. - Wenn einer unserer Nachfahren sich eines Tages in großen Geldschwierigkeiten befinden sollte, kann er ihn verkaufen. Olivier Lucas."

Ich brauchte einige Zeit, meine Gedanken zu ordnen, bis ich fragte: „Was machen wir jetzt mit dem Kollier?" „Ich finde, es sollte in der Familie bleiben," meinte Marcial. „Oder brauchst du Geld, dass wir es verkaufen müssten?" - „Nein, ich bin nicht schlimmer pleite als gewöhnlich." „Gut, dann behalten wir es. Du trägst es, und ich schaue es an," schlug Marcial vor und legte mir das Kollier um den Hals. Irgendwie hatte ich damals schon das Gefühl, dass er eher mich als den Schmuck anschaute.

Seit diesem Tag sind Monate vergangen. Immer, wenn einer von uns beiden einige Tage Zeit hat, packt er die Koffer. Entweder fährt Marcial zu mir oder ich zu ihm. Ich trage jetzt einen zweiten Ring, den Marcial mir geschenkt hat. Es sieht ganz so aus, als ob die beiden Teile unserer Familie bald wieder so fest vereint sein werden wie einst Etta und Olivier.

Das Paar an der Ampel
Michael Zoch

November im Juli,
Grau der Himmel,
Kühl die Luft.
Klamm und geduckt
Schleppt sich die Masse
Durch gähnende Straßen.
Von Nieselregen
Glitschig das Pflaster.
Ein Taubengreis
Pickt müde Brot,
Trübe die Augen,
Zerzaust das Gefieder.
Eine Kreuzung
Inmitten der Wüste
Aus Glas und Beton.
Und dort an der Ampel,
Ein junges Mädchen,
Nicht einmal hübsch,
Den Arm um den
Geliebten gelegt.
Keusch und zärtlich,
Krault sie ihm den Nacken,
Flüchtig nur
Doch warm und lieb.
Ein milder Hauch
Umgibt die beiden,
Ein Etwas,
Schön und rein,
Das längst verloren schon geglaubt.
Jetzt laufen sie,
Den Bus zu kriegen,
Hand in Hand
Sich ziehend,
Ein stummes Lachen
Auf den Lippen,
Während hinter ihnen,

Mit strengem Blick
Das Ampelrot erfassend,
Ein altes Weib
Die Stirn in Falten zieht:
„ES IST ROT!".
Neidisch knallt sie,
Den schwarzen Schirm
Aufs Pflaster.
Doch ungehört
Von jenen beiden
Prallt das Zetern
An Fassaden ab,
Verhallt in Häuserschluchten.
Was kümmert auch
Das rote Männchen
Jenes frisch verliebte Paar,
Das sich als ganze Welt
Als Farbenmeer erblickt.

Eine alte Liebe
Hermann Orlamünde

Schwer zerrt die Aktentasche am Arm. Kein Wunder, stecken doch in ihr ein paar dicke Schwarten aus der Bibliothek. Die Sonnenstrahlen fallen durchs Geäst der Bäume auf dem Boulevard und werfen bizarre Schatten auf das Straßenpflaster. Von der Gegenseite lockt das Eiscafé mit weißen Plastestühlen unter grellbunten Sonnenschirmen. Was die Leute nur an diesem verlogenen Pseudo-Rokoko-Kitsch finden?

Gerade zahlt ein junges Pärchen und trollt sich. Prima Gelegenheit, noch etwas auszuspannen, bevor es zu Hause mit den Unterrichtsvorbereitungen für morgen wieder ans Eingemachte geht.

Ich erreiche als Erster den freigewordenen Tisch, setze mich, stelle meine Tasche auf den Stuhl gegenüber. Das Glück verlässt mich nicht. Innerhalb der nächsten drei Minuten kann ich meine Bestellung aufgeben. Nach kurzer Zeit stehen der Kaffee und ein Stück Apfeltorte mit einem Sahnehäufchen vor mir. Zwei Stück Zucker plumpsen in die Tasse. Wieder eins zu viel. Egal! Milch rein und mit dem Löffel umrühren. Mein Blick streift über den Fußweg, auf dem sich in diesem Moment drei Frauen meinem Sitzplatz nähern. Irgendwie bekannt kommt mir die eine vor. Lange Beine unter einem engen Rock. Sie wirken durch die Absätze der Pumps noch länger. Die Schulterpolsterung der leger geschnittenen Jacke unterstreicht die schmalen Hüften. Dazu der Schritt, etwas schwingend, so wie man es bei Models sieht. Das alles habe ich doch schon einmal früher bei jemandem bewundert?

Neugierig warte ich das Näherkommen der drei ab. Muss mir ein genaues Bild machen. Blöde Sonnenbrillen! Sie verwehren einem den Blick auf die Augen. Aber der Gang, die Kopfform, ja, die Farbe der Haare auch, – sie könnte es sein!

In diesem Moment blickt die von mir Beobachtete mich an. Ihre Brauen bewegen sich leicht nach oben. Ihr Schritt stockt.

„Wartet mal einen Augenblick!" Die beiden anderen halten an. Drei Schritte sind es bis zu meinem Platz. Ich erhebe mich, wir sehen uns an.

„Bist du's oder nicht?"

„Erika?"

„Mein Gott, nach so vielen Jahren!"

Wir reichen uns über die Balustrade des Café-Vorplatzes ein wenig verlegen die Hand.

„Hast du nicht ein paar Minuten Zeit?"

„Klar, ich sitze und trinke Kaffee."
„Ist der Platz dort besetzt, oder erwartest du jemand?"
„Nein!"
„Dann bestelle mal einen Kaffee für mich, ich wimmele bloß noch meine Kolleginnen ab."

Gleich darauf sitzen wir uns gegenüber und sehen uns prüfend an.

„Wieviel Zeit ist eigentlich verstrichen, seit wir uns das letzte Mal trafen?" fragt sie endlich.

„Lass mich mal nachrechnen, ich glaube, so an die dreißig Jahre mögen es schon sein."

„Ich habe dich gleich wieder erkannt, du siehst fast noch so aus wie damals."

Tolles Kompliment! Es macht mich unsicher. Revanchiere mich schnell, muss noch nicht einmal flunkern. Sie ist immer noch eine Klasse-Frau. Angeregt unterhalten wir uns über die inzwischen verflossene Zeit.

„Bist du verheiratet?"
„Ja, und du sicher auch."
„Natürlich!"
„Kinder hast du auch?"
„Klar, aber die sind schon fast erwachsen."
„Wie bei mir."

Sie lächelt: „Weißt du noch, wie wir uns damals über Kinder unterhalten haben?"

„Ja, damals", entgegne ich, und greife zur inzwischen fast leeren Tasse.

„Bist du etwa unglücklich verheiratet?"

„Ach wo, aber wenn ich daran denke, dass uns seinerzeit nur ein dummer kleiner Streit auseinander gebracht hat."

„Ja, wenn jeder von uns etwas nachgegeben hätte ... "

Wir schweigen. Dann fasst sie nach meiner Hand: „Kommst du nicht mal nach R.? Ich würde auch alles organisieren, schlafen kannst du in unserem Bungalow." Verlockendes Angebot. Wie sie hier so sitzt. Erinnerungen werden wach. Sie waren längst ad acta gelegt. Soll ich zusagen? Will ich überhaupt? Ein Auffrischen dieser Bekanntschaft? Was wird passieren? Wie wird alles enden?

Ich sehe, dass ihr gleiche Gedanken kommen, denn ihre Hand zuckt schnell zurück, so, als wäre die meine aus glühendem Eisen.

„Ich glaube nicht, dass dies ein guter Einfall wäre", spreche ich dann für uns beide. „Du kennst mich, und ich kenne dich, das wird kompliziert und führt letzten Endes zu nichts."

„Vielleicht hast du recht", sagt sie. „Aber es war doch schön, dass wir uns heute begegnet sind. Lassen wir es dabei!" Abrupt erhebt sie sich: „Aber umarmen darf ich dich noch einmal, ja? Wer weiß, ob wir uns in unserem Leben noch einmal wieder sehen?"

Dagegen habe ich beim besten Willen nichts einzuwenden, obwohl, oder weil ich auf der anderen Straßenseite ein paar Schüler meiner Klasse entlanggehen sehe.

„Bleibe gesund!" und – „Alles Gute!"

Der Abschied fällt schwerer, als ich es mir anmerken lasse. Ob es ihr ähnlich geht?

„Was hast du heute nur?" fragt mich meine Frau zu Hause. „Du bist so ganz anders als sonst."

Dir entgegen
BIRGIT UTHE

Geschlossen die Blütenknospen
die aus Sprache sind
Deine Hand an meiner Wange
warten wir
auf den Sommer

Tiefe Liebe
INGEBORG BAUMANN

Der Zug gleitet auf seiner Strecke dahin, schnell und leise. Auf den Fensterplätzen sitzt sich ein Paar gegenüber. Die Frau liest – leicht vorgeneigt – in einem Büchlein. Der Mann hat den Absatz unter dem Fenster genutzt und sein Bein hoch gestellt. Seine Hände ruhen auf seinem Knie. Er sieht die Frau an; er sieht ihr beim Lesen zu. Plötzlich lacht sie auf und liest ihm einen Absatz vor. Sie klappt das Buch zu. Beide lachen sich an.

Dieses Paar lebt im letzten Abschnitt seines Lebens. Es ist deutlich an den Falten in ihren Profilen zu sehen, an sehr schönen Falten. Er holt ihre Hand unter dem Buch hervor und hält sie fest. Beide sehen sich liebevoll an, eine ganze Weile. Dann sehen sie mit einander zugeneigten Köpfen aus dem Fenster. Er deutet in den Himmel und zeigt ihr ein erhabenes Wolkengebilde. Sie lächeln sich zu. Ja, das hat sie auch entdeckt. Dann sehen sie wieder versonnen aus dem Fenster.

Der Fotograf kann nicht länger warten. Für ihn ist es ein Moment, den er einfangen wird. Es macht „klick" und die beiden drehen sich um. Sie sind nicht erschrocken. Sie sind nicht verärgert.

Ruhig und glücklich blicken sie in die Kamera. Und es macht nochmals „klick". Dieses Bild voller Ruhe und gleichzeitig voller Leben – es ist einfach schön ...

Der Zug gleitet weiter schnell und leise dahin. Eine tiefe Liebe fährt auf der Strecke mit.

Nachklang
ANDREAS HARTMANN

Schmerz
im Blick der Unbekannten?

Bedauern
war's vielleicht,
als sie mich ansah,

Bedauern
über uns
und uns're Einsamkeit.

Es wurde viel gelacht an diesem Abend.

DIE KETTE
Sigrid Schwartz

Noch von der Erinnerung an das, was sie zusammen mit Hans alles gegessen hatte, war sie satt geworden. Wie lange sie zusammen am Frühstückstisch gesessen hatten, er hinter der Zeitung vergraben! Manchmal hatte er auf einen Artikel hingewiesen oder ihn lautstark kommentiert, während sie dem Radiogedudel ausgeliefert war. Noch immer vermisste sie Hans' Kommentare, aber das Radio stellte sie selten an. Zu viel Reklame.

Jetzt räumte Hanna die ohnehin ordentliche Küche auf, biss im Vorbeigehen ins Käsebrot – immer musste sie ein Pfefferkorn zerbeißen! Sie spülte mit einem Schluck Kaffee nach. Draußen lockte ein Hochsommertag, der sich in den Oktober vertrödelt hatte, um zwischen zwei Regentagen – zumindest sprach der Wetterbericht von einem herannahenden Islandtief – seine verspätete Pracht bewundern zu lassen. Als sie vorhin das Fenster geöffnet hatte, um wie jeden Morgen tief seinen Duft einzuatmen, roch sie das sonnenbeschienene, feuchte Laub bis hoch in den dritten Stock. Keinen einzigen Tag mit dem ihm eigenen Geruch mochte sich Hanna entgehen lassen, nie mehr eine volle Stunde am Frühstückstisch vertrödeln. Sie meinte Hans' Stimme zu hören, wie er ihren Aufzug – Bademantel statt Kittelschürze, noch dazu bei geöffnetem Fenster – mit „Was werden die Nachbarn sagen" bemängelte. Als ob irgendein Mensch aus den hohen Altbauten der anderen Straßenseite Genaueres hätte erkennen können. Und wen interessierte ausgerechnet dies eine Fenster zwischen so vielen anderen?

Was Hans wohl zu der hübschen Baumwolldecke mit den weißen Tulpen auf gelbem Grund gesagt hätte? Und zu den neuen Rückenkissen, die sie aus dem gleichen Stoff genäht hatte, um die unbequemen Sprossen der Holzstühle zu verdecken? Komisch, seit sie die Veränderung des Essplatzes zum ersten Mal bewundert hatte, beschäftigte Hans' Meinung sie. Im Moment tendierte sie zu einem Lob. Waren ihre Vermutungen wetterabhängig? Freuen sollte sie sich, wie hell die Küche jetzt wirkte mit dem weiß gestrichenen Holz und ohne die dunklen Gardinen.

Während sie Teller und Becher abspülte, sog Hanna den Duft von Thymian, Petersilie, Rosmarin und Salbei ein, die auf der Fensterbank standen und gegen den Geruch feuchter Erde ankämpften. Sie summte einen Schlager vor sich hin, ohne sich an den Text erinnern zu können. Nur noch anziehen und dann zum Markt, eintauchen in Farben und Gerüche.

Wie viele Stiefmütterchen sie wohl brauchte? Sechs oder acht? Oder zehn, damit Hans' Grabbepflanzung nicht dürftig wirkte? Bestimmt riete er zu sechs. Viel wichtiger wäre ein neues Auto, dann die Fahrt nach Italien, zur Silberhochzeit geplant. Ihr genügte der alte Audi, aber in die Toskana wäre sie lieber heute als morgen gefahren. Albern, dass ihr das noch zwei Jahre nach seinem Tod wie ein Verrat vorkam. Oder fürchtete sie mehr das Alleinsein?

Obwohl sie die Wohnung genoss mit ihrer eigenen ordentlichen Unordnung. Hier war sie gern allein, ab und zu Besuch reichte durchaus. Und im nächsten Frühling würde sie in die Toskana fahren. Bestimmt. Bis dahin reichten die Fotos – Landschaftsaufnahmen aus einem Kalender, die sie in Wechselrahmen überall in der Wohnung aufgehängt hatte, manche im Austausch gegen Bilder, die sie sich übergesehen hatte.

Fast hätte sie vergessen, das Fenster zu schließen. Kippstellung reichte bei dem herrlichen Wetter. Und das bunteste Sommerkleid mit dem kniehohen Schlitz, obwohl Hosen beim Radfahren praktischer wären. Auf dem Rückweg vom Friedhof könnte sie einen Umweg machen, durch die Parks an der Oker entlang. Vielleicht mit einer Rast auf einer Bank in der Sonne. Der rote Lippenstift oder der rosa? Rosa passte besser. Noch ein bisschen Rouge zur Feier des Tages. Und eine Kette? Dieser Tag, so kurz vor dem tristen November, hätte jeden Schmuck verdient. Zu umständlich, die Schatulle herauszukramen. Ab in die Sonne.

Der Altstadtmarkt war im Sonnenschein noch schöner als sonst. Die Sonne modellierte die Skulpturen von Martinikirche und Altstadtrathaus. Und das Gedränge der Körper zwischen den Ständen. Wie die Möhren dufteten! Und die Äpfel erst! Daneben paradierten braune und weiße Eier, einander wie aus dem Gesicht geschnitten. Schade, dass sie noch kein bekanntes Gesicht getroffen hatte. Ein kleines Schwätzchen hier im Trubel würde das Vergnügen des Markttags erhöhen. Vom Strom der Menschen ließ sie sich weiterschieben, vorbei an würzigen Käsen und Türmen aus goldbraunen Honiggläsern, deren eingeschlossenes Sommeraroma Hanna auf der Zunge zu schmecken meinte. Wie viel schöner wäre ein Picknick im Grünen statt eines Mittagessens in ihrer Küche, die erst von der Nachmittagssonne Besuch bekam.

Sie drehte ihren Kopf in alle Richtungen. Kein einziges bekanntes Gesicht. Nur Weißkohlköpfe grienten sie an. Wen könnte sie anrufen? Ihre Tochter? Eine Freundin? Elisabeth oder Gerda? Alle mit Partner. Sie wäre das berüchtigte fünfte Rad. Nicht nur das. Was genau? Sie würden freundlich, sogar herzlich sein, zusammen im Garten oder auf dem Balkon sitzen, trotzdem – es wäre nicht ihr Tag, ein Tag im Freien, ohne Messer und Gabel. Hanna entdeckte dicke Garben von Sonnenblumen, die, in Eimern gebündelt, vor dem Gewandhaus standen. Einen dicken Strauß würde sie kaufen statt der winterharten Stiefmütterchen, unverzüglich nach Hause fahren, ihn in Wasser stellen, ein paar Schnitten Brot und Käse – Weintrauben mussten noch gekauft werden – einpacken und hinausfahren ins Grüne.

Auf dem Heimweg genoss sie den schwachen Fahrtwind in ihren Haaren, unter dem leicht gebauschten Rock, die Sonne auf ihrer Haut; sie hätte ihr Gesicht gern erhoben, mit geschlossenen Augen einem Blau entgegen, von dem sie nicht wissen wollte, dass sich dahinter endloses Schwarz in ein Nichts ausdehnte. Sie fasste in den Fahrradkorb hinter sich, um sich zu vergewissern, dass die Stiele der Sonnenblumen noch unter der Tüte mit den Weintrauben lagen. Wie hatte sie nur so viel Geld dafür ausgeben können! Ganz zu schweigen von der Vernachlässigung der Grabstelle! Aber heute wollte sie nicht an nachwachsende Nägel erinnert werden. Den Tag auskosten ...

Ein hässliches Scheppern, unterdrücktes Aufstöhnen. Hanna lag neben dem rechten Hinterreifen eines grauen Wagens, sah eine braune Sandale an nacktem Fuß, eine Handbreit Jeans, eine zweite Sandale. „Hoffentlich ist Ihnen nichts passiert!" Klang die Männerstimme tatsächlich besorgt? Sie rappelte sich hoch. Die schönen Sonnenblumen! Mindestens vier Stiele abgeknickt. „Nein, mir nicht. Aber die Blumen ... " – „Sind ersetzbar. Und Ihnen ist wirklich nichts passiert?" Hanna sah an sich herab. Das linke Knie schmerzte. Unter dem Rock – Gottseidank nicht zerrissen – kamen leichte Abschürfungen zum Vorschein. „Alles in Ordnung. Aber Ihr Kotflügel hat eine Delle." – „Mist! Immerhin ist der Lack nicht zerkratzt. Hauptsache, an uns ist alles heil."

Mit diesen Worten hob er ihr Fahrrad auf. Ein Mann, dem eine Delle im Auto unwichtig schien. Hanna betrachtete ihn eingehender. Beginnende Stirnglatze, Bauchansatz. Um die fünfzig wie sie. Unscheinbar bis auf die Bräune. Und die strahlenden Augen. Durch die Sonne vielleicht. „Ein bisschen zerkratzt, Ihr Lenker." Sie musste gleichfalls großzügig reagieren. „Nicht so schlimm, das Rad ist alt." – „Tut mir ehrlich Leid, dass ich Sie nicht gesehen habe. Wahrscheinlich haben mir die parkenden Wagen die Sicht verdeckt." – „Ich hab Sie auch nicht gesehen. War mit meinen Gedanken woanders. Schade um die Sonnenblumen." – „Ich kaufe Ihnen einen neuen Strauß. Schließlich ist es mein Fehler." Ein Mensch, der einen Fehler eingestand! „Wenn Sie mir Ihre Adresse geben würden? Dann bringe ich Ihnen die Blumen vorbei." Können Worte streicheln? Er hielt ihr das Rad hin. Als sie mit dem linken Fuß auftrat, konnte sie ein Stöhnen nicht unterdrücken. Ihr Knie! Wieder schob sie den Rock beiseite. Eine eigroße Schwellung unter der Kniescheibe.

„Damit können Sie nicht mehr Rad fahren." Hanna winkte ab, die Lippen zusammengepresst. „Nein, auf keinen Fall. Ich werde Sie nach Hause fahren." „Und was wird mit meinem Rad?" „Das steht gut in meiner Garage. so lange, bis es Ihnen besser geht. Und jetzt setzen Sie sich ins Auto!"

Sie gehorchte. Während er ihr Rad wegschob, trauerte sie um das entgangene Picknick. Und um die Blumen. Ob er tatsächlich für Ersatz sorgen würde? Als er die Fahrertür öffnete, fragte er: „Wollen wir erst einen neuen Strauß kaufen oder wollen Sie lieber gleich nach Hause?" – „Am liebsten zu einem hübschen Picknickplatz." Sie hatte es tatsächlich laut gesagt. „Ein Picknick? Mit Ihrem Knie?" – „Ach, war nur so eine Idee von mir. Ich wollte die Sonne genießen. Morgen soll's wieder regnen." Sie verstummte. Zwecklos, ihren Wunsch zu erklären. Er schwieg wie erwartet.

„Ich kenne da einen Parkplatz am Elmrand. Nicht besonders schön, direkt an der Straße. Aber mit weitem Blick über die Felder. Und mit Bänken. Sogar ein Tisch müsste da sein. Sie brauchen nur ein paar Schritte zu machen."

Sie hätte doch die Kette umbinden sollen.

Jahresring
KARIN STIDDIEN

Weißer Steinengel,
lächelnd im milden Herbstlicht,
wartet auf Winter.

Wartend auf Winter
wäscht Regen seine Schultern
kühlt seine Seele.

Kühlend die Seele,
gefriert der Regen zu Eis,
weckt Frühlingssehnsucht.

Weckend die Sehnsucht,
flieht Regen die Sonne auf
weißem Marmorstein.

Weißer Marmorstein
erglüht im Sonnenlicht als
Weißer Steinengel.

die greisin
FRED KAHL

aufrecht zwischen zwei Anfällen
in dem sauberen haus
am ende des steinigen weges

dorthin gelangt man
nur mühsam

da sein

ohne aussicht
auf dauernden aufenthalt

aber den hof offen halten
in ordnung den herd und
den kopf für hoffnung

frei

Auszeit
VANESSA SEELIG

Irgendwann im Laufe des Vormittags war der Wind aufgekommen. Er trieb den feinen Sand in Wolken über den leeren Strand, ließ die Flaggen flattern und zerrte an der Kleidung der Spaziergänger auf der Promenade. Die Sonne strahlte von einem wolkenlosen Himmel und ließ das bewegte Meer glitzern.

Es war ein herrlicher Septembertag. Die Hauptsaison war vorbei, aber es gab genug Leute, die einen Aufenthalt auf der Insel in dieser Zeit zu schätzen wussten. Eben legte die Fähre an und brachte neue Gäste. Sie betraten die Insel und blieben erst einmal stehen, um die Luft bewusst einzuatmen. Dann setzten sie ihren Weg fort, und kein zweiter Atemzug, den sie hier machen würden, würde so bewusst und beinahe ehrfürchtig sein wie dieser erste.

Zum Atmen war auch die kleine, zarte Frau Anfang Dreißig hergekommen, die am Anleger stand und die Ankunft der neuen Gäste beobachtete. Sie hatte gehofft, dass der Wind die Gedanken aus ihrem Kopf vertriebe, die sie seit Tagen gefangen hielten. Sie hatte gehofft, die klare Luft brächte ihr Klarheit. Aber bis jetzt war nichts dergleichen geschehen.

Vor zwei Tagen hatte sie die Insel betreten, völlig verzweifelt und verwirrt. Sie war auf der Suche nach Einsamkeit und musste feststellen, dass die Pension, in der sie kurz entschlossen ein Zimmer gemietet hatte, fast ausgebucht war. Gut war allerdings die Lage ihres Zimmers. Obwohl es nicht direkt zum Meer hin lag, konnte sie das Rauschen des Meeres durch das offene Fenster hören. Schlafen konnte sie ohnehin kaum; also lag sie da und lauschte dem Meer, das sie von jeher fasziniert hatte.

Sie hatte den Wecker auf sechs Uhr gestellt. Ab acht Uhr gab es Frühstück, und sie war bereits zehn vor acht im Frühstücksraum. Zum Glück gab es niemanden sonst, der so früh aufstand. Sie nahm ihr Frühstück ohne Genuss ein. Es schmeckte alles gleich für sie, alles trug den Geschmack ihrer Niederlage. Nach dem Frühstück ging sie nach draußen. So früh war sonst noch niemand unterwegs. Auf den Lampen an der Promenade saßen Möwen, und eine von ihnen stieß ein schrilles Lachen aus. Lachmöwen, dachte die Frau und fühlte sich ausgelacht, als hätten die Ereignisse der letzten Zeit die Möwe zum Lachen gebracht. Sie ging hinunter zum Strand, direkt bis zum Wasser, blieb stehen und wurde Opfer ihrer Gedanken. Heute war es nicht anders gewesen. Anders war nur, dass sie dann immer weiter gegangen war, bis zum Fährhafen, wo sie nun stand. Sie starrte die Fähre an, ohne sie wirklich zu sehen.

Sie nahm auch nicht wahr, dass ihr Magen knurrte. Es war fast Mittag, und ihr dürftiges Frühstück lag schon Stunden zurück. Langsam ging sie auf der Promenade wieder in Richtung des Ortes. Der Wind kam ihr entgegen und pfiff in ihren Ohren. Aber sie hörte immer nur dieselben Worte: „Tut mir so leid. Du bist eine tolle Frau, aber ich kann nicht anders. Ich muss doch auch an das Kind denken." Sie stöhnte auf, und beinahe wäre sie in Tränen ausgebrochen. Verschwinde! schrie es in ihrem Kopf. Wenn du schon aus meinem Leben verschwunden bist, dann verschwinde gefälligst auch aus meinem Kopf.

Leute kamen ihr entgegen, verschiedene ältere Paare und ein jüngeres Paar mit einem kleinen Jungen. Er war vielleicht vier Jahre alt. Die Erwachsenen hatten ihn in die Mitte genommen und schaukelten ihn hin und her. Es war für die Frau wie ein grässlicher Blick in die Zukunft. Klar, dachte sie, was sind schon zwei wundervolle gemeinsame Jahre gegen ein Gör?

Die Wut kochte in ihr hoch und verursachte ihr Übelkeit. Ihre Schritte waren schneller geworden, wie immer, wenn sie wütend war. Sie war bereits auf der Höhe des Ortes. Jetzt merkte sie, dass sie dringend etwas essen musste. Vielleicht würde dann die Übelkeit vergehen. Sie verließ die Promenade und ging durch die Dünen in den Ort. In einer Bäckerei aß sie ein belegtes Brötchen und trank dazu eine heiße Schokolade.

Ich muss mich ablenken, dachte sie verzweifelt, was mache ich nur? Da fiel ihr der Krimi ein, der ungelesen in ihrem Koffer lag. Also ging sie in die Pension, holte das Buch und ging kurz ins Bad, um sich im Spiegel zu betrachten.

Sie hätte Sonnencreme auftragen müssen, das sah sie zuerst. Die Sonne hatte noch immer Kraft. Ihre Nase war feuerrot, und die Wangen sahen nicht viel besser aus. Und, dachte sie, wen interessiert das schon? Daraufhin fing sie an zu weinen. Sie fühlte sich so verlassen wie noch nie in ihrem Leben. Sie sank auf das Bett. Nach einer Weile kamen keine Tränen mehr. Sie starrte mit trockenen Augen das Bild an der Wand an. Es zeigte einen Blumenstrauß in einer Vase.

Sie erhob sich langsam vom Bett, richtete ihre Haare, nahm ihre Tasche und verließ die Pension. An der Promenade hatte man einen Windschutz aus Beton errichtet, vor dem einige Bänke standen. Dieser Platz war sehr beliebt; es war nur noch eine Bank frei, als sie kam. Dankbar ließ sie sich darauf nieder und holte das Buch hervor. Sie klappte es auf und versuchte zu lesen, aber sie konnte sich nicht konzentrieren. Wieder versank sie in ihren Gedanken.

„Und was wäre, wenn ich schwanger wäre?", hatte sie ihn gefragt. „Dann würde ich bei dir bleiben", hatte er gesagt.

Schon in dieser Minute war ihr trotz des Schmerzes im Innern klar gewesen, was für ein erbärmlicher Feigling er im Grunde war. Sie begriff dumpf, dass seine Entscheidung nicht in erster Linie auf Liebe basierte. Aber trösten konnte sie das nicht. Plötzlich stand eine Frau vor ihr. Sie hatte irgendetwas gesagt, aber sie hatte sie nicht verstanden. „Wie bitte?", fragte sie daher. „Ich habe nur gefragt, ob ich mich wohl mit auf die Bank setzen dürfte", sagte die andere.

„Ja, sicher." Sie sah die Frau gar nicht an, sondern vertiefte sich wieder in das Buch. Oder tat zumindest so.

„Gefällt Ihnen das Buch?", fragte die Frau neben ihr.

„Ja.

Eine Weile war es ruhig.

„Entschuldigen Sie, wenn ich das einfach so sage, aber es sieht nicht so aus, als würde das Buch Sie besonders fesseln."

Sie seufzte und hob zum ersten Mal den Kopf, um die andere Frau anzusehen. Sie war vom Alter her schwer zu schätzen, aber bestimmt schon über siebzig. Sie hatte kurzes, weißes Haar, ein sonnengebräuntes Gesicht und stark geschminkte Lippen. Ihre Augen hatten einen Ausdruck von Güte und Heiterkeit, den die junge Frau zuletzt bei ihrer Großmutter gesehen hatte.

„Ich will nicht aufdringlich sein", sagte die Ältere jetzt, „Wenn Sie sich nicht unterhalten wollen, ist das auch in Ordnung. Aber Sie sehen so traurig aus, da habe ich Sie gleich wieder erkannt."

„Wieder erkannt?"

„Ja, das waren doch Sie heute Morgen im Fährhafen, oder nicht?"

„Doch."

„Ich bin heute angekommen. Ich war noch an Deck der Fähre, als ich Sie gesehen habe. Ich heiße übrigens Annemarie."

„Ich bin Lisa."

Es herrschte eine Weile Stille, bis Lisa fragte: „Sind Sie alleine hier?"

„Ja."

„Sind Sie ... freiwillig alleine hier?"

Lisa blickte Annemarie unsicher an. Diese wandte ihr ihr Gesicht zu und lachte sie an: „Ja, gewiss. Es hat mich niemand zu dieser Reise gezwungen."

Lisa kam sich auf einmal sehr dumm vor und senkte den Kopf.

„Ich wollte mich nicht über Sie lustig machen", sagte Annemarie „Ich kann mir vorstellen, wie Sie das gemeint haben. Und Sie wirken so, als wären Sie nicht freiwillig alleine hier."

„Bin ich auch nicht", flüsterte Lisa. Und dann, als wäre plötzlich ein Damm in ihr gebrochen, sprudelte die Geschichte aus ihr heraus. Zu ihrer Überraschung musste sie nicht weinen, als sie erzählte, dass sie und Jan fast zwei Jahre ein Paar gewesen waren, als er ihr aus heiterem Himmel gestand, seit einem halben Jahr ein Verhältnis mit Claudia, einer gemeinsamen Bekannten, zu haben. Sie war aus allen Wolken gefallen, fühlte sich gedemütigt, verhöhnt und hintergangen. Sie war doch so glücklich gewesen! Hatte Jan ihr nur etwas vorgespielt? Sie traute ihren eigenen Gefühlen nicht mehr. Jan war tief zerknirscht und beteuerte, er hätte die Sache mit Claudia beendet und müsse ihr, Lisa, jetzt die Wahrheit sagen, weil er sie nicht länger hintergehen wolle. Er schwor Lisa, sie die ganze Zeit über geliebt zu haben. Er wollte immer bei ihr bleiben und schwor ewige Treue. Das war vor fast drei Monaten gewesen. Lisa, tief verletzt, aber immer noch voller Liebe für Jan, beschloss, ihm eine zweite Chance zu geben. Sie bewunderte seine Ehrlichkeit und versuchte, den Schmerz und das Misstrauen, das in ihr keimte, zu bekämpfen. Jan dankte es ihr, war aufmerksam zu ihr und betonte, wie wichtig sie ihm sei. –

Bis vor zehn Tagen. Nie würde sie diesen Tag vergessen. Sie hatte Jans Lieblingsessen gekocht, saß in der Küche und wartete auf ihn. Als er kam, sah sie sofort, dass etwas nicht stimmte. Er rührte das Essen nicht an, seufzte laut und erzählte schließlich, dass Claudia sich bei ihm gemeldet habe. Sie sei schwanger.

Ob er da sicher sei, hatte Lisa gefragt. Es könne doch ein Trick sein. Jan erklärte müde, sie habe unaufgefordert das Attest des Arztes vorgelegt. Er erklärte weiter, er habe Schuldgefühle gegenüber Claudia, und das Kind könne doch nichts dafür. Kurz, er habe sich entschlossen, das Kind mit Claudia zusammen aufzuziehen. Lisa konnte es nicht glauben. Sie hatten beide keine Kinder gewollt, und nun war er freiwillig bereit, die Verantwortung für ein Kind zu übernehmen?

Lisa fühlte sich erneut verraten. Warum war sie nur so dumm gewesen?

Eine ungeheure Wut packte sie. Sie hätte Jan gleich nach seinem Geständnis hinauswerfen sollen! Das holte sie jetzt nach, wütend und unter Tränen.

Aber als er weg war, war sie nur noch traurig. Sie konnte nichts essen, konnte nicht schlafen, und bei der Arbeit war sie unkonzentriert. Ihre Freunde und ihre Eltern versuchten sie abzulenken und aufzumuntern. Sie wusste, dass sie es gut mit ihr meinten, aber sie konnte das Mitleid in ihren Augen nicht ertragen. Daher hatte sie kurz entschlossen Urlaub genommen.

Als Lisa geendet hatte, sah sie Annemarie forschend an. Wie kam sie eigentlich dazu, einer Fremden ihr Herz auszuschütten?

Annemarie seufzte und sagte: „Ach, ja, ich habe gleich vermutet, dass ein Mann an Ihrem Kummer schuld ist. Ich kann mir vorstellen, wie Sie sich fühlen."

„Haben Sie so etwas auch erlebt?"

„Ja, mein zweiter Mann hat mich wegen einer Jüngeren verlassen. Ich habe mich in der ersten Zeit gefühlt wie der letzte Dreck."

Lisa zuckte zusammen. Eine solche Äußerung hatte sie nicht von einer Frau in diesem Alter erwartet.

Annemarie lächelte. „Jetzt habe ich Sie schockiert, nicht? Aber ich rede und tue, was ich will. Es hat lange genug gedauert, bis ich den Mut hatte, mir diese Freiheit zuzugestehen. Ich bin fünfundachtzig Jahre alt, und mehr als die Hälfte meines Lebens habe ich mich bevormunden lassen. Viel zu lange."

Lisa starrte sie an: „Fünfundachtzig Jahre! Das hätte ich nie gedacht. Sie wirken viel jünger." „Tja, ich fühle mich auch jünger. Ich habe ein paar Zipperlein, aber hier oben", sie deutete auf ihren Kopf, „sieht's klar aus. Um ehrlich zu sein, sogar klarer als vor dreißig Jahren. Heute weiß ich, was wichtig ist im Leben."

„Und was ist das?"

„Dass man einig ist mit sich selbst. Das klingt so banal, aber es ist das Schwerste überhaupt. Man selbst ist das Wichtigste. Nur wenn man in sich ruht, kann man für andere wirklich da sein. Im Alter sieht man die Dinge aus einem ganz anderen Blickwinkel. Ich habe meinen ersten Mann im Krieg verloren. Ich war so von Sinnen, als ich von seinem Tod erfuhr, dass ich mich sogar vom Dach stürzen wollte. Heute bin ich froh, dass ich es nicht getan habe. Wie viel Schönes hätte ich versäumt."

Lisa blickte nachdenklich vor sich hin. Schließlich fragte sie: „Ist es eigentlich leichter, einen Menschen durch den Tod zu verlieren? Ich denke mir, man fühlt sich nicht so erbärmlich und minderwertig."

Annemarie blickte auf das Meer hinaus. Nach einer Weile sagte sie: „Nein, es ist viel schwerer. Als mein zweiter Mann mich verlassen hatte, habe ich bald darauf einen ungeheuren Zorn verspürt, ich habe ihn gehasst, und irgendwann war er mir egal geworden. Aber den Tod meines ersten Mannes habe ich nie wirklich verwunden. Es gab keinen, den ich direkt dafür verantwortlich machen konnte. Ich habe mit dem Schicksal gehadert. Aber das Schicksal ist niemals greifbar. Man bekommt keine Antwort von ihm. Von Menschen bekommt man Antworten, egal, wie dumm und unbefriedigend sie auch sein mögen." Sie wandte sich zu Lisa um und legte ihr die Hände auf die Schultern: „Sie schaffen das. Eines Morgens werden Sie aufwachen und feststellen, dass er Ihnen egal ist. Es wird kein leichter Weg dahin sein, aber glauben Sie mir, der Moment wird kommen."

Lisa schluckte und spürte, wie ihr die Tränen in die Augen schossen. „Ich bin froh, dass wir uns getroffen haben", sagte Annemarie.

Lisa nickte unter Tränen.

„Ich verreise gern allein", sagte Annemarie „Ich kann tun und lassen, was ich will, und meistens mache ich nette Bekanntschaften so wie heute. Man muss nur offen sein für gute Gespräche."

„Ich wünschte, ich wäre so alt wie Sie", sagte Lisa „„dann sähe ich vieles anders."

„Aber nein. Sie wollen doch nicht meine Zipperlein, oder? Freuen Sie sich über das, was Sie haben. Jede Zeit hat ihr Gutes."

Lisa sah Annemarie an, und zum ersten Mal seit Tagen umspielte ein Lächeln ihren Mund. „Es hat gut getan, mit Ihnen zu sprechen", sagte sie.

Inzwischen war die Sonne schon im Sinken begriffen, und es war merklich kühler geworden. Die beiden Frauen fröstelten.

„Das Wetter soll morgen noch einmal so schön werden", sagte Annemarie, „Ich möchte deshalb zum Leuchtturm wandern. Ich würde mich freuen, wenn Sie mitkommen."

„Gerne", sagte Lisa „„sogar sehr gerne."

In dieser Nacht schlief Lisa besser, und beim Aufwachen fühlte sie nicht als erstes diesen Schmerz der Erinnerung, der ihren Körper durchbohrte, sondern tatsächlich Freude, dass sie heute eine Wanderung mit der erstaunlichsten alten Frau unternehmen wird, die ihr je begegnet ist. Sie riss die Vorhänge auf, und die Morgensonne durchflutete das Zimmer.

Du?
Claudia Liepelt

Schnitz mir die Figur
aus dunklem Holz.
Die Figur, die du lieben kannst.
Stell sie mir zur Seite.

Schnitz mir die Figur,
arbeite sorgfältig und genau.
Lerne ihre Schatten kennen,
zeig mir jede ihrer Linien.

Schnitz mir die Figur,
höre ihre Stimme
und erzähle ihr Geschichten,
dass ich sie verstehen kann.

Schnitz mir die Figur,
betrachte ihre Konturen,
verliere dich in ihnen.
So kann ich sie berühren.

Bitte schnitz mir die Figur,
lebendig und warm.
Schnitz sie für mich,
damit ich nicht mehr allein sein muss.

Eine Kneipe
RALF ERSFELD

Eine Kneipe. Wenig besucht, früher Abend. An der Theke einer, der Zeitung liest. Die Bedienung dahinter träumt, stochert in einem Salat. Im Raum verteilt sitzen fünf Personen, ein Pärchen unterhält sich leise. Sie halten Händchen, die bestellten Säfte stehen die meiste Zeit unbeachtet am Rand des Tisches. Ein anderer Mann, dem Aussehen nach zu schließen von einer Bank, hat Unterlagen auf seinem Tisch ausgebreitet. Angespannt studiert er diese wieder und wieder, mal dieses, mal ein anderes Blatt. Gelegentlich tippt er Zahlen in den bereitliegenden Taschenrechner. Ab und an Fluchen, Kopfschütteln, darin wieder konzentriertes Durchsehen der Papiere.
Und zwei Tische weiter, im hinteren Teil der Kneipe, sitzen noch zwei Personen ...
- das glaubst du nicht. Der Bus fährt los und ich fall hin.
- Ich denke, Du bist nicht gefallen?!
- Bin ich ja auch nicht. Deswegen ist das ja auch passiert. Wenn ich einfach hingefallen wäre, ok. Aber so ...
- Einfach hinfallen wäre also in Ordnung gewesen. Du hättest Dir dabei doch richtig weh tun können.
- Im Nachhinein hätte mir das 'ne Menge erspart, an Peinlichkeit und so.
- Das versteh ich nicht.
- Na, mein Gott, ich hab dem eine geknallt. Was glaubst Du, wie die Leute im Bus geguckt haben. Da möchte ich Dich mal sehen.

Erstes Aufstehen des Bankers, aus den Grübeleien gerissen durch die plötzliche Zunahme der Lautstärke nebenan. Auch die Bedienung hinter der Theke ist aus ihren Träumereien gerissen; sie nutzt die Gelegenheit, das Glas Bier nachzuzapfen, das schon ein wenig abgestanden unter dem Hahn steht. Der Mann an der Theke schüttelt nur den Kopf, unterbricht seine Lektüre aber nicht. Nur das Pärchen reagiert nicht, sie haben nur Augen (und Ohren) füreinander.
- Is' ja gut. Nun komm wieder runter.
- Du musst Dir die Situation mal vorstellen: zig Leute im Bus. Ich steig hinten ein. Der Blödmann fährt aber so ruckartig an, dass ich das Gleichgewicht verliere. Und anstatt die Stange zu fassen zu kriegen, treffe ich nur das Gesicht dieses Typen.
- Des Fahrers?
- Sag mal, wie soll das denn gehen? Ich bin hinten eingestiegen, hab ich doch grade gesagt. Bist Du heute besonders blöd oder was?

Erneutes Aufsehen des Bankers; diesmal geht der Fluch eindeutig in Richtung der beiden zwei Tische weiter. Auch der Mann an der Theke sieht diesmal auf und wirft einen Blick hinüber. Bei der Gelegenheit bemerkt er auch das Bier, dass mittlerweile seinen Weg von der Zapfanlage bis zu ihm gefunden hat.
- Getroffen hab ich den Kerl, der auf dem Platz links neben dem Eingang saß.
- Und dem hast Du aus Versehen eine gelangt?
- Ja, weil ich die Haltestange verfehlt, und stattdessen mit meiner Hand sein Gesicht getroffen habe.
- Und, was hat er gesagt?
- Was soll er schon gesagt haben, der war wahrscheinlich genauso perplex wie ich in dem Moment. Der hat den Kopf gedreht und zu seiner Schulter geblickt. Dort lag nämlich meine Hand, da ...
- Wieso legst du ihm die Hand auf die Schulter?
- Ey, sag mal - ich musste mich doch festhalten. Nachdem ich in seinem Gesicht gelandet und abgeglitten bin, fiel meine Hand auf seine Schulter, und dann habe ich da zugegriffen.
- Na, und was hat er dann gemacht?
- Er hat aufgeschrien.
- Geschrien?
- Mehr so gestöhnt. Irgendwie tat ihm das wohl weh. Ich hab mich ganz schön festgekrallt, glaub ich. Das war'n Reflex ...

Der Banker knallt seinen Rechner auf den Tisch. Dadurch gewinnt er die Aufmerksamkeit aller im Raum. Wohl nicht so ganz gewollt. Als er aufblickt und feststellen muss, dass alle, wirklich alle, ihre Blicke in seine Richtung werfen, wechselt seine Gesichtsfarbe von einem auf den anderen Moment von blässlich in dunkelstes Rot. Sofort senkt er den Kopf wieder und vergräbt sich noch tiefer in seine Papiere.

Der Mann an der Theke nimmt einen Schluck aus seinem Bierglas, ohne zu merken, dass das Bier schon etwas gestanden hatte und blättert die Zeitung um. Die Bedienung hinter der Theke hebt ihren jetzt leeren Salatteller auf, zusammen mit dem Besteck, und verlässt den Raum durch eine Tür mit der Aufschrift „Küche". Nicht ohne vorher auch noch ein Kopfschütteln in den hinteren Teil der Kneipe zu schicken.
- Wie ging's weiter?
- Ich glaub, ich war knallrot im Gesicht. Alle im Bus haben mich angestarrt; so kam es mir jedenfalls vor.
- Und der Typ?

- Der hat mich regelrecht angeglotzt, mit einem so bescheuerten Gesichtsausdruck. Wenn ich nicht gerade dabei gewesen wäre, im Boden zu versinken, ich hätte mich totgelacht.
- hahaha ...

Lautes Gelächter erregt erneut Aufmerksamkeit; diesmal nicht missbilligend. Verstohlen kommen die Blicke vom Nachbartisch; nervös prüft der Banker, ob er sich durch seine spontane Gefühlsäußerung etwa zum Gespräch gemacht hat.

Die Bedienung kehrt aus der Küche zurück, sieht sich fragend im Raum um, sucht nach dem Grund für das Gelächter. Das Pärchen verstummt. Er tätschelt ihre Wange erhebt sich und durchquert den Raum.

Der Zeitungsleser an der Theke blättert erneut um.

- Und was dann?
- Ich hab mich natürlich sofort entschuldigt, hundertmal oder so. Gesagt, dass es mir leid tut, dass es keine Absicht war und so weiter. Na ja, und dann wollt ich nur noch weg. Am liebsten wär ich sofort wieder ausgestiegen.
- Wie, hatte der Bus wieder angehalten?
- Nee. Ich weiß gar nicht, ob der da vorn überhaupt etwas mitgekriegt hat.
- Hast du denn nichts gesagt?
- Was denkst Du denn. Für meinen Geschmack hatte ich schon genug Aufmerksamkeit erregt. Da schrei ich doch nicht noch durch den Bus zum Fahrer.

Ich wollte nur noch heil da raus, mich ganz nach hinten in die Ecke verziehn und so klein wie möglich machen.

- Und der Typ hat nichts gesagt?
- Nee, keinen Ton. Zu mir umgedreht hat er sich öfters, aber gesagt hat er nichts mehr.
- Ey, ich glaub, ich wär ausgerastet. Wenn mir da jemand eine langt ...
- Aber es war doch keine Absicht. Wenn der Bus nicht so ruckartig losgefahren wäre ...
- Was war das denn für'n Kerl?
- Richtig gesehen hab ich ihn dann ja nur von hinten; vorher angesehen habe ich mir nicht, wem ich denn nun bei nächster Gelegenheit im Gesicht rumfummle.
- Ich mein, war er jung, oder alt ... oder was?
- Na, ich würd mal sagen ...

Der junge Mann kommt zurück in den Raum; durch eine Tür, mit ‚WC' gekennzeichnet, direkt neben diesem Tisch.

Im gleichen Augenblick tritt eine junge Frau in die Kneipe und steuert direkt auf die Theke und die dahinter stehende Bedienung zu.

Wieder geistesabwesend, raschelt der Banker mit seinen über dem Tisch verteilten Papieren; als würde er sie neu ordnen.
- Hallo. Du kommst aber früh heute. Musst Du nicht erst ab acht arbeiten?
- Ja, schon, aber ich muss noch Schuhe kaufen und wollte schon mal meine Sachen hier deponieren.

Ein Schmunzeln huscht über das Gesicht des Zeitungslesers, der sein halb geleertes Bierglas zum Mund führt. Während des Trinkens laufen ein paar Tropfen an seinem Kinn hinunter. Das neu hinzugekommene Mädchen reicht einen Rucksack über die Theke, während dem Banker ein Blatt vom Tisch und vor den Füßen des jungen Mannes zu Boden segelt.

Seine Begleitung, die mit dem Rücken zum Lokal sitzt, studiert die Speisekarte.
- ungefähr jedenfalls. Er ist kurz danach ausgestiegen –
- Hast du ihn dir dabei nicht genauer angesehen?
- Glaubst du, ich starre den die ganze Zeit an, oder was?! Nachdem ich mich hingesetzt hatte, habe ich sofort mein Buch aus der Tasche geholt und mich darin so tief wie möglich vergraben. Nur ab und zu mal so aus dem Augenwinkel einen Blick ...

Der junge Mann bückt sich und greift nach dem Papier. Doch der Banker ist schneller; noch ehe der Zettel den Tisch verließ, hatte er seine Hand ausgestreckt, diesen zwar verfehlt, aber jetzt bekommt er den Zettel zu fassen, bevor der junge Mann zugreifen oder die Aufstellungen darauf mustern kann.

Die Bedienung nimmt den Rucksack entgegen und verstaut ihn unter der Theke. Die Begleitung des jungen Mannes ist mit dem Studieren der Speisekarte fertig, sie dreht sich um und wirft einen ungeduldigen Blick in den Raum.
- Geht schon. Danke.

Der Zettel wandert unter einen Stapel am Rand des Tisches. Mit einem „Bis später" verlässt die Schuhkäuferin wieder die Kneipe.
- Was haben denn die anderen im Bus gemacht?
- Na, was sollen Sie schon gemacht haben – geglotzt haben sie, was sonst?!

Der junge Mann mustert den vermeintlichen Banker einen kurzen Moment und setzt dann den Weg zu seinem Mädchen fort.
- Ich würd gern zahlen.

Der Mann an der Theke hebt die Hand; die Zeitung liegt zusammengefaltet neben dem jetzt leeren Bierglas. Der Banker schiebt mit schnellen Bewe-

gungen seine Zettel auf dem Tisch zusammen und lässt den Stapel in seinem Aktenkoffer verschwinden, der auf einem Stuhl neben ihm liegt.
- Hast du dich denn jetzt umgemeldet?
- Nee. Nach dem Erlebnis im Bus heute Morgen war mir die Lust vergangen. Ich bin am Rathaus ausgestiegen und gleich in die City ...
- 3,50 bitte.

Sich zu ihr hinunterbeugend, haucht der junge Mann seiner Begleitung einen Kuss auf die Wange.
- So, jetzt können wir.
- Wir müssen noch zahlen ...
- Ich weiß, aber das können wir auch an der Theke machen.

Im Aufstehen greift das Mädchen nach ihrer Jacke. Dabei wird sie von dem Banker angerempelt, der, mit seinem Koffer unter dem Arm, auf die Tür zu hastet.
- Hey ...

Mit einer gemurmelten Entschuldigung in ihre Richtung verlässt der Banker das Lokal, ohne sich noch einmal umzusehen; und ohne sich um die Bedienung hinter der Theke zu kümmern.
- Hallo, Sie müssen noch zahlen ...

Kopfschüttelnd blickt das junge Mädchen, jetzt wieder sicher auf den Beinen, dem Mann hinterher, „Also sowas ..." Sie wirft ihrem Freund einen fragenden Blick zu. „Merkwürdiger Bursche", bemerkt dieser, die Schultern zuckend.

„Sie können das Wechselgeld behalten, meinte ich. Das stimmt so." Aber auch diese erneute Erklärung des Mannes an der Theke lässt die Bedienung nicht aus ihrer Erstarrung erwachen. Mit einer Hand im Münzfach ihres Portemonnaies fixiert sie immer noch ungläubig die Tür, durch die der Banker eben verschwunden ist.

Der Mann aber greift nach seiner Zeitung, klemmt sich diese unter den Arm und schiebt seinen Barhocker beiseite. Das Pärchen anlächelnd bahnt er sich einen Weg an ihnen vorbei. An den Tür wirft er noch einmal einen Blick in den Raum, sieht die Bedienung, die jetzt ihn anstarrt, ohne ihn zu sehen, das Pärchen, das jetzt wieder nur mit sich selbst und den jeweiligen Jacken beschäftigt ist, und sieht die beiden am Tisch im hintersten Winkel des Lokals.
- So schnell fahr ich nicht wieder mit dem Bus.

Begegnung mit Landschaft und Natur

Alte Bäume
UWE HILDEBRANDT

Leif nahm die Leiter auf den Rücken und bog in den kleinen Zufahrtsweg ein. Die Außentreppe des Gebäudes, auf das er zusteuerte, kam eine alte Frau herunter. Vor der untersten Stufe stand bereits ihre dreirädrige Gehhilfe. Der Abstieg am Geländer war mühsam. Beinahe hätte Leif die Dame übersehen. Mit der Leiter streifte er leicht ihre Stütze. Rollend gab sie nach. „Passen Sie auf meinen Mercedes auf, junger Mann", rief ihm die Dame freundlich hinterher. Leif drehte sich verdutzt um. „Sind Sie Altenpfleger?", fragte die faltige Frau mit dem leuchtend weißen Haar. „Nein, Baumpfleger", antwortete Leif höflich. Das Altenheim, von dem er seinen Auftrag erhalten hatte, lag im östlichen Ringgebiet. Der große, rote Backsteinbau war nach dem Krieg ein Männerheim gewesen. Schon lange suchten keine verarmten Witwer und Junggesellen mehr um Aufnahme nach. Langsam hatten sich die Frauen das massive Haus erobert. Herr Franz, der Mann mit der Zigarre im vorgeformten Mundwinkel, war der Letzte der alten Garde. Eine Tatsache, mit der er sich Besuchern gegenüber stets brüstete.

Die lange Leiter lehnte nun an einem kräftigen Stamm im Garten des Altenheims. Leif war zurückgeeilt, um seiner flüchtigen Bekanntschaft – kurz vor Erreichen der letzten Stufe – den „Mercedes" wieder an die richtige Stelle zu rollen. „Dass ich wohl Hilfe brauche, sehe ich ja langsam ein – aber ein Baum?", versuchte die Frau ins Gespräch zu kommen. Leif sah, wie sich ihre Falten tief in das Gesicht schnitten und von Erlebnissen, welcher Art auch immer, zu berichten schienen. „Ich wohne übrigens hier, bin 94 Jahre alt und heiße Agnes", fügte sie hinzu. Leif schaute Agnes in die Augen. Sie waren schon leicht milchig, leuchteten aber dennoch. „Seidenmatt", dachte der Baumpfleger.

„Sie haben schon recht: Bäume wachsen von ganz allein. Aber manchmal fühlen sich Menschen von ihnen gestört; dann müssen wir Baumpfleger ran." Leif zeigte auf die mächtige Eiche, deren tief hängende Äste die Leiter zum Großteil verbargen. Die Krone überragte deutlich das Dach des dreistöckigen Hauses.

„Von Bäumen gestört? Das ist ja ein bisschen wie mit uns alten Vogelscheuchen hier", verglich Agnes schmunzelnd „warum haben Sie solch einen komischen Beruf?" Leif ging zurück zum Fuß des Baumes und setzte sich auf die unterste Sprosse der Leiter. Agnes folgte ihm langsam schlurfend, vor sich ihr Dreirad schiebend.

„Früher war ich ein Punk und wollte gar nicht unbedingt arbeiten gehen. Jetzt bin ich aber schon 30, wohne zusammen mit meiner Freundin in einem ausgebauten Bauwagen, und wir haben ein kleines Kind – ich muss einfach was verdienen. Und da ich Bäume mag und gern klettere ... ", kam Leif ins Erzählen. „Seit einem halben Jahr bin ich selbstständiger Baumpfleger. Vor zwei Wochen ist gerade die Förderung vom Arbeitsamt für Existenzgründer ausgelaufen." Ruhe und Zufriedenheit schienen allmählich den anfänglichen Arbeitseifer zu verdrängen.

Agnes war jetzt ebenfalls an der Eiche angelangt. Vor der Leiter fuhr sie einen Bogen und zeigte Leif ihren kugelrunden Rücken. Dann stellte sie die Bremsen ihres Wagens fest, drehte sich um und setzte sich auf das Sitzbrett des Dreirades:

„Ich kann Sie mir gar nicht mit grünem Schopf vorstellen." Ein leuchtend gelbes Buchenblatt segelte langsam herab und verfing sich in ihren Haaren. Agnes bemerkte es nicht. „Warum fällen Sie Bäume, wenn Sie sie doch lieben?", bohrte sie weiter. „Irgendjemanden ruft Ihr Heimleiter sowieso an, wenn er meint, dass der Baum zu viel Licht wegnimmt. Wenn ich es dann bin, der kommt, bringe ich die Kunden dazu, möglichst viel stehen zu lassen", erklärte Leif seine leicht geschäftsschädigende Mission für die Bäume.

Das goldgelbe Blatt in Agnes Haar schmückte sie ungemein, fand Leif. Er bot ihr eine Zigarette an. Einzelne Sonnenstrahlen suchten sich Gassen durch das schon leicht gelichtete Blätterwerk. Durch die im Wind flatternden Lichtumwandler flimmerte es leicht unter der Eiche. Der ganze Koloss war mit seinen nun zur Geltung kommenden Gelbtönen zu einer phantastischen Collage des ‚Indian Summer' geworden. Agnes hatte geraucht, als sie noch „bei der Konserve" ganz in der Nähe gearbeitet hatte; aber seitdem war schon „viel Zeit ins Land gegangen", wie sie Leif erzählte. Der junge Mann an ihrer Seite ließ sie an die Herren zurückdenken, die ihr im Leben etwas bedeutet hatten, und bald wehte der Rauch von zwei Zigaretten durch die Lichtsäulen unter dem Baum. „Auch für uns geht es darum, nicht zu stark beschnitten zu werden", sagte Agnes nachdenklich, „mit dem Spruch ‚Einen alten Baum verpflanzt man nicht' haben sie es hier ja noch nie so genau genommen ... "

Leif schaute erneut in ihr Gesicht. Er verglich ihre Falten mit den tiefen Furchen in der Baumrinde der Eiche. „Je älter die Rinde, desto beeindruckender das Muster", dachte er. „Wissen Sie, Agnes, diese Eiche ist vielleicht 500 Jahre alt, aber ein 40-jähriger Heimleiter möchte mehr Licht", sagte Leif leise. Bei dem Gedanken an den kleinen, meist aufgeregt herumlaufenden Chef des Altenheims mussten beide lächeln.

„Der würde nie auf die Idee kommen, unter dieser Eiche etwas zu verschnaufen", regte sich Agnes auf, „macht man nicht heutzutage Sitzstreiks oder Unterschriftenlisten, wenn man einen Baum retten will?" „Aufstand im Altenheim!", rief Leif lachend und beruhigte Agnes sogleich: „Sparen Sie sich die Mühe. Ich werde nur die Äste aus der Krone schneiden, die demnächst herunterstürzen könnten. Im nächsten Jahr treiben die schlafenden Knospen sowieso wieder aus."

Alte uralte Weiden
FRIDA KOPP

Ernst und würdevoll
stehn sie am Ufer
wie weise Frauen und Männer bei dem Ting.

Aus geborstner Rindenhaut
zerfurcht von Falten und Narben
streicht ihr sanfter Blick
über Wildblumenwogen zu ihren Wurzeln:
maigrün, rosa, weiß, lichtblau.

Sie erinnern ihre biegsame Jugendgestalt
und andres, schmerzvoll, böse ...
Hexenverbrennungen vielleicht ...

In eine hat das Feuer
einen Durchgang gebrannt
in eine Anderswelt.
Darüber malachitgrünes Flechtenhaar.
Alle tragen lebenden Schmuck auf den Häuptern:
Gräser, Lichtnelken und bittersüßen Nachtschatten.

Ein Tag begegnet dem Herbst
FLINT ROSNER

Noch eben war er kaum zu ahnen -
nichts als ein Schatten in der Nacht.
Da hebt ein Vogel an zu mahnen,
das Dunkel flieht, der Tag erwacht.

Schon lange hat der Herbstwind jeden Baum geschüttelt,
und nur die Immergrünen trotzten seinem Weh'n,
hat Blatt für Blatt von Ast und Zweig gerüttelt. -
Da liegen sie, so schön wie nie, um zu vergehn.

In manchen findet sich noch eine grüne Ader - wie ein Licht,
gebettet in ein dunkelnasses Gelb und Rot.
Sie fing die Sommerfarbe und ergab sich nicht -
und träumt hinüber in den Tod.

Die Herbstzeitlosen mögen noch mit ihren Farben locken,
und die Kastanie spiegelt rötlich braun den letzten grünen Hauch,
da bindet sich der Nebel und die Luft wird trocken.
Geschmeidegleich veredeln Wassertropfen einen Strauch.

In ihnen bricht sich funkelnd, gleißend gar, ein kaltes Sonnenlicht
und ist so ungleich - fremd dem, was der Sommer war.
Es hellt die Schatten auf, doch wärmen kann es nicht.
Die kalte Hand des Greises ist ihm gleich - dem Licht, am End vom Jahr.

Wie stille dieser Tag beginnt,
erfüllt ihn doch, so wie von fern, ein vages Singen.
Der Atemzug der Nacht verrinnt
und lässt die lichtgetränkten Tropfen klingen.

Vom Schmuck gebeugt, wie eine alte Frau,
stellt sich ein Blatt - wie sie - den Blicken und dem Sinn.
Schwer - wie ein Diamantcollier - so zieht der Tau,
das welke Blatt zum Grabe hin.

Zu irgendeiner Stunde und an irgendeinem Tag,
da gleitet seine Pracht in eines Nächsten Hand.
Das Leben aber, welches in des Schöpfers Händen lag,
schleicht leise fort - im Herbstgewand.

Herbstgang
Birgit Rühe

Fliegt ein Wind
über Straßen und Plätze
zur Oper umschmeichelt
Zwinger und Schloss schüttelts
Baumdach der Brühlschen
Terrasse hängt fest
im Gerüst
jener Kirche die auch
im Feuersturm
barst
überblicke
die Stadt
vom Turm
der Kreuzkirche nun

Märznacht
Bernd Klosendorf

Nachtsonne
hinter zitternden Fingern
schwarzer Pappelwand
schwingt südwärts
glänzendes Messing
das Pendel

zerfließt
der Weg
in Schleiern umnachtet
hinüber
zum helleren Ufer

Klarheit
in noch eisigen Spiegeln
blinkt auf
geworfene Saat

Einmal Ewigkeit und zurück
Manfred Stoppe

Die Wellen schlugen nur sanft an den Strand. Sie plätscherten geruhsam und spielten mit den Sandkörnern entlang der weiten blassgelben Fläche des Flutsaums. Ab und zu mischte sich Seetang in ihr Spiel, als ob die grünen Farbtupfer die Szene akzentuieren sollten.

Sie saßen nicht direkt am Flutsaum, sondern etwas oberhalb. Dort, wo der Strand in die schräg gelagerten Dünen überging und, von Strandhaferbüscheln durchsetzt, mehr Festigkeit gewonnen hatte.

Die Sonne stand mit ihren schräg einfallenden Strahlen in ihrem Rücken, von wo aus sie die gegenüberliegenden Inseln scharf konturierte. Föhr mit den grünen Bäumen, die sich buckelgleich im Abendhimmel erhoben, grüßte kraftvoll herüber. Und Amrum, die weiche Schwester, sandte einen rosafarbenen Streifen herüber, in dem Strand, Dünen und Vegetation seltsam verschmolzen. Nur der Leuchtturm erhob sich deutlich über dem Dunst und vergeudete sein blinkendes Licht über die See.

Die beiden hielten sich an den Händen, als ob sie den Augenblick für alle Zeit festhalten wollten. Ihre Schuhe hatten sie ausgezogen, um die Weichheit des Sandes und die abendliche Feuchte zu spüren. Sie saßen völlig regungslos und würdigten die vorbeiziehenden Strandläufer keines Blickes.

Ihre Augen waren auf das Meer gerichtet, das an diesem Abend eine dunkelgrüne, fast schwarze Farbe hatte. Nur dort, wo die Sonnenstrahlen die Wasseroberfläche trafen, sahen sie einen türkisgrünen Schimmer. Sie waren nicht zum ersten Mal auf Sylt, dennoch faszinierte sie solch ein Abend immer aufs Neue. Hier an der Südspitze hatten sie dutzende Sommer verbracht. Seit sie Kinder hatten, fuhren sie stets im Sommer auf die Insel. Nicht ins quirlige Westerland, nicht ins versnobte Kampen oder ins mondäne Keitum, sondern hierher nach Hörnum. Hier fanden sie die Ruhe, die sie suchten, die Entspannung und Muße, von der gesunden Luft einmal ganz abgesehen.

Von Amrum tuckerte ein Krabbenkutter durchs Hörnumer Tief auf den Hafen zu; im kabbeligen Wasser teilte sein Bug die Wogen so heftig, dass das Türkis sich zu weißem Schaum verwandelte. Der Diesel musste mächtig stampfen, schwarzer Rauch stieg aus dem aufragenden Schornsteinrohr und verlor sich zerbröselnd im Fahrtwind. Es war Martens, der die örtlichen Lokale mit frischen Krabben belieferte. Nebenher verkaufte er am Hafen seinen Fang an die Touristen. Mit einer glänzenden Konservendose langte er in den Korb und füllte die Krabben in eine Plastiktüte, das Pfund zu acht Mark. Jeder glaubte ihm, dass die Dose ein Pfund enthielt. Reklamationen hat es jedenfalls nicht gegeben. So saßen manche Urlauber mit ihrer Tüte auf der Promenade und versuchten sich im Krabbenpulen. Satt wurde nur, wer den Bogen raus hatte, andernfalls stürzten sich die Scharen von Möwen auf das Ergebnis der Fehlversuche. Auch mancher Hund wurde auf diese Weise satt, wenn er die maritime Kost nicht verschmähte.

Hinter dem Kutter rauschte der Ausflugsdampfer heran, der von Helgoland zurückkam. Zunächst in der Ferne, weit hinter dem Kutter zu erblicken, näherte er sich mit seiner kraftvollen Maschine immer schneller, zog an ihm vorbei und ließ ihn im Achterwasser heftig schwanken, als wolle er ein unausgesprochenes Wettrennen gewinnen, bei dem er dem Kutter einen passablen Vorsprung gewährte.

Auf dem Sonnendeck waren die Ausflügler zu erkennen, die mit gespanntem Interesse das Inselpanorama von der Seeseite her betrachteten. Hier und da winkten einige den Strandspaziergängern zu, die ihrerseits in ihrem Gang innehielten und den Leuten auf dem Schiff zuwinkten.

Im Hafen quollen sie dann regelmäßig aus dem Schiffsleib, bepackt mit allerlei Tüten, in denen sie die zollfrei erstandenen Waren in ihre Quartiere trugen. Jetzt, da auf der Fähre nach Dänemark die Zollfreiheit dank der Europäischen Union ein jähes Ende gefunden hatte, blieb Helgoland ein letztes Ziel, um manchen Schmugglertraum wahr werden zu lassen. Einige der Passagiere machten an der Fischbude am Hafen Station, um sich an den Genüssen des Meeres, das sie mutig befahren hatten, zu laben. Ob Lachsbrötchen oder Schollenfilet spielte dabei keine Rolle, wenn der verführerische Duft über den Tresen strömte.

Für den Fischhändler war es jedes Mal ein einträgliches Geschäft, denn von den Touristen im Ort konnte er allein nicht leben. Dazu war die Konkurrenz auf der Insel zu mächtig. Auch die beiden holten sich ab und zu den frisch gebackenen Fisch zum Abendbrot, wenn sie seeluftgesättigt und wohlig matt vom Strand in ihre Wohnung gingen, den salzigen Geschmack des Meeres auf den Lippen, die Haut gespannt von Sonne und Gischt.

Nach dem Duschen und Essen machten sie sich dann auf den Weg, das abendliche Schauspiel von Wind, Wellen und Wolken in sich aufzunehmen, sich beim Strandspaziergang satt sehen zu können an der Färbung des Meeres und des Himmels. Sie hatten inzwischen die Südspitze der Insel nahezu umrundet und spürten den Wind nun von vorn. Das schützende Lee der Dünen und die eher sanften Wogen der Ostseite der Insel wandelten sich zu einer steifen Westbrise. Die Wellen kräuselten sich im kabbeligen Wasser und bildeten hier und da erste weiß schäumende Kämme. Der blanke Hans drückte bei steigender Flut mit aller Macht seine Wassermassen zwischen die Inseln.

Sie schlossen ihre Jacken fester, sie hatte ein blau getupftes Tuch um den Kopf gebunden und er seinen Elbsegler tiefer in die Stirn gezogen. Das Wasser eroberte sich nun Meter um Meter des amphibischen Raumes zurück, manchmal unmerklich und nur am letzten Flutsaum zu erkennen, manchmal heftig und unerwartet durch eine starke heranrollende Welle, vor deren Ausläufern sie sich des Öfteren nur durch einen Sprung in Richtung Dünenfuß retten konnten, wenn sie keine nassen Hosen bekommen wollten. Der Westwind hatte zugenommen und trieb blau schwarze Wolkenberge von England herüber, die durch die sich neigende Sonne an den Rändern zart violett eingefärbt wurden. Nur kurze Augenblicke später erschien sie wieder hinter den sich türmenden Wolken und verlieh ihnen einen Goldrand, der in seinen Windungen dem von Großmutters Tellern ähnelte.

Wenn sie den Strand nach Norden überblickten, links das unruhige Meer und rechts die vom Wind geformten Dünen mit ihrem zerzaust wogenden Strandhafer, so leuchtete in der Ferne der Sand in sattem Goldgelb, eben dort, wo die Sonne ihre letzte Kraft ungehindert zu entfalten vermochte.

Nur noch vereinzelt kamen ihnen Gleichgesinnte entgegen, die den umgekehrten Weg nahmen. Der Wind schräg von hinten trieb sie gleichsam am Strand entlang wie mancherlei Utensilien, die das Meer bei der letzten Flut vor gut sechs Stunden ans Land geworfen hatte. Meist waren es Plastikflaschen, die über die Sandfläche trullerten und zum Spielball des Windes wurden. Er bückte sich hin und wieder, um deren Herkunft zu ergründen und dann seiner Frau mit einem gewissen Habitus des Belehrenden zu verkünden, dass die meisten aus England herübergespült oder doch zumindest von englischen Schiffen über Bord geworfen worden sein mussten.

Dabei schweifte sein Blick zu den Bunkerresten, die sich wie von selbst aus den Dünen zu schälen schienen. Inzwischen waren die meisten beseitigt oder vom Wind wieder zugeweht worden. Aber in früheren Jahren klebten sie unverrückbar in den sandigen Steilwänden, graue Walrücken, scheinbar an Land geschleudert und unbeweglich für alle Zeiten. Dann stellte er sich vor, wie es im Krieg gewesen sein mochte. Deutsche Soldaten, die ihren Einsatz auf der Insel ganz sicher als eine besondere Art der Erholung ansehen mochten, hockten in den bewehrten Kolossen und blickten angsterfüllt zum Himmel, wenn sich die feindlichen Flieger näherten, deren Interesse sicher nicht der unberührten Naturlandschaft galt, sondern den Militäranlagen der Deutschen. Und wenn es auch glücklicherweise in der Regel keinen Beschuss gab, so waren sich die jungen Leute in ihren graugrünen Uniformen im Klaren, was sie erwartete, wenn die Invasion, die alle erwarteten und von der allerlei Gerüchte im Umlauf waren, sie treffen sollte. Selbst nachdem die Alliierten in der Normandie und nicht hier gelandet waren, war die Möglichkeit und damit die Gefahr einer weiteren Invasion von See nicht gebannt, denn von Sylt war der Weg nach Hamburg und sogar Berlin wesentlich kürzer als vom fernen Atlantik. Nur diese Insel bot Strände, die militärisch den Anforderungen genügten, da das Wattenmeer für ein Landungsunternehmen ungeeignet war und der Damm zum Festland nicht hätte wesentlich zerstört werden können.

Hundegebell weckte ihn aus seinen Gedanken, die in der Vergangenheit versickert waren, einer Vergangenheit, die er nur aus Erzählungen, Büchern und Filmen kannte und dennoch oder gerade deswegen seine Fantasie immer wieder aufs Neue beflügelte. Ein junges Pärchen mit einem braun gefleckten Münsterländer kam ihnen fröhlich entgegen gelaufen. Der Hund hatte unterhalb des grauen Betons eine tote Möwe entdeckt und meldete den beiden seinen Fund, als erwarte er für diese Tat eine Belohnung.

Die jungen Leute liefen zu dem Bunkerrest und tätschelten den Hund für die brave Leistung, während ihre Blicke über den narbigen Kunststein glitten, aus dem hier und da rostbrauner Stahl heraustrat, gleichsam wie Adern auf dem Handrücken. Sicher konnte diese Generation mit einer solchen Hinterlassenschaft überhaupt nichts mehr anfangen, ihr keine Bedeutung beimessen, es sei denn, sie hätten in der Schule oder sonstwo tiefer gehende geschichtliche Kenntnisse erlangt.

Er richtete seinen Blick nach vorn und nahm seine Frau unwillkürlich fester bei der Hand, so dass sie seinen Druck mit erstauner Miene quittierte. Dabei zeigte er nach vorn, den Flutsaum entlang, der sich unaufhörlich dem kleinen Kliff näherte, das den täglichen Höchststand des Wassers markierte. Es kam ihm so vor, als sei das Meer wütend, diese kleine Klippe nicht im ersten Anlauf schaffen zu können. Andererseits hatte es Zeit, viel Zeit, Jahrtausende oder gar Jahrmillionen, die Küste zu modellieren.

Nur ein wenig mussten sie ihren Blick nach oben richten, um das ebenso ewige Himmelsschauspiel zu verfolgen, das nunmehr seinen letzten Akt vollführte. Während über ihnen die letzten Wolken schwarzblau landeinwärts zogen und das Festland in ein unwirkliches Zwielicht tauchten, sank die Sonne über dem blank geputzten Himmel tiefer und tiefer ins Meer. Zunächst verströmten ihre Strahlen unzählige kleine goldene Lichtreflexe, die sich über die Wellen an Land zu schleichen schienen und im Flutsaum versanken. Dann, als die Kraft der Strahlen nachließ, die Sonne im tiefroten Halbkreis über dem Horizont stand und bei genauem Hinsehen merklich hinter ihm versank, breitete sich ein dunkles Rot über das Meer, das seinen Widerschein in den Dünen fand, die lachsfarben leuchteten.

Sie waren beide so gefangen von dieser Erscheinung, dass sie unwillkürlich stehen blieben und sich von ihr tief in ihrem Innern berühren ließen. Was sie eben erlebten, nicht zum ersten Mal erlebten, löste ihn ihnen immer wieder ganz unterschiedliche Empfindungen aus. Einerseits bemächtigte sich ihrer eine Erhabenheit, vermischt mit einem Glücksgefühl, das einen Hauch von Ewigkeit zu tragen schien. Ein faustisches Gefühl des Ewiggültigen, des Göttlichen in der Schöpfung. Und andererseits ging ihnen der Spötter Heine nicht aus dem Kopf, der eben dieses Gefühl so treffend ironisierte mit seinem Fräulein, das am Meere stand.

Der Wind hatte aufgefrischt, nachdem die Dämmerung hereingebrochen war, und sie fröstelten leicht und spürten die Nässe des Sandes jetzt mehr denn je. Sie schritten forscher voran, um die Strandtreppe zu erreichen, die in geringer Entfernung vor ihnen lag. Niemand hielt sich mehr am Strand auf, sie waren die Letzten, die nun, energisch vorwärts stapfend, an der Treppe anlangten. Die grauen Holzbohlen sahen fast schwarz aus, und sie mussten zusehen, dass sie die Stufen tastend trafen, ohne sich zu stoßen oder gar einen Splitter in den Füßen zu haben.

Am Dünenkamm ging die Treppe in einen Holzbohlenweg über, der von ebensolchen Bänken gesäumt war. Hier konnten sie in Ruhe ihre Füße trocknen. Nachdem sie Strümpfe und Schuhe angezogen hatten, stieg ein wohliges Gefühl der Wärme in ihnen auf, und sie verharrten noch einen Augenblick, die Augen auf das Meer gerichtet, das sie nur noch undeutlich wahrnehmen konnten, das aber durch sein unermüdliches Rauschen seine Anwesenheit kund tat. Wenn Ewigkeit fassbar wird, dann nur hier zwischen Himmel und Meer, im zeitvergessenen Spiel von Wellen, Wind und Sand. Dieser Gedanke, so fanden sie beide, habe doch etwas unendlich Tröstendes.

Garding
Ulrike Glockentöger

Garding – zwölf Uhr mittags
im August
ist randvoll
quillt über von
Gästen
wie mir

Garding – zwölf Uhr mittags
im August
riecht nach Sprit
Wagen an Wagen
rollt durch
auch meiner

Garding – zwölf Uhr mittags
im August
lässt träumen
von Wind und Wolken
und Ruhe
am Deich

Blaue Stunde
Bettina Egbuna

Dämmerung
Die Natur
spricht leise
vom Tag
der vergangen ist
wie im Fluge
Es ist warm
die Sonne gibt
ihren Abschied

Wie schmeckt Blau?
Aus dem Leben einer Malerin
CHARLOTT RUTH KOTT

Blau ist für mich nicht nur eine Farbe.

Auf die Mischung kommt es an, im Leben, Arbeiten und besonders in der Malerei. Farbig ist und war mein Leben, mit viel Licht und Schatten.

Schatten sind nicht nur schwarz oder grau, eben oft auch blau in vielen Abstufungen.

Ich schmecke das Blau. Es ist erwiesen, dass Neugeborene Farben schmecken.

Mir schmeckt die Farbe immer noch – warum?

Begegnungen mit Farben

Die meisten Malerinnen und Maler, die zu einem Studienaufenthalt hier in der Provence weilen, malen so, wie es in der Landschaft aussieht. Zur Zeit ist es grün, grün ... oder gelb. Ich gehe voll in die Farben, male wie ich es sehe, brauche und besonders, wie ich es fühle.

Hitze ist für mich nicht grün oder blau, Hitze muss gelb und rot sein – sie explodiert, schwirrt, knistert und summt überall, welch ein Reichtum an Farben!

Heute bläst wieder der Mistral. Dieser Wind kommt aus dem Norden, ist stark und auch kalt. Der Vorteil des Windes, er hält den Regen fern, treibt die Wolken weg und lässt die Natur in den schönsten, reinen Farben erscheinen.

Mein Weg führt in Richtung Sablet, vorbei an der Jugendherberge, an den Kirschbäumen, wo der Besitzer alljährlich ein Schild aufstellt, dass die Bäume mit Gift gespritzt sind.

Jetzt kommt einer meiner Lieblingsplätze, ich klettere auf einen Hang mit Olivenbäumen. Auch da gibt es Kirschbäume, sie sind brechend voll, leuchten orange- bis purpurrot. Ich probiere die köstlichen Früchte.

Inzwischen weht mir der Wind die abgelegten Sachen vom Malhocker, der Wind wird stärker. Nun zeichne ich den vor mir liegenden Hügel mit den Häusern von Séguret. Der Wind zieht und reißt an dem Papier, es muss gehen, in der Mittagszeit ist das Motiv besonders beleuchtet und – blauer Himmel mit sehr bewegten, lebendigen Wolken – ich schmecke das Blau!

Kurz noch eine Skizze von den Pinien am Weg, dann gebe ich es auf, der Wind und auch die Sonne sind anstrengend.

Weiter über die Äcker, der Wind treibt mich vorwärts. Leider hat hier der Bauer frisch gepflügt, mein Fuß versinkt in lockerer, brauner Erde. Ab und zu bleibt ein Schuh stecken. Im Feld nebenan bindet ein Bauer die Reben. Ich nicke in seine Richtung. An den Anblick der Maler sind die Bauern hier gewöhnt, sie haben nichts dagegen, wenn wir malend über die Felder streifen. Im Gegenteil, wenn ich nach einem Maltag, am Abend, in Séguret ankomme, wollen die Bewohner sehen, was frisch entstanden ist. Das Leben spielt sich in der warmen Jahreszeit auch in den Gassen ab, besonders am Brunnen. Nach vielen Aufenthalten in Séguret fühle ich mich dazugehörig, freundlich angenommen, ein Stück zu Hause.

Der Weg geht bergauf, ist uneben und ausgewaschen. Gebüsch, besonders die Zweige der Brombeersträucher schlagen hin und her, mein Malhemd bleibt an den Dornen hängen, ich ziehe den Ärmel hinter mir her, nun ist es mir gleichgültig, ob das Hemd zerreißt. Mir schwirrt Van Gogh im Kopf herum, besonders heute kann ich ihm einiges nachfühlen. Der Wind, die Sonne, die Anstrengungen, sein abgeschnittenes Ohr!

Juni 1997

Heute ist es sehr heiß, doch der Wind macht die Hitze erträglich. Die Berge sind vom Dunst fast verschluckt, der Himmel von Ost bis West ist diesig und fast farblos, ein wenig blau. Zum Norden hin entfaltet sich dieses Cölinblau, das den Himmel des Südens ausmacht. Leuchtend das Orange der Aprikosen, die Blätter der Olivenbäume glänzen silbrig, und das helle Grün der Weinfelder schließt sich an.

Das Dach „meiner Hütte" liegt voll im Sonnenlicht, die Ziegel leuchten in Gelb und Orange. Die trockene Erde zu meinen Füßen ist helles Ocker, aufgelockert von dürren Gräsern, kleinen Blumen und Steinchen.

Die Steine auch grau und rosa, da fällt mir sofort der Gegensatz hier ein. Die graue und rosa Provence! Diese Berge, Felder und in der Nähe das Örtchen Sablet. So reizvoll wie es sich zeigt, kann ich es nicht zu Papier bringen. Mich beruhigt ein Zitat von Cézanne: Man soll die Natur nicht so malen wie sie ist, sondern seine eigene Natur, bzw. Welt erschaffen. Finde es gut und tröstlich für mich, es sind auch meine Gedanken.

Was sollten nur Häuser, Bäume, Berge ohne Himmel und Sonne oder Mond – ohne Seele? Meine Fantasien und Träume sind in den Bildern. Mein Blick geht nach Westen zu den Quvézefelsen, sie sollen heute mit in der Zeichnung festgehalten werden. Bis zum Abend werde ich wohl bleiben müssen, es wäre unvernünftig, in der Hitze zurückzugehen. Wie gern arbeite ich hier!

Soeben schlug die Glocke des Uhrturmes von Sablet, ansonsten ist es still. Nur einige Vögel singen, Insekten umfliegen mich summend. Bis zum Abend arbeite ich an der großen Zeichnung.

Nun ist der Tag zu Ende, ich sitze wieder im Atelier. Ein Tag mit Zeichnen, auch eine Rötelskizze der Hütte ist dabei.

Es war ein guter Tag, voll Licht – Licht der Provence.

Es ist der 15. Oktober 1998, fast sieben Wochen lebe und arbeite ich in der Vaucluse. Wieder sitze ich auf einer Anhöhe, inmitten der Landschaft, zwischen den Kräutern und Blumen. Vor mir eine Wiese, Felder, Bäume, Berge und die Hütte.

Seit vielen Jahren nehme ich hier Abschied. Abschied bis zur Wiederkehr im nächsten Jahr. Leise und wehmütig, doch erfüllt vom Aufenthalt.

Es ist wärmer als zu Anfang des Monats Oktober, als der Mistral heftig wehte. Auch der Südwind mit Regen zeigt den Herbst an.

Schatten finde ich heute unter einem Pinienbaum, die Füße in die Sonne gestreckt. Licht und Wärme auftanken für die nächsten Monate. In der Nacht wird die Reise von Avignon über Frankfurt nach Braunschweig gehen. Noch bin ich hier, staune über die Stille.

Summend fliegen mich Insekten an und lenken vom Schreiben und Skizzieren ab. Leise zwitschert es im Gebüsch. 14.00 Uhr schlägt die Glocke vom Uhrturm in Sablet. So denke ich mir, dass die Vögel noch Mittagsruhe halten, denn es sind keine so fröhlichen und lautstarken Töne wie üblich zu hören. Ob sie wohl wissen, dass seit 14 Tagen die Jagd eröffnet ist? Auch auf die Vögel?

Eine himmlische Ruhe ist nun wieder in meinem kleinen Paradies. Viele mir zum Teil unbekannte Blumen sind nach dem Regen neu erblüht. Rosmarin und Thymian wachsen in Fülle. Auch Minze und Zitronenkresse verströmen ihren Duft.

Die Olivenbäume sitzen voll von Früchten. Sie sind grün und noch nicht reif. Die Ernte ist erst im Dezember. Silbrig, grün oder auch blau glänzen die Blätter im Sonnenlicht. Dünne Zweige wiegen sich im Wind.

Jetzt kommt das Geräusch eines Treckers näher. Die Felder werden bearbeitet, sobald der Wein geerntet ist. Vielleicht wird auch noch ein Feld abgeerntet. Der größte Teil der Trauben ist schon verarbeitet.

Ein unbeschreiblich schöner Anblick der farbigen Felder. Nach und nach färben sich die Weinstöcke von Gelb-orange bis Rot.

Blauer Himmel mit Federwölkchen über mir. Träume ich?

Ist es wirklich schon Oktober?

Die Dentelles de Montmirail schützen das Tal auf der einen Seite vor dem Wind. Der Mont-Ventoux beschützt die Vaucluse von der anderen Seite. Die Gebirge sehe ich in der Ferne, im diffusen Licht der Maler – im Licht der Provence!

gehörtes Gefühl
IMKE RIECHEY

ein Ton
voll Wärme
voll Licht
ein Klang
der dich umgibt
dich durchdringt
eine Melodie
die dich hält
dich trägt
in die Wolken
hoch hinauf
kannst
sie hören
sie fühlen
du schwebst
auf den Tönen
mit den Tönen
sie füllen dein Herz
bis es fast zerspringt
vor Glück
vor Freude
dieses Gefühl
liegt nicht in Worten
in keinem Raum

liegt nur in der Musik

Naive Welterfahrung und Traumwelt

Ein Weihnachtstag in Braunschweig
Hannelore Bartsch

„Hurra! Hurra!" So riefen damals meine Eltern im Jahre 1957, kurz vor Weihnachten, vor Begeisterung aus, als sie einen beträchtlichen Betrag in der „Norddeutschen Klassenlotterie" gewonnen hatten.

Es war für meine Familie Rettung aus allergrößter Not. Unsere Familie bestand damals aus Vater, Mutter und drei Kindern im Alter zwischen fünf und zehn Jahren. Eine arme Nachkriegsfamilie, die in zwei winzigen Räumen lebte und in der sich jeweils zwei Personen ein Bett teilten.

„Nun wird alles besser werden", meinte unser Vater bald darauf. „Wir werden euch Kinder einen schönen Tag bereiten. Wir dachten an eine Einkaufsfahrt mit dem Zug nach Braunschweig. Dort kaufen wir euch allen etwas zum Anziehen. Jeder darf sich im Spielwarengeschäft ein Spielzeug aussuchen, und zur Krönung gehen wir in ein schönes Restaurant, in dem ihr essen könnt, bis ihr platzt."

Wir Kinder waren über die Mitteilung unseres Vaters überglücklich und konnten den angekündigten Tag kaum noch erwarten.

Endlich war er da. Mit warmem Winterzeug versehen, stapften wir durch hohen Winterschnee zum Helmstedter Bahnhof. Nachdem unser Vater die Fahrkarten gelöst hatte, bestiegen wir den schon wartenden Zug, den eine alte Dampflokomotive zog.

Paff, Paff, Paff, Zisch, Zisch! Dicker Qualm drückte sich aus dem Schlot der Lokomotive und verdrängte die dicht wirbelnden Schneeflocken um sich herum. Der Zug setzte sich endlich in Bewegung, wurde schneller und schneller, bis nur noch die gleichmäßigen Zug- und Schienengeräusche zu hören waren. Durch das Zugfenster sahen wir dick verschneite, romantisch anmutende Winterlandschaften an uns vorbeisausen.

Wir Kinder drückten unsere Nasen an die Scheibe und wischten den feinen Atemreif weg, der sich immer wieder daran bildete. „Sind wir bald da?", fragten wir andauernd und rutschten unruhig auf unseren Plätzen herum. Dann endlich rollte der Zug in den alten Braunschweiger Bahnhof ein, inmitten der Stadt gelegen. Die Zuggeräusche wurden immer langsamer und Pfff, Zisch, Pfff!, stand der Zug. Ein schrilles Pfeifen des Schaffners erscholl.

„Alles aussteigen", rief meine Mutter. „Vergesst nichts, Kinder", fügte sie hinzu.

Auf dem Braunschweiger Bahnhof herrschte großer Tumult. Viele Reisende mit ihrem Gepäck schoben sich durch die Gegend. „Wo die nur alle hinwollen", dachten wir erstaunt.

Der Bahnhof war weihnachtlich geschmückt mit grünen Tannengirlanden und roten Weihnachtsbändern. Voller Staunen liefen wir Kinder auf einen riesengroßen Weihnachtsbaum zu, der im Portal des Bahnhofes stand. Er war mit hellen Lichtern, Silberkugeln und über und über mit Silberlametta geschmückt.

Oben auf seiner Spitze thronte ein Rauschgoldengel, der gnadenvoll auf uns herunter blickte. Wir kamen aus dem Staunen über dieses Weihnachtswunder nicht mehr heraus.

Nachdem wir uns satt gesehen hatten, setzten wir unseren Weg zu Fuß in die Innenstadt Braunschweigs fort. Sie war ebenfalls weihnachtlich geschmückt. Von überall her stieg uns der Duft von gebackenen Mandeln, Zuckerwatte und vielen anderen Köstlichkeiten in die Nasen. Lichterfunken tanzten aus allen Ecken und erhellten unserer Gesichter.

Unsere Eltern betraten mit uns ein Geschäft von enormen Ausmaßen. Ein so genanntes Großkaufhaus. Aus riesigen Regalen und Kleiderständern voller Sachen suchten sie Anziehsachen für uns aus: neue Pullover, Mützen, Handschuhe für jedes Kind und für Mutter warme Winterstiefel.

Erst jetzt sahen wir, was für erfrorene rote Füße meine Mutter hatte. Sie musste mitten im kalten Winter leichte Sommerschuhe tragen, uns Kindern war es nicht aufgefallen.

Alle behielten wir voll Stolz gleich die neuen Stiefel an den Füßen. Vater ließ sich die alten Schuhe und die neuen Anziehsachen in zwei Pappkartons verpacken, die mit einem kleinen Holzgriff versehen waren. „So", verkündete Vater fröhlich, „jetzt gehen wir hier im Lokal des Kaufhauses schön essen. Und dann könnt ihr im Spielwarengeschäft auch euer Spielzeug aussuchen." – „Hurra", schrien wir ausgelassen.

„Fünf mal Wiener Schnitzel mit Salzkartoffeln und Erbsen und Mohrrüben, fünf Sinalco und als Nachspeise fünf gemischte Eis mit Sahne", bestellte Vater bei der Bedienung mit gewichtiger Miene.

Pappsatt unternahmen wir nachher den nächsten Schritt. Wir gingen in ein Spielwarengeschäft. Es war ein winziges, verträumtes Geschäft, aber randvoll gestopft mit den schönsten Kinderträumen. Mit offenem Mund bestaunten wir Kinder alles ringsumher und konnten uns gar nicht entscheiden.

Meine Schwester suchte sich ein Paar Rollschuhe aus, und mein Bruder entschied sich für einen Lederfußball. Nur ich lief von einer Ecke zur anderen, bis ich auf ein kleines rosafarbenes Plastikservice aufmerksam wurde, welches mir sehr gefiel. Neben mir stand ein kleines Mädchen von ungefähr sieben Jahren. Sie war im gleichen Alter wie ich selbst und sah ebenfalls mit sehnsüchtigen Blicken auf dieses Service. Zögernd sprach sie mich an: „Kaufst du dir dieses Service?. Ich spare schon lange darauf und gucke jeden Tag nach, ob es noch an seinem Platz ist", erzählte sie mir. „Bis jetzt habe ich 70 Pfennige zusammengespart. Es kostet aber eine Deutsche Mark. Bis Weihnachten werde ich es hoffentlich zusammengespart haben", seufzte sie und stellte sich abschirmend vor das Service.

Mein Vater hatte das Gespräch zwischen uns Kindern mitbekommen. Er rief den Verkäufer heran und flüsterte verstohlen mit ihm. Kurz danach verschwand der Verkäufer. Das kleine Mädchen neben mir war den Tränen nahe und presste ihre Hände fest zusammen. Bald darauf kam der Verkäufer zu uns zurück. Er hatte noch ein Service in der Hand. Haargenau das Gleiche, wie das ausgestellte. „Das ist das Letzte", verkündete er. In dem Moment fing die Kleine fürchterlich an zu weinen. Aber sie hatte nicht mit dem guten Herzen meines Vaters gerechnet. Er nahm das ausgestellte Service und übergab es ihr mit den Worten: „Bitte, ein Geschenk von uns. Warum sollen wir nicht jemanden an unserem eigenen Glück teilhaben lassen, wo doch dieses Glück, dank der Bescheidenheit meiner Tochter so preiswert ist", fügte er seinen Worten hinzu und übergab mir das Service, das der Verkäufer gebracht hatte.

Es gab wohl in diesem Moment keine glücklicheren Kinder auf der ganzen Welt als dieses fremde Mädchen und ich. Sie bedankte sich überschwänglich bei meinem Vater und hüpfte fröhlich aus dem Laden.

Stolz und glücklich, aber sehr müde, traten wir den Rückweg zum Braunschweiger Bahnhof an. Draußen im Freien fing es wieder an zu schneien, und von irgendwoher hörten wir eine Musik, die uns bis zum Einstieg in den Zug mit der alten schnaufenden Dampflokomotive begleitete. Wir kannten sie: „Ihr Kinderlein kommet, ach kommet doch all!"

Alleen
Ulrike Glockentöger

Reihen jahrhundertealter Bäume säumen den Weg, der Himmel ist verschwunden hinter dem diesigen Grau des Tages. Mühsam neigen sich die blattlosen Zweige im Wind. Fröstelnd schaut ein Kind zu den Wipfeln hinauf, als suche es nach den Früchten. Sein Blick wandert von Ast zu Ast. Dabei zieht es die Mütze tief in den Nacken und die Stirn und streift die Kapuze des reichlich großen Anoraks darüber.

Es beginnt zu nieseln, und noch immer steht das Kind da und schaut zu den Baumspitzen empor. Frierend tritt es von einem Fuß auf den anderen, ohne den Blick zu wenden.

Schließlich scheint die Feuchtigkeit in die Schuhe zu kriechen. Das Kind schaut sich auf die Füße, zieht die Schuhspitzen hoch. Es zuckt mit den Schultern und läuft die Allee hinunter.

Der Regen wird stärker. Große Tropfen fallen dicht an dicht zwischen den Ästen hindurch und klatschen spritzend auf das Kopfsteinpflaster der Straße. Das Kind drückt sich an einen mächtigen Baumstamm, steigt dabei auf den oberirdischen Teil einer Wurzel, um den sich immer weiter ausdehnenden Pfützen zu entgehen.

Wieder schaut es zum Himmel hinauf. Da rast ein Auto die Allee entlang. Beim Einfahren in die Pfützen schießt eine schmutzig-braune Gischt rechts und links des Wagens hoch ... und ergießt sich über das Kind. Das Kind starrt dem Auto nach, sehr überrascht.

Einige hundert Meter entfernt stoppt der Wagen mit quietschenden Bremsen. Nach kurzem Halt rollt der Wagen rückwärts mit aufleuchtenden Rückscheinwerfern. Fasziniert schaut das Kind dem dröhnenden Fahrzeug entgegen – ohne sich von seiner Wurzel fortzubewegen.

Als der Wagen auf Höhe des Kindes angelangt ist, öffnet sich die Beifahrertür, und das Kind wird aufgefordert einzusteigen. Es schüttelt den Kopf. Die Aufforderung wird wiederholt und mit drohender Krankheit begründet. Das Kind bleibt auf seiner Wurzel stehen. Es folgt ein Fluch, und die Tür wird zugeschlagen. Dann fährt das Auto davon.

Das Kind schlingt fröstelnd die Arme um die Schultern und schaut zum Himmel auf. Irgendwo muss es doch sein und sich auftun, das Himmelstor. Es ist schließlich der Heilige Abend. Und wenn das Christkind herausschaut, will ihm das Kind etwas sagen. Es will ihm sagen, dass es in diesem Jahr nicht zu ihm kommen soll. Es soll den anderen Kindern etwas bringen, aber nicht zu ihm nach Hause kommen.

Allmählich schleicht die Dunkelheit in den Nachmittag, die Bäume am Horizont verschwimmen in dem dämmrigen Himmel. Dunst legt sich über die Felder und zieht durch das Geäst. Inmitten des sich ausbreitenden Dunkels erscheint plötzlich ein Licht am Horizont, das sich schnell kreisrund ausdehnt und immer näher heranrückt. Aus dem einen Licht werden zwei, zwei Scheinwerfer, die Scheinwerfer eines Busses.

Langsam und vorsichtig sucht sich der Bus seinen Weg zwischen den Schlaglöchern hindurch. Gebannt starrt das Kind ihm entgegen. Ein warmes Leuchten ist durch die Scheiben zu erkennen, und ein merkwürdiger Singsang begleitet das Motorengeräusch.

Als der Bus auf der Höhe des Kindes angekommen ist, bleibt er stehen, und die vordere Tür wird geöffnet. Ein Engel mit langen blonden Haaren steigt aus. Er hat eine Tannenkrone mit Kerzen auf dem Kopf, die leuchten. Aber die Flügel fehlen. „Was machst du denn hier ganz allein auf der Landstraße?", fragt er das Kind. Als sei es die selbstverständlichste Sache der Welt, mit Engeln zu sprechen, antwortet das Kind: „Ich warte auf das Christkind!", und fragt gleich noch „fahrt ihr mit dem Bus, weil ihr keine Flügel habt?"

Der Engel hat noch nicht ganz begriffen, dass das Kind ihn für einen echten Engel hält, und sagt etwas verwirrt: „Nun ja, es regnet ziemlich, und außerdem ist der Weg zum Krankenhaus recht weit!" Aber für das Kind ist das alles kein Problem, es ist in seinen Gedanken schon wieder einen Schritt voran: „Könnt ihr dem Christkind nicht sagen, dass es dieses Jahr nicht zu uns zu kommen braucht, – wenn ihr es seht?"

Es beginnt stärker zu regnen. „Steig erst mal ein, du bist doch schon völlig durchnässt!", antwortet der Engel, und das Kind klettert in den Bus. Es darf sich neben den Oberengel setzen. Die anderen sind wahrscheinlich noch Jung-Engel. Sie sehen jedenfalls nicht viel älter aus als das Kind. Alle haben ein langes weißes Gewand an und tragen Tannenkronen mit Kerzen auf dem Kopf. Sie singen leise vor sich hin. Einer beginnt, und die anderen singen mit.

„Warum soll das Christkind denn nicht zu euch kommen?" Das Kind schaut den Oberengel erstaunt an. Weiß der etwa nicht Bescheid? Es dachte, Engel wüssten alles. Es überlegt schnell, was es antworten kann, ohne zu viel zu verraten. „Es ist nicht aufgeräumt bei uns!" Nun zieht der Oberengel erstaunt die Augenbrauen hoch. „Ja, die ganze Wohnung schaff ich nicht allein", ergänzt das Kind schnell „und die Mama kann das auch nicht!" „Und wo ist dein Vater?" Engel sind wirklich viel dümmer, als das Kind geglaubt hat. Es gibt keine Antwort.

„Wohin sollen wir dich denn bringen?", lautet daraufhin die nächste Frage. „Zum Markt", sagt das Kind schnell. Es soll niemand wissen, wo es wohnt - auch die dummen Engel nicht. Also hält der Bus auf dem Marktplatz. Beim Aussteigen sagt es rasch noch einmal: „Aber vergiss nicht, dem Christkind Bescheid zu geben. Es soll dieses Jahr nicht zu uns kommen!". Der Oberengel nickt verständnislos. Das Kind springt über den Platz davon in eine der Gassen, die vom Markt den Berg hinauf führen. Der Bus fährt wieder an und reiht sich in die Autoschlange auf der Hauptstraße ein.

Das Kind wartet in der Gasse, bis es den Bus nicht mehr sehen kann, und läuft dann zurück über den Markt - die Straße zum Fluss hinunter. Es biegt in eine Seitenstraße ein und klingelt endlich an einer Tür. Es erreicht die oberste Klingel, auf Zehenspitzen stehend. Als die Tür nicht geöffnet wird, beginnt es in den Taschen seines Anoraks zu kramen. Nach einer Weile fördert es einen großen Schlüssel zu Tage und öffnet die Haustür damit.

Die Tür der Dachgeschosswohnung steht offen, ist nur angelehnt. Das Kind horcht, schiebt die Tür leise auf und betritt vorsichtig die Wohnung. Es ist still. Kein Laut, kein Radio, nichts ist zu hören. Erleichtert atmet das Kind tief ein und aus. Es drückt die Tür zum Schlafzimmer einen Spalt breit auf, leer, aufgeräumt, Bett gemacht, nichts. Es schleicht zur Wohnzimmertür. Durch das Fenster erleuchtet die Straßenlaterne den Raum. Der Weihnachtsbaum ist geschmückt, der Tisch gedeckt, die Sofakissen stehen in Reih und Glied. Das Kind tastet sich durch den schwach erleuchteten Flur zur Küche.

Die Tür steht halb offen. Auf dem Küchentisch brennt eine Kerze, mit dem Rücken zur Tür sitzt die Mutter am Tisch. Zögernd betritt das Kind die Küche und geht zum Tisch. Es legt die Hände auf den Tisch und schaut die Mutter an. Ihr rechtes Auge ist geschwollen, die Wange ist blutunterlaufen. Die Mutter schaut auf, sieht dem Kind in die Augen, das Kind erwidert den Blick. „Den Papa lassen wir nicht mehr rein!" sagt es bestimmt, verlässt die Küche, verschließt die Wohnungstür und steckt ein Steckschloss von innen ins Schloss.

Dann kehrt es in die Küche zurück und setzt sich der Mutter gegenüber an den Tisch. „Und dem Christkind hab ich auch Bescheid geben lassen, dass es in diesem Jahr nicht zu uns zu kommen braucht!", sagt das Kind und schaut die Mutter an. Mühsam zeigt die Mutter ein schiefes Lächeln und erhebt sich von ihrem Stuhl, indem sie sich mit beiden Händen auf dem Tisch abstützt: „Ich glaube aber, es war schon da!" Entsetzt springt das Kind auf: „Und hat es etwa alles gesehen?" „Ich glaube schon", erwidert die Mutter „weißt du, dem Christkind kann man nichts vormachen, das sieht alles, bis in unser Herz!"

Das Kind ist enttäuscht: „Aber ..." Es weiß nicht, was es sagen soll. Es hat sich solche Mühe gegeben, das Christkind fern zu halten von ihrem Elend. Das braucht schließlich niemand zu wissen, hatte die Mutter jedes Mal gesagt. Und nun ... ?

Die Mutter dreht sich vom Tisch zur Tür, sie stützt sich auf die Türklinke, als sie zum Flur hinausgeht. Das Kind folgt ihr. Da sagt die Mutter: „Und wir beide feiern jetzt Weihnachten!" Dann legt sie die Hand auf die Schulter des Kindes, und gemeinsam gehen sie langsam zum Wohnzimmer. Vorsichtig setzt das Kind einen Fuß vor den anderen, damit die Mutter nicht wieder stürzt wie vorhin, als der Vater sie geschlagen und getreten hat.

An der Wohnzimmertür angekommen, drückt die Mutter den bereitliegenden Stecker der Weihnachtsbaumkerzen in die Steckdose neben der Tür. Und die Kerzen leuchten, der Baum glänzt und schimmert, – und darunter liegen Pakete und Päckchen, wunderschön verpackt mit Schleifen und Glitzerpapier. „Oh – wie schön!", entfährt es dem Kind, fast hätte es bei diesem Anblick den Vater vergessen. Doch er schleicht sich in seine Gedanken, und es fragt die Mutter ängstlich: „Und der Papa?" – Die Mutter sieht das Kind jetzt mit einem so klaren Blick an, dass das Kind einen Moment den Eindruck hat, sie sei eine andere. Dann wiederholt sie die Worte des Kindes: „Den Papa lassen wir nicht mehr rein!"

Ich schenk dir meine Zeit
Nach der ersten Begegnung mit meinem Kind
SIMONE KÖNIG

Du hast mir Kraft gegeben
auf deinem Weg ins Leben –
ich war wohl nie zuvor so stark berührt.
Dein Wachsen zu begleiten
durch alle Jahreszeiten
war wertvoll und hat mich zum Sinn geführt.

Ich schenk dir meine Zeit –
den Tag, die Nacht, nimm dir, so viel du brauchst.
Wenn Stunden ruhig fließen,
kann ich dich ganz genießen.
Ich schenk dir meine Zeit.

Du konntest so viel schenken,
du gabst mir Raum zum Denken –
so viele Fragen fand ich vorher nie.
Durch dich erfuhr ich Stille
und Antworten in Fülle –
ich lieb dich, zartes Kind und du weißt wie.

Ich schenk dir meine Zeit –
den Tag, die Nacht, nimm dir so viel du brauchst.
Die Uhr will ich vergessen,
die Zeit mit dir nicht messen.
Ich schenk dir meine Zeit.

Du hast mich reifen lassen,
mein Glück war kaum zu fassen,
als endlich du in meinen Armen lagst.
Lass mich auch Sorgen wissen,
den Halt sollst du nicht missen –
Nimm dir von meiner Zeit, so viel du magst.

Ich schenk dir meine Zeit –
den Tag, die Nacht, nimm dir, so viel du brauchst.

Wenn andre vorwärts treiben,
will ich mit dir noch lange bleiben –
Ich schenk dir meine Zeit.

Winter
Jutta Leskien

Sanft fällst du, Schnee
auf die entstellte Welt.
Das Schweigen, das du bringst, rettet nicht mehr.
Die Wörter blieben
wach
und fallen wieder her
mit Namen über
die Dinge, die
schlafen wollen
und träumen und
sich selber sagen.

Der Mond
Birgit Rühe

Der Mond stand
voll ich ging
mit meinem Vater
durch einen
Fichtenwald
ins Tal meine kleine
Hand in seiner du bist
sagte mein Vater
zu groß
um mich noch
anzufassen so ging
ich allein
durch einen
Wald

Die Murmelleute
Bericht von einer kaum glaublichen Begegnung in einem entlegenen Alpental*
HARALD RIEBE

Ich mache mir überhaupt nichts daraus, dass ihr sie nicht glauben werdet, und erzähle mir die Geschichte von den Murmelleuten eben selber, vielleicht noch der Kerstin oder dem Jakob, weil die nicht gleich losschreien: „Das stimmt ja gar nicht!" Zum Beispiel, dass ein Erdloch auch eine andere Seite hat. Ich würde das nicht sagen, wenn ich's nicht gesehen hätte, vor sehr sehr langer Zeit allerdings.

Damals hieß nur der hohe Berg am Ostende des Tals schon 'Ofenhorn', weil dort nämlich der neue Tag immer Feuer macht, wenn's ihm kalt ist, und manchmal pustet er dann so heftig hinein, dass der ganze Himmel drumherum rot aufflammt, dass graue Rauchfahnen nach beiden Seiten weggeblasen werden und dabei violett leuchtende Unterseiten bekommen. Der Berg 'Breithorn' im Westen hieß dagegen damals noch 'Sesselhorn', weil sich die Sonne am Abend gern noch ein wenig an ihn lehnt und verschnauft, ehe sie ihre Wanderung zur anderen Seite der Erde wieder aufnimmt und es Nacht werden lässt im Tal.

Und bestimmt ist euch schon aufgefallen, dass der Berg, den sie heute 'Mittagshorn' nennen, gar nicht auf der Mittagsseite des Tals liegt, sein Name also falsch sein muss. Einige nennen ihn ja 'Rappenhorn', weil dort einer Geld versteckt haben soll. Obwohl das ganz und gar nicht sicher ist, begegnen einem immer wieder Leute, die Picke und Grabstichel mit sich führen, um nachzusuchen. Gefunden hat indessen noch keiner das Geld, statt dessen aber vielerlei Kristalle, sehr schöne darunter, die der eine oder andere dann zu Geld macht.

Den alten, wahren Namen dieses Berges verrate ich euch nicht. Die ganze Gegend birgt ja ein Geheimnis, und da sich die meisten Leute darunter immer nur einen vergrabenen Schatz vorstellen und dann nach ihm suchen, werden sie dieses Geheimnis nie lüften. Keiner ist bisher auf die Idee gekommen, dass ein Loch in der Erde eine andere Seite haben könnte, ich meine ein Loch, wie's sich die Murmeltiere buddeln.

Damals, vor sehr langer Zeit also, war ich noch klein genug, um in eines hinein kriechen zu können. Lacht ihr nur. Ihr wollt immer nur auf die Gip-

---

* Wer dieses Tal nicht kennt, der stelle sich eben eines vor, zum Beispiel eines, das sich zwischen hohen Gipfeln einen rauschenden, gurgelnden, plätschernden Wasserlauf entlang bis dahin erstreckt, wo sich das Wasser von hoch oben herabstürzt. Es darf oberhalb einer kleinen Ansiedlung auf einem Felsen eine Kirche geben und auch sonst so das eine oder andere, was in ein entlegenes Tal gehört.

fel rauf, als ob es dort oben so Wunderbares zu sehen gäbe wie auf der anderen Seite einer Murmeltierhöhle, zwar nicht jeder, ja, vielleicht überhaupt nur einer einzigen. Rennt also jetzt nicht gleich los. Ich kann es euch nicht sagen, wie man dieses Erdloch findet, ich hab's vergessen. Damals jedoch war ich hinein gekrochen, und seitdem weiß ich, dass nicht alle Murmeltiere den langen Winter über schlafen. Am anderen Ende der Höhle, wo's wieder hinausgeht, dort nämlich beginnt eine ganz andere Welt, und die könnt ihr euch gar nicht vorstellen, weil ihr dergleichen noch nie gesehen habt.

Das fängt schon einmal damit an, dass die Murmeltiere auf der anderen Seite gar keine Murmeltiere mehr sind, sondern kleine Leute, die wundervoll kuschelige Pelze anhaben und durch die Zähne pfeifen können. Als ich damals am Ende der Höhle anlangte und natürlich glaubte, das sei nur ein zweiter Eingang und ich befände mich gleich wieder dort, wo ich hergekommen war, packte mich jemand bei der Hand und zog mich hinaus. Ich war ja nicht viel größer als ein Murmelmann oder eine Murmelfrau und stand nun neben ihr oder ihm und staunte:

„Ooohhh", sagte ich, „ist das schön."

„Sieh dich nur um", sagte es neben mir und dann noch: „Ich heiße Murmilla. Ich bin die Tochter des Großmurmuls. Und wie heißt du?"

„Ich? Wie ich heiße? Ich weiß es nicht mehr, ich hab's glattweg vergessen. So was Komisches."

„Mach' dir nichts draus", tröstete mich Murmilla, „das passiert dir nur, weil du jetzt hier drüben bist auf der anderen Seite. Ich werde dich Murhuld nennen. Einverstanden?"

Ich nickte ihr zu, froh darüber, nicht ohne Namen dastehen zu müssen wie nackt.

Den Namen 'Murhuld' hatte ich zwar noch nie gehört – ihr ja auch nicht –, aber lieber 'Murhuld' als 'Murkel' oder 'Murks' oder wie die Murmelleute dort offenbar noch heißen.

Um uns herum war der Boden ganz übersät mit Kristallen; es funkelte und blitzte nur so in den seltsamsten Farben. Vom Himmel schienen Sonne und Mond und die zahllos blinkernden Sterne alle zugleich. Die Sonne aber war grün und leuchtete, als sei sie ein riesiger rundgeschliffener Smaragd. Der Mond an der gegenüberliegenden Himmelsseite sah aus wie eine zum Halbrund geschliffene Amethystscheibe und verbreitete um sich einen Hof aus violettem Schimmern. Die Sterne waren ausgestreute Glitzerpunkte, das sah aus, als seien ringsherum Feuerwerksgarben in den schwarzen Himmel geschossen worden.

„Komm", sagte Murmilla, die noch immer meine Hand hielt, „wir laufen schnell nach Mineralpolis zu meinem Vater. Er muss wissen, dass du gekommen bist."

Jetzt war ich erst einmal baff. „Wieso?" rief ich und hielt Murmilla vom Lossprinten ab: „Habt ihr mich denn erwartet?"

„Was dachtest du denn?" Sie lachte. „Du glaubst wohl, einer von euch fände diese andere Seite, ohne dass wir Murmelleute es wollen?"

Ich gleich darauf: „Ihr versteckt euch wohl vor uns?"

Murmilla ließ meine Hand los und sah mich von der Seite an. Sie war ganz ernst jetzt und pfiff einmal scharf durch die Zähne, ehe sie antwortete: „Warte ab, was mein Vater dir erzählen wird!" Dann aber griff sie wieder nach meiner Hand, hüpfte los und zog mich mit sich. „Murhuld", rief sie wieder fröhlich, „komm nur, es ist nicht weit bis Mineralpolis, gleich hinter der nächsten Bergkuppe kannst du's sehen."

Wir hüpften, rannten, sprangen über die glasige Kristallmatte, in der sich das grüne Licht der Sonne spiegelte und aus der überall rote, gelbe, hell- und dunkelblaue Kristalle wie Blumenblüten hervorblitzten. Sehr merkwürdig war auch, dass ich den Boden unter meinen Füßen nicht etwa hart oder gar verletzend scharf empfand und dass ich kein Knirschen, Splittern oder Brechen vernahm. Ich bewegte mich an der Hand Murmillas, als berührte ich den Boden gar nicht. Wenn aber einer unserer Füße an ein Blumenkristall stieß, gab es einen wundervollen Klang: einen tiefen, wenn die Blüte rot war, einen hellen, wenn sie gelb war, die blauen aber klangen so fremdartig schön, dass ich dafür kein Wort habe.

Als wir auf der Bergkuppe angelangt waren, hielt ich Murmilla heftig zurück:

„Stopp! Bitte, anhalten! … Ooohhh, das also ist Mineralpolis!"

Sie war gleich stehen geblieben, sagte aber nichts. Bestimmt freute sie sich darüber, wie hingerissen ich hinunter staunte ins Tal. In ganz unwahrscheinlich funkelnden Farben erhob sich dort unten die Stadt der Murmelleute. Es schienen aber auch alle nur vorstellbaren und kaum noch vorstellbaren Mineralien zu Bauten vereinigt zu sein. Von allem ging ein Leuchten aus: von den Mauern und Wänden, von den Dächern, von den Türmen, und das ergoss sich mal rötlich, mal gelblich, mal bläulich, mal violett, mal rauchig braun, mal milchig weiß in die Straßen und über die Plätze und tauchte alles in ein geheimnisvolles Licht.

„Siehst du das Haus aus Rubinen? Dort, ziemlich in der Mitte. Hast du's? Das ist das Gebäude der Stadtverwaltung. In ihm erwartet dich mein Vater. Nun komm weiter, Murhuld."

Ich hielt Murmilla aber noch fest: „Du, bleibst du bei mir, wenn ich bei deinem Vater bin?"

„Hab' nur keine Angst", beruhigte sie mich sogleich, „mein Vater ist ein sehr freundlicher alter Murmelmann, und ich bleibe mit dir zusammen, solange du bei uns auf dieser anderen Seite bist."

„Ich mag dich", sagte ich.

Da spürte ich einen kurzen Druck ihrer Hand, und los ging's wieder, hüpfend, rennend, springend den Hang hinunter. Wir sausten über das Funkeln, Blitzen und Flimmern unter uns dahin und hatten die ersten Häuser bald erreicht. Jetzt sah ich viele Murmelleute. Sie bewegten sich auf beiden Seiten der Straße, in die wir eingebogen waren, viele blieben stehen, sobald sie uns erblickten, einige winkten uns zu, andere pfiffen, und ich war mir gar nicht sicher, ob ich alle Pfiffe als eine freundliche Begrüßung auffassen durfte oder doch manche darunter als eine Drohung. Die Straße führte direkt auf das Rubinengebäude zu. Auch auf dem Platz davor tummelten sich Murmelleute, und als wir herankamen, blieben etliche von ihnen stehen und bildeten ein Spalier. Wieder gab es das Winken und Pfeifen. Murmilla achtete nicht darauf, sie zog mich durch den offenen Eingang die Stufen aus Rauchquarz hinauf in einen langen Korridor und diesen dann entlang bis zu seinem Ende, wo wir von einer Tür aus schwärzlich grünem Malachit aufgehalten wurden. Sogleich ertönte dahinter eine Stimme: „Kommt nur herein, ihr beiden." Murmilla stieß gegen die Tür, die überraschend leicht aufschwenkte, und schob mich vor sich her in die Amtsstube ihres Vaters.

„Pa, das ist Murhuld."

Ich gebe zu, dass mir von allem, was sich um mich herum und mit mir abgespielt hatte, ziemlich dumm im Kopfe war, wahrscheinlich ja auch von dem vielen Flimmern und Glitzern. Aber glaubt ihr etwa, es wäre euch anders ergangen? Ihr hättet jetzt nicht so bedeppert dagestanden wie ich?

„Grüß dich, Murhuld", erklang eine tiefe Stimme vor mir, wo ein alter Murmelmann, angetan mit einem schwarzbraunen Pelz, hinter einem Schreibtisch saß, der ein wundervoller halbdurchsichtiger Stein war von scharlachroter Farbe und zinnoberrote Flecken hatte.

„Guten Tag, Herr Großmurmul", sagte ich.

Er darauf: „Lasse nur den Großmurmul beiseite, Murhuld. Ich bin hier der Bürgermeister. Sag' doch einfach Onkel Murl zu mir. Ja? Und nun setzt euch beide dort auf die Proustitbank!"

Murmilla zog mich zu einem Stein, der so aussah wie der Schreibtisch. Wir setzten uns. Onkel Murl hatte ein sehr großes, von vielen Lachfalten durchfurchtes Gesicht. An dem hing ein ganz gewaltiger weißer Bart dran, den er sich immer wieder glattstrich. Onkel Murl konnte eigentlich nicht viel größer sein als ich oder Murmilla, denn er saß hinter seinem Schreibtisch auf einem hohen Stein. Vor ihm auf dem Tisch glänzten und blinkten eine Fülle von Mineralien. Der Stuhlstein musste hinten aber eine Stütze haben, denn Onkel Murl machte es sich jetzt bequem, indem er sich zurücklehnte und seine Füße, an denen er Fellschuhe trug, zu den Mineralien auf die Tischplatte legte. Er sah zu uns herüber, lächelte und fing an zu reden:

„Weißt du, Murhuld, du wirst nicht sehr lange bei uns bleiben können, denn du wirst Hunger bekommen und auch etwas trinken wollen. Wir haben hier aber nichts, was wir dir anbieten können. Leider."

„O, das macht nichts, das macht wirklich nichts", beteuerte ich eilig, weil ich Onkel Murl entgegenkommen wollte. Im Magen aber hatte ich schon ein bisschen ein flaues Gefühl. Mein Rucksack, in welchem sich noch eine Tafel Schokolade befand – Vollmilch-Nuss mit Rosinen, fiel mir ein – und von der ich Murmilla jetzt gern etwas abgegeben hätte, weil sie so was vielleicht gar nicht kannte, mein Rucksack lag vor dem Loch, in das ich hinein gekrochen war.

„Ich möchte es dir aber erklären", redete Onkel Murl weiter. „Du musst nämlich wissen, dass wir Murmelleute hier im Lande Mineralia ohne Nahrung leben. Oder anders gesagt: Wir können uns hier nur solange aufhalten, wie wir ohne zu essen und zu trinken auskommen. Und das ist die Zeit, von der ihr Menschen glaubt, die Murmeltiere schlafen ganz tief und fest, eben ‚wie die Murmeltiere', so sagt ihr doch. Oder nicht?"

„Ja, das stimmt schon", gab ich gleich zu, weil Onkel Murl das vielleicht so haben wollte, sagte aber schnell noch was hinterher, um ihm zu zeigen, dass ich genau aufgepasst hatte: „Dann gibt es doch aber auch eine Zeit, wo ihr essen müsst. Ja? Und da seid ihr dann woanders und nicht hier."

„Stimmt genau", freute sich Onkel Murl. Das konnte man ihm richtig ansehen. „Wir sind dann aber nicht nur woanders, Murhuld, wir sind dann auch andere."

Das kapierte ich jetzt überhaupt nicht. Weiß etwa von euch einer auf Anhieb, was Onkel Murl damit meinte? Er guckte mich mit seinem zu lauter Lachfalten zerknitterten Gesicht an. Vielleicht machte es ihm auch noch Spaß, mich so verwirrt zu sehen. Ich blickte zu Murmilla hin. Die lächelte aber auch bloß. Das wollte ich mir nun nicht länger bieten lassen und sagte: „Onkel Murl, du musst mir das erklären, ich verstehe das nicht. Kein Mensch kann das verstehen."

„So hatte es auch sein sollen", sagte Onkel Murl, und er sah nun mit einem Male ganz anders aus, wie ein Lehrer, dem es mit seiner Sache ganz ernst ist, wo er dann keinen Spaß mehr versteht. Ihr kennt das vielleicht. „Murhuld", setzte Onkel Murl neu an, „kein Mensch sollte es wissen. Du bist der Erste, dem wir es sagen, dass nicht alle Murmeltiere einfach bloß Murmeltiere sind. Auch wir müssen uns ja ernähren, und das tun wir, indem wir als Murmeltiere hinüberkommen auf eure Seite. Die Menschen sollen uns aber nicht erkennen können. Und es ist auch über Jahrtausende gut gegangen, weil wir unsere Nahrung nur hoch oben im Gebirge gesucht haben, wo selten Menschen hinkamen."

„Pa," mischte sich Murmilla ein, „du musst ihm aber erst sagen, wer wir eigentlich sind, sonst kann er doch noch immer nicht verstehen, warum das alles so ist."

Ich war richtig erleichtert, Murmillas Stimme wieder zu hören. Dass ich der erste Mensch sein sollte, der ein so lange Zeit gehütetes Geheimnis erfährt, das hatte mich schlimm erschreckt. Ich gebe es zu: mir zitterten die Lippen und die Knie, ich hatte ganz große Mühe, mir das nicht anmerken zu lassen. Wahrscheinlich lacht ihr jetzt über mich, aber ich sage euch, ihr habt überhaupt keine Ahnung, welche Last das bedeutet, als einziger Mensch auf der ganzen Welt ein Geheimnis zu wissen. Vielleicht hatte Murmilla mein Erschrecken doch bemerkt und deswegen ihren Vater unterbrochen. Der ging auch darauf ein:

„Du hast recht, Tochter. Also, Murhuld, die Sache ist nämlich die: Wir Murmelleute sind ein sehr altes Volk von Zwergen und haben vor sehr langer Zeit noch zwischen euch großen Menschen gelebt. Deine Vorfahren aber gewöhnten sich immer mehr und mehr daran, uns kleine Leute zu unterjochen und in ihre Dienste zu zwingen. Sie meinten sogar, wir seien gar keine richtigen Menschen und deshalb könnten sie mit uns machen, was ihnen in den Kram passt. Weil wir klein waren, schickten sie uns in ihre Bergwerke, aus denen wir ihnen das Silber und das Gold und die verschiedenen Erze hervorholen mussten. Darauf waren sie ganz wild, und es machte ihnen nichts aus, wenn unsere Leute unter der Last der Arbeit und dem Gewicht der Erze zusammenbrachen. Dann fingen sie sich eben andere von uns ein."

Hier unterbrach Onkel Murl seinen Bericht. Kann sein, weil er an meinem Gesicht sehen konnte, wie sehr mich das bedrückte, was ich zu hören bekam. Allein schon, wenn ich an Murmilla neben mir dachte, überkam mich Scham. Die Stille, die eben eingetreten war, fing an, ganz unerträglich zu werden, und deshalb wollte ich lieber etwas sagen:

„Onkel Murl, die Leute aus deinem Volk haben sich dann vor den Menschen versteckt. Ja?"

„Richtig, Murhuld. Einige, die in den Bergwerken arbeiteten, entdeckten diese andere Seite hier, von der die großen Menschen nichts wussten und auch nichts erfuhren, weil der Weg hier herüber viel zu eng war für sie. Hierher wollte man auswandern. Nur war da eben das Problem, dass diese andere Seite keine Nahrung bot. Es gab aber noch Leute damals in unserem Volk, die mit übernatürlichen Kräften Umgang hatten und die ihr wahrscheinlich Zauberer nennt. Sie waren unsere Ärzte und Wissenschaftler und entwickelten ein Verfahren, wie wir die Gestalt von Murmeltieren annehmen konnten, um uns unerkannt auf eurer Seite drüben wie die echten Murmeltiere für den langen Winterschlaf zu versorgen. Nur schlafen wir eben nicht, das siehst du ja. Kein Mensch aber kann die echten Murmeltiere von uns unterscheiden. So, Murhuld, jetzt weißt du alles."

„Aber nein, Pa", mischte sich Murmilla wieder ein, „das stimmt nicht." Und jetzt wandte sie sich mir zu: „Du hast doch bestimmt noch eine Frage. Nicht wahr?"

Ich fühlte mich völlig erschlagen von dem eben Gehörten und sah Murmilla ganz verdattert an.

„Lass man, ich helfe dir", sagte sie. „Vorhin hattest du dich doch darüber gewundert, dass du erwartet worden warst. Also bitte, du hast ein Recht darauf zu erfahren, warum. Frag' jetzt meinen Pa, er muss es dir sagen."

Ich guckte zu Onkel Murl rüber. Der sah mich ziemlich belustigt an und sagte:

„Du hast dir bei uns ja schon eine kleine Freundin angeschafft. Aber Recht hat sie. Also, Murhuld: Du bist ein kleiner neugieriger Junge, nur du konntest den Durchgang hier herüber finden, wenn wir es zuließen. Du solltest ihn auch finden, denn wir haben eine Bitte an dich. Du weißt ja, die Verhältnisse haben sich geändert, es ist nicht mehr so, wie es jahrtausendelang war. Heute drängen immer mehr Touristen auf die Hochmatten und engen den Lebensraum der Tiere dort oben mehr und mehr ein. Die meisten Touristen ahnen gar nicht, wie sehr sie das tun, sie machen sich wahrscheinlich gar keine Gedanken darüber, sie ziehen sich Bergstiefel an, klettern hinauf und rufen: „O, wie schön!" Es ist aber unser Lebensraum, wie du jetzt weißt, und der reicht nun schon nicht mehr für uns alle, die seiner bedürfen. Wir Murmelleute könnten zwar die echten Murmeltiere verdrängen, damit diese zugrunde gehen und uns ihre Plätze überlassen. Das aber werden wir nie tun. So handeln nur immer die großen Menschen. Murhuld, du sollst mit ihnen reden, du sollst ihnen sagen, dass alles Leben hoch in den Bergen aufs äußerste gefährdet ist. Auch mein Volk, das Volk Murmillas, wird aussterben, wenn die großen Menschen ihr Verhalten nicht ändern."

Onkel Murl sah jetzt ganz traurig aus, und, ich glaube, mir standen Tränen in den Augen, ich musste schlucken und den Rotz in der Nase hochziehen. Murmilla legte mir eine Hand auf die Schulter. Sie sagte: „Du redest doch mit ihnen. Ja? Rede mit allen Leuten, die du kennst. Erzähl' ihnen, wo du gewesen bist und was du erfahren hast. Es hat ja nun keinen Sinn mehr, das zu verheimlichen."

„Sie werden mir aber nicht glauben", heulte ich los, weil ich auch das Gefühl hatte, gleich gehen zu müssen.

„Sie werden weiterhin Drahtseilbahnen bauen und Schilifte und sie werden mehr noch als bisher mit Drachenflügeln ihre Schattenkreise ziehen, so dass sich alle Tiere ängstigen und fliehen", sagte Onkel Murl in bitterem Ton. „Dennoch, Murhuld, rede! Erinnere dich an uns und rede."

„Rede mit den Kindern", kam Murmilla hinterher, „vielleicht werden sie dir glauben. Nun komm', ich bringe dich wieder zurück zu dem Loch."

„Leb' wohl", sagte Onkel Murl, „und Dank dafür, dass du dir alles angehört hast."

Ihr könnt von mir denken, was ihr wollt, aber ich glaube, ich habe den ganzen Rückweg nur geheult. Alle Farben der Blumenkristalle verschwammen mit dem Sonnenlichtgrün, während wir über die Matten liefen. Murmilla hatte mich fest bei der Hand genommen. Schließlich waren wir angelangt. „Hier ist es", sagte sie.

„Murmilla", schluchzte ich, „du, Murmilla, werden wir uns denn nie mehr wiedersehen?"

Sie schüttelte den Kopf.

„Auch nicht, wenn du als Murmeltier drüben bist bei uns?"

„Dann bin ich ein Murmeltier und werde davonlaufen, wenn ich dich sehe." Sie bückte sich nieder und brach eine kleine Rubinblüte. Diese drückte sie mir in die Hand. Ich spürte die Kühle des Kristalls in meinem Handteller. Sie sagte: „Dieser Kristall leuchtet von allein, wenn es dunkel ist. Behalte ihn aber ganz für dich. Und nun geh."

Niemandem habe ich diesen Rubin gezeigt, und ich werde ihn auch weiterhin niemandem zeigen. Manchmal, wenn ich ganz allein bin und mich keiner beobachten kann, hole ich ihn hervor und knipse ihn mit dem Fingernagel an. Dann ertönt ein feiner tiefer Klang wie von ganz weit her.

Jo
FRIEDERIKE KOHN

Sie sitzt auf einem Stuhl und baumelt mit den Beinen. Ihre Jeans haben unten dicke Krempen und sind wohl zum Hineinwachsen gedacht. Ein Schnürsenkel ist offen, und sie hat einen Schmutzfleck auf der Wange. Sie starrt mich an. Ich starre zurück. Ich lächle. Sie verzieht keine Miene. Mit dem Finger wickelt sie eine Strähne ihres langen Haares auf, steckt sich die Enden in den Mund und saugt daran. Ich weiß genau, wie das schmeckt, Haare und Spucke, ein bisschen nach rostigem Metall. Sie hüpft vom Stuhl und kommt näher, den Schnürsenkel zieht sie nach. „Pass auf den Schnürsenkel auf", sage ich. Sie zupft die Strähne aus dem Mund, unten ist sie dunkel. „Bist du krank?", fragt sie. „Ich muss ein Rezept abholen." Sie sieht mich an. „Warum?" „Für meinen Sohn." Sie kommt noch näher und zieht sich auf den Stuhl neben mir. Das Jeanshosenbein schiebt sich hoch, ich sehe ein dünnes Bein und eine rosafarbene Socke. „Dein Schnürsenkel ist offen." „Ist dein Sohn krank?" Sie wackelt mit den Beinen, das Hosenbein rutscht herunter, der zweite Schnürsenkel geht auf „Ein bisschen." „Ich bin kein bisschen krank", sagt sie und summt eine Melodie. „Kein bisschen", singt sie und klappert im Takt an die Stuhlbeine. „Was hat er denn?" Sie lehnt sich zurück und zieht ein Bein an. „Grippe." „Hatte ich auch mal", sagt sie „und damit ich's nicht noch mal kriege, gibt's jetzt eine Ümpfung." „Aha", sage ich und verkneife mir das Lachen „eine Impfung. Das ist gut." „Finde ich auch, Grippe haben ist blöd." Ich nicke. „Wo ist denn deine Mutter?" Sie rutscht vom Stuhl und quietscht mit ihren Turnschuhen zum Gummibaum und wieder zurück, die Senkel wedeln hinter ihr her. In der Ecke steht eine Kiste mit Kinderspielzeug. Sie wühlt darin herum, dann tritt sie dagegen und kommt wieder zu mir. Sie bleibt vor mir stehen und betrachtet meine Handtasche, die ich auf dem Schoss halte. „Hast du ein Bonbon?" „Tut mir Leid", sage ich „ich habe keine dabei." Sie zuckt mit den Schultern und hüpft wieder auf den Stuhl. „Kann man nichts machen."

„Du darfst aber von fremden Leuten keine Süßigkeiten nehmen", sage ich und sehe sie scharf an. „Wenn man selber fragt, darf man", sagt sie und rutscht hin und her. „Na ja", sage ich und ziehe die Handtasche höher „wenn du meinst." „Bist du schon mal geümpft worden?" Sie zieht die Strähne wieder zum Mund. „Schon oft." Ich krempele den Ärmel hoch und zeige ihr die Narbe von der Pockenimpfung. Sie betrachtet sie eine Weile und knabbert an ihren Haaren. Ich schiebe den Ärmel wieder herunter. Die Tür zum Sprechzimmer öffnet sich und ein Mann kommt heraus. „Ich bin fertig, Jo. Wie ist's mit der Impfung?" Er hebt das kleine Mädchen hoch, und sie legt den Kopf gegen seine Schulter. „Okay", sagt sie „ich will aber so einen Stempel wie die Frau." Sie zeigt auf mich. Ich zucke mit den Schultern. Der Mann fischt die Haarsträhne aus dem Mund seiner Tochter. „Ich glaube nicht, dass man gegen Grippe gestempelt wird", sagt er und lächelt mich an. Jo kneift die Lippen zusammen und lehnt den Kopf zurück. „Ich will aber." - „Schauen wir mal", sagt der Mann „der Doktor wird das schon wissen." Er nickt mir zu. „Auf Wiedersehen." Jo winkt kurz mit der Hand, als er sie ins Sprechzimmer trägt.

Alles auf einmal
ANDREAS HARTMANN

Ein Schulkind
läuft auf eine Taube zu,
der Vogel flattert hoch,
seine Flügel
leuchten in der Sonne,
und aus einem Bäckerladen
duftet frisches Brot.

Und ich
bin mitten drin

Hühnergaucho
GREGOR W. SCHULZ

Auf dem Wochenmarkt schweife ich umher,
bleibe stehen vor dem Verkaufsstand mit den Eiern,
ausgewiesen nach den allerbesten und neuesten Erkenntnissen,
den Normen der Europäischen Gemeinschaft.

Ich war wieder ein kleiner Junge
auf dem verschachtelten Hühnerhof
hinter unserm Haus.
Es war meine Aufgabe, jeden Morgen vor der Schule,
die Eier einzusammeln und in der Küche abzuliefern.

Nach der Schule, sperrte ich den Hahn ein
und hütete die Herde auf meinem Steckenpferd.
Ich war der Herr über eine Ranch,
die für mich so groß war,
wie eine brasilianische Hazienda.

Wir lebten von dem Verkauf der Eier,
die Eier brauchten Arbeit,
die Arbeit brauchte Zeit
und die Zeit brauchte mich, wenn es galt,
abends die Hühner in den Stall zu treiben.

Meine Eltern wollten,
dass es mir mal besser geht
und hofften auf den Fortschritt,
auf eine Glocke, deren Schlag
eine neue Zeit einläuten würde.

Eines Tages kam er,
mit einer Glocke –
an meinem ersten Roller.

Himbeersommer 64
RALF OHAINSKI

Im kleinen Garten hinter dem Stall. Bei Tante Mia an der Bahn.

Ich höre das Wehr rauschen, nicht weit und doch fern genug. Das warme trübe Wasser fließt träge.

Neulich waren wir baden: Jutta, Ruthi, die anderen und ich.

Und jetzt pflücken wir Himbeeren. Wie gut die duften in der kleinen Emailschale, weiß mit blauem Rand.

Und nachher erst in der Waschküche am Kohleherd. Mmh. Da wird es dampfen und heiß sein, und süß. Gut, dass wir den Schaum abschöpfen müssen. Auf den Teller. Und ich darf probieren. Himbeerduft.

Das Frühstücksbrot wird wunderbar. „Tante Mia, morgen machst du mir ein Brot mit Gelee."

Die Schranke wird läuten, und der Bahnwärter ist groß. Was für ein schöner Beruf.

Ob die Puppe auf dem Bett auch Gelee mag?

Nee, das himmelblaue Kleid aus kratzigem Tüll macht sie leblos, tot wie ihr Lockenturm und die schön angemalten Augen.

„Wie alt bist Du, Tante Mia?" – „So alt wird kein Schwein."

Am Abend kommt der Eiswagen – oben bei den neuen Häusern. Was der alles hat! Da gehen wir hin und stellen uns an.

Und morgen geht's in den Zoo, nach Hannover mit dem Zug.

Und den anderen Tag nach Klein-Mahner zu Knauers. Die Jungs da spielen immer Feuerwehr.

Von Himbeeren haben die keine Ahnung. Auch nicht von Johannisbeeren oder Stachelbeeren.

Da bin ich wichtig für Tante Mia.

Da hängen wir auch die Wäsche auf. Wie schön sie flattert, wenn ich am Zaun sitze.

Und morgen macht sie mir wieder Brot mit Gelee. Ganz durchsichtig und rot.

Die Schiffe aus dem Radio, die Kesslerzwillinge und die weißen Rosen sind für abends und für die Mädchen mit dem Stielkamm.

Ich will nur den Himbeerduft, dafür wird Sommer.

Die Lütte und der alte Dichter
Renate Koch

Ein Anfang? Gibt es überhaupt einen Anfang für diese Geschichte? Ja, eigentlich schon, denn der Anfang stand in einer allseits beliebten Illustrierten. Ein Quiz, nur einige Fragen, die beantwortet werden mussten, Fragen über das Leben und Werk des bekannten deutschen Autoren Kurt Weidlich.

Der Hauptgewinn war ein Nachmittag bei diesem Mann in seinem Haus an der Oker. Ich hätte die vielen Antworten nicht auswerten wollen, Waschkörbe oder gar halbe Zimmer dürften damit angefüllt worden sein. Nach dieser Sisyphusarbeit, gleich nach dem Einschreibbrief an die Gewinner, beginnt unsere Geschichte, es mögen wohl ein, zwei Tage verstrichen sein, am nächsten oder übernächsten Nachmittag schon und ohne Voranmeldung, ohne irgendeine Warnung für den betroffenen Schriftsteller.

„Einen Anfang suchst du? Ich bin der Anfang."

„Du?"

„Ja, ich, das siehst du doch, ich, die Lütte, die steht nämlich gleich am Anfang und dann kommt erst der alte Dichter."

„Und dann kommt erst der Dichter?"

„Na klar, das siehst du doch selbst. Ich klingel bei ihm, und alles andere kommt von ganz allein, alles, auch das mit dem Quiz und so. Also, ich klingel jetzt mal!"

Die Lütte, in Wahrheit hieß sie Bärbel oder Bärbelchen, sprang die wenigen Steinstufen zum Haus des eben erwähnten Autoren hinauf. Interessiert betrachtete sie das in buntem Glas eingelegte Türblatt. Mit dem Finger zeichnete sie seine kunstvoll ineinander verschlungenen Linien nach, dann drückte sie gleich mehrmals auf den Klingelknopf, weil man nicht schnell genug öffnete. In der linken Hand trug sie einen Feldblumenstrauß, den sie auf dem Herweg gepflückt hatte. Etwas traurig sah er aus, denn manch ein Stängel war umgeknickt. Die Kleine richtete die Blütenköpfe auf, wie es sich gehörte und guckte wieder erwartungsvoll zum verschlossenen Eingang.

„Mensch, warum kommt denn keiner?" Ungeduldig hüpfte sie von einem Fuß auf den anderen. Fürsorglich strich sie ihren angekrausten Kleiderrock glatt, dabei entdeckte sie einen winzigen Schmutzstreifen im bunten Stoff, den sie hastig mit angefeuchtetem Finger herausrieb.

Hallo, du, was willst du?"

Eine hagere Frau mit ergrautem Haar und dunkler Hornbrille schaute missbilligend auf das Kind hinunter.

„Ich komm wegen dem Quiz." Die Lütte blickte erwartungsvoll zur Fragerin empor.

„Weswegen?"

„Na, wegen dem Quiz doch, und ich hab den ersten Preis gewonnen, und deshalb bin ich nun da." Das klang schon etwas nachdrücklicher.

„Hör mal, ich weiß nicht, was du willst. Geh nach Hause, ja?"

Ich hab den ersten Preis, und ich geh nicht nach Hause. Ich will zu Herrn Weidlich!" Hartnäckig blieb das kleine Mädchen bei seiner Forderung.

„Von welchem ersten Preis sprichst du überhaupt? Und was hat Herr Weidlich damit zu tun?" Die Haushälterin, um die es sich hier handelte, wurde langsam ungehalten, es wartete schließlich genug Arbeit auf sie.

„Hier ist die Nachricht von der Zeitung, wo alles drinsteht. Und ich geh nicht weg, ich will zu Herrn Weidlich, denn er weiß es bestimmt, außerdem kannst du alles auf dem Zettel lesen. Und wenn du nicht gleich Herrn Weidlich holst, dann, dann, dann schrei ich ganz laut, und dann kommt er und dann siehst du schon selbst, dass ich Recht habe!"

Ihre Zöpfe standen wie im Zorn weit ab vom Kopf, ihre Wangen röteten sich, die Augen blitzten und funkelten die Frau so entrüstet an, dass sie einen Schritt zurückwich, nur einen kurzen Schritt, aber der genügte unserer Lütten, um in den Flur zu huschen, vorbei an der verdutzten Dame.

„Halt, stopp, mein Fräulein, so schnell nun nicht! Zuerst muss ich Herrn Weidlich fragen, ob und was er von dieser Angelegenheit hält! Du bleibst hier und rührst dich nicht vom Fleck, verstanden?"

„Ja, ja, du wirst schon sehen, er wartet längst auf mich." Das Kind verhaspelte sich fast und schaute erwartungsvoll der Wirtschafterin nach, die an eine hohe, weiße Tür klopfte. Der goldglänzende Griff aus blank geputztem Messing erweckte die besondere Aufmerksamkeit des Mädchens, und neugierig schlich es ein wenig näher heran.

Die Frau war inzwischen eingetreten. Still verharrte sie, um den Herrn nicht zu auffällig zu stören.

„Ja, was gibt's?' fragte der Dichter ungehalten, weil er diese häufigen Unterbrechungen nicht schätzte. Er hatte gerade seinen täglichen Spaziergang beendet und sich gleich an den Schreibtisch gesetzt, um die unterwegs gesammelten Gedanken für seinen kürzlich begonnenen Roman niederzuschreiben, bevor sie sich verflüchtigten.

„Draußen ist jemand wegen eines Preisausschreibens", antwortete die Hausdame mit verhaltener Stimme.

„Wie bitte?" Der Schriftsteller fuhr empor. Er verlor fast seine Brille, die ihm nur locker auf der Nase saß.

Die Frau erhob ihre Stimme „Draußen ist jemand mit dem ersten Preis, gewonnen bei irgendeinem Quiz. Soll ich die Person fortschicken?"

„Ja, tun Sie das! Heute passt es nicht und morgen auch nicht. Machen Sie einen Termin ab!" Das hatte ihm gerade noch gefehlt, eine solche Störung bei dem schwierigsten Kapitel, dem wichtigsten noch dazu.

Die Haushälterin zögerte unentschlossen.

„Ist noch was?" fragte der Mann. In Gedanken war er schon wieder bei dem sich entwickelnden Geschehen, der sich zuspitzenden Krise, die ihn voll in Anspruch nahm. Dieses Buch war nun doch wichtiger als ein erster Preis, zumal man ihn praktisch überfahren hatte mit dem Quiz. Er hatte einfach nicht nein sagen können, als man ihn beredete und mit dem Argument zu überzeugen vermochte, dass er auch heute noch gewisse Verpflichtungen habe. Es waren Verpflichtungen, die er von Grund auf ablehnte, aber er verstand ebenso das Ansinnen seiner vielen und treuen Anhänger, dass er sich nicht gar zu sehr abkapseln, dass er nicht jeglichen Kontakt mit der Leserschaft verlieren dürfe, schließlich war er erst vor kurzem von einer längeren Reise in seine Heimatstadt zurückgekehrt. Sein Leben neigte sich langsam dem Ende zu.

Er war müde geworden und suchte Frieden vor der Hektik der Außenwelt, und ausruhen wollte er; die Vergangenheit war manchmal zu verwirrend abgelaufen, war überhäuft mit der ansehnlichen Fülle eines erfolgreichen Wirkens als namhafter Literat. Unzählige Hände hatte er geschüttelt, bedeutende Reden gehalten, einige anerkannte und bereits verfilmte Werke geschrieben, und viele Menschen hatte er kennen gelernt, Menschen, an die er gerne zurückdachte, denn sie waren es gewesen, die Farbe in seinen Alltag gebracht hatten, Menschen, die er schätzte oder auch verachtete oder die er hochmütig, fast mitleidigen Blickes belächelte. Zu viele waren es gewesen, um sich an jeden Einzelnen zu erinnern. Nur wenig Zeit hatten sie ihm für seine Bücher vergönnt, in welche er alle Gedanken, alles an Wissen hineinzuschreiben trachtete, was eine Ära des Umbruchs, des geistigen Wechsels und häufiger Veränderungen ihm eingegeben hatte. Ein Schriftsteller war er, nie hatte er anderes tun mögen als zu schreiben. Er war stolz auf seine Arbeit und unbeugsam in der Überzeugung, Wichtiges geleistet und Wichtiges gesagt zu haben.

Eine unliebsame Störung in dem täglichen Ablauf seines friedvollen Lebensabends bedachte er deshalb auch stets mit einem ärgerlichen Stirnrunzeln, mit kurzen, fast schon unhöflichen Bemerkungen. Damit man endlich Ruhe gab, hatte er dem ungewöhnlichen Hauptgewinn zugestimmt, wider besseres Wissen sogar, aber er hatte sich schließlich erweichen lassen, jedoch im Stillen gehofft, dieses ins Haus stehende Malheur irgendwie umschiffen zu können.

„Herr Weidlich?"

Die leise mahnende Stimme erinnerte ihn wieder an das vorliegende Problem.

„Was ist denn noch? Ich bin beschäftigt und habe keine Zeit. Sagen Sie das der Person da draußen, sagen Sie das recht energisch! Ich bitte darum!"

„Ja, Herr Weidlich. Aber ich denke, Sie sollten vielleicht doch eine Ausnahme machen."

Der Wirtschafterin war plötzlich die lustige Situation bewusst geworden. So ein Preisträger! Nein, damit rechnete er gewiss nicht. Er würde Augen machen, er würde sich überdies trefflich amüsieren, dachte sie und wartete geduldig auf eine Antwort.

„Wie bitte? Nein, nein!" Der Mann blieb unnachgiebig. „Hören Sie, meine Gute, es tut mir Leid, wirklich, es tut mir sehr Leid, nur passt es im Moment nicht, absolut nicht!"

„Ich glaube, Herr Weidlich, dass Sie sich andersrum vieles ersparen würden, denn eventuell haben Sie diese unerwünschte Angelegenheit bereits in einer halben Stunde abgehakt. Wer weiß, ob es beim nächsten Mal genauso schnell über die Bühne geht?"

Sie überlegte schon, wie sie dem Kind eine Absage erklären könne.

„In Gottes Namen, so schicken Sie die Frau herein! Es ist doch eine Frau, oder?" Die Haushälterin hatte bereits den Raum verlassen und ließ diese Frage unbeantwortet. Der Autor vernahm ein erneutes Öffnen und Schließen der Zimmertür.

„Setzen Sie sich bitte! Ich bin gleich bei Ihnen. Nur ein, zwei Sätze wollen noch geschrieben sein, dann bin ich bei Ihnen."

Er legte den zugeschraubten Füllfederhalter über die losen Blätter vor sich auf den Schreibtisch und hob den Blick. Nein, das gibt es nicht, es ist doch nicht zu fassen! dachte er verdutzt. Und so etwas gewinnt den ersten Preis bei einem Quiz über mich, ein Persönchen von zehn oder elf Jahren? Unbegreiflich! Er putzte vor Überraschung seine Lesebrille. Schließlich räusperte er sich.

„Nimm mal den Zopf aus dem Mund! Und dann kommst du her und erzählst mir, wer du bist, und wie du heißt, ja?"

Die Lütte blieb eingeschüchtert mitten im Zimmer stehen und streckte dem Dichter ihre Blumen entgegen. „Die sind für dich!" Sie tat einen weiteren Schritt und stand jetzt direkt vor ihm. „Du musst sie nur ins Wasser stecken, sie werden schon wieder, ganz bestimmt."

Er nahm den Strauß, legte ihn auf den Schreibtisch und wandte sich wieder dem Kind zu.

„So, und jetzt sagst du mir deinen Namen, ja?"

„Bärbel."

„Und weiter nichts? Nur Bärbel?"

„Nein, nein, noch viel mehr, Bärbel Agathe Annegrete Helene Dorothea Isolde Dietlinde Friederike Lohse."

„Was? So viele Namen hast du?"

„Ja!"

„Ach nein, das glaube ich dir nicht."

„Es ist eigentlich so, na ja, es wäre doch schön' wenn ich so viele Namen hätte." Die Kleine grinste den Mann selbstbewusst an.

„Aha, so ist es eigentlich."

„Ja, und sie gefallen dir doch auch, was?"

„Wenn ich ehrlich sein soll, genügt mir einer völlig. Und jetzt verrat mir mal, wieso gerade du den ersten Preis gewonnen hast!"

„Ich habe ihn eigentlich gar nicht gewonnen." Die Lütte druckste herum und sah dabei verlegen auf die vielen eng beschriebenen Blätter.

„Schreibste gerade ein Buch?"

„Nein, nein, das ist nichts Wichtiges."

„Bist du nun auch der Herr Weidlich?"

„Ja, der bin ich."

„Mmh, ich weiß nicht, auf dem Bild in der Zeitung siehst du ganz anders aus. Vielleicht tust du auch nur so, als ob du es bist."

„Hör mal, mein kleines Fräulein, ich bin es wirklich! Sei mal nicht so frech und beantworte endlich meine Frage, wie der erste Preis in deine Hände geraten ist! Hast du ihn etwa deinen Eltern gestohlen?"

„Ich und den Preis gestohlen?" Sie gluckste vor Lachen und legte sich aufgeregt die Hand über den Mund. „Nee' ich doch nicht! Und ich sag es dir erst, wenn ich ganz genau weiß, dass du auch der Herr Weidlich bist."

Sie schaute dem alten Herrn misstrauisch prüfend ins Gesicht.

„Siehst du die vielen Bücher dort im Regal? Alle sind von mir geschrieben." Er zeigte auf die Bücherwand, wo sich ein dicker Lederband an den anderen reihte.

„Das kann jeder sagen. Erst musst du mir deinen Ausweis zeigen, das macht man so, weil meine Freundin mir das erzählt hat, und ihr Vater ist nämlich Polizist."

„Also, mein Kind, du bist auch zu genau, du. Aber na schön, ich zeige ihn dir." Der Dichter zog seinen Ausweis aus der Innentasche des Jacketts und reichte ihn dem Kind, das eifrig darin herumstudierte, das eingefügte Bild aufmerksam mit seinen Gesichtszügen verglich und zum Schluss mit vor Anstrengung gefurchter Stirn sein Alter errechnete.

„Mensch, Herr Weidlich, so alt bist du? Schon über siebzig Jahre? Und ich bin schon über zehn Jahre."

Das Mädchen strahlte den Mann an und erwartete eine Bemerkung, die auch prompt erfolgte. „So, so, du bist schon über zehn! Interessant, und wie viel darüber schon?"

„In sechs Monaten und achtunddreißig Tagen werde ich elf."

„Eine verblüffende Rechnung, die mich sehr beeindruckt, in der Tat! Jetzt aber keine Ausflüchte mehr! Ich will endlich wissen, wie du zum ersten Preis gekommen bist. Und dass wir uns richtig verstanden haben, mein Fräulein, du erzählst mir die Wahrheit, sonst zieh ich dich zur Strafe an deinen Zöpfen!"

Erschrocken wich die Kleine zurück, dann brach sie in schallendes Gelächter aus, und es klang so herzhaft, dass der Schriftsteller unwillkürlich mitlachen musste.

„Hör auf, du, hör sofort auf! Ich will jetzt Fakten haben und kein Gelächter!" Sie hielt sich wieder die Hand vor den Mund und platzte endlich mit der Wahrheit heraus.

„Ich hab ihn doch gar nicht gewonnen, ich doch nicht, es war meine große Schwester, die hat nämlich alle Bücher von dir gelesen, alle zig Bücher und sie ist so schlau davon geworden und darum hat sie den Quiz mitgemacht. Ich habe nur die Karte mit der richtigen Auflösung ausgefüllt und in den Briefkasten geschmissen, weil sie das vergessen hatte."

„Was? Deine große Schwester ist die eigentliche Gewinnerin? Warum kam sie dann nicht selbst her?"

„Och, die!" Das Mädchen schwieg und bohrte mit ihrem Zeigefinger am Knie herum. Der Dichter weidete sich an ihrer offensichtlichen Verlegenheit und verschluckte sich fast vor unterdrücktem Lachen. Die Lütte sah auf und entdeckte das Zucken um seinen Mund.

„Hättste das nicht auch gemacht, Herr Weidlich? Ich mein, weil sie doch zu feige war und den Brief von der Zeitung mit dem ersten Preis schon in den Mülleimer geworfen hat. Ich hab ihn aber rausgepult und abgewaschen und getrocknet, und beinah hätt ich ihn noch gebügelt, na ja, das hab ich dann doch nicht getan"

Beifall heischend blickte sie den alten Herrn an, der sich köstlich unterhielt wie schon lange nicht mehr. Welch ein Fratz, dachte er, und welch ein Preis, der im Mülleimer landete, dort wieder herausgewühlt und gewaschen werden musste, nur nicht gebügelt, was er sicher nötig gehabt hätte. Es war nicht zu fassen! Belustigt betrachtete er die unzähligen Sommersprossen der Kleinen, die über ihr gesamtes Gesicht gesprenkelt waren.

„Und weil ich dich noch was fragen wollte und so weiter, darum bin ich dann für meine Schwester gekommen", unterbrach sie sein nachdenkliches Schweigen.

„Du willst mich etwas fragen?"

„Ja, ich." Die Lütte konnte sich nicht recht entscheiden, in welche Ecke des Zimmers sie lieber gucken sollte. Sie schluckte, holte noch einmal tief Luft und flüsterte so leise, dass er kaum etwas verstand.

„Ich will dich fragen, ob du, ich mein, ich will doch mal Schriftstellerin werden, wenn ich groß bin, ganz genau wie du auch und wenn du mir nun hilfst und ich ... " Das Mädchen stockte, aber ungerührt ließ er das Kind weiterstottern.

„Ich denk, wenn ich manchmal bei dir zugucken darf, wie du das machst, das Schreiben, mein ich, und ich bin auch ganz mucksmäuschenstill, nur mal zugucken und nix mehr, dann werde ich bestimmt auch mal so berühmt wie du, wenn ich groß bin, in zehn, zwanzig Jahren."

Der Dichter war entsetzt von diesem Ansinnen. Niemals, so lange er lebte, hatte jemand zusammen mit ihm auch nur ein Wort geschrieben. Nie! Und jetzt verlangte diese kleine Göre kurzerhand, mit ihm schreiben zu wollen? Es war nicht zu fassen, nicht zu glauben, nicht zu erwarten und ein absolut indiskutabler Quatsch, ja, das war es, ein solch verrückter Gedanke, dass er nur den Kopf schütteln konnte, weil dieses Ansinnen ihm zunächst die Sprache verschlagen hatte. Er sollte sich in sein Heft sehen lassen? Niemals und schon gar nicht von dem kleinen, frechen Geschöpf hier, das, weiß Gott, nicht wie eine angehende Schriftstellerin aussah. Er lachte erheitert auf, als er sich einen Moment in die Rolle eines geduldigen Lehrers hineindachte. Aber nein, unmöglich! Energisch schob er die Lütte von sich.

„Hör mal, du, ich bin kein Schulmeister und kein Kindergartenmann, sondern ein Schriftsteller, der ernsthaft arbeiten muss. Was du suchst, ist ein guter Pädagoge, der dir viel besser alle Grundbegriffe, Regeln und Kniffe des Schreibens beibringen könnte, als ich das je vermöchte. Also schlag dir solche Ideen mal aus dem Kopf! Außerdem wird es jetzt langsam Zeit, dass du dich verabschiedest, ich habe noch zu tun, sehr viel zu tun!"

Der Autor erhob sich und führte das Mädchen zur Tür, öffnete und drängte es auf den Flur hinaus.

„Tschüss, du, und vielen Dank nochmals für die Blumen! Die stell ich auch gleich ins Wasser, damit sie recht lange halten."

Er rief nach der Haushälterin, und ehe die Kleine etwas erwidern konnte, war er hinter der hohen Zimmertür ihren Blicken entschwunden. Sie war so verblüfft über diese schnelle Verabschiedung, dass sie alles ohne ein Wort des Protests mit sich hatte geschehen lassen. Sie lief ins Freie und blieb eine geraume Weile gedankenvoll vor dem Eingang stehen, dabei runzelte sie die Stirn, schimpfte leise vor sich hin und stampfte zwischendurch wütend mit dem Fuß auf, dann eilte sie zielstrebig am Haus entlang und hielt erst unter dem Fenster des Studierzimmers inne.

„Herr Weidlich!" schrie sie und noch einmal: „Herr Weidlich!"

Der Dichter zeigte sich endlich, genervt von dieser lauten Stimme, an seinem Fenster. „Was ist denn nun noch, du Göre?" rief er herunter. „Hör sofort auf, so herumzubrüllen!"

Die Lütte aber tönte genauso laut zurück: „Herr Weidlich, darf ich dich wenigstens ab und zu mal besuchen? Vielleicht so zwei- bis dreimal im Monat?"

„Herr Gott, das langt jetzt! Hau ab, du, geh nach Hause, ja? Ich habe zu arbeiten. Und komm nie wieder! Ist das zu viel verlangt, oder geht es ausnahmsweise in deinen kleinen Schädel?"

„Oder wenigstens nur einmal im Monat?"

Es war doch die Höhe! Warum war das Kind nicht einsichtig, wie es sich ziemte und ging seines Weges?

„Nein, nie und nun verzieh dich!" Nachdrücklich schloss er das Fenster.

Wieder stieß die Kleine empört mit dem Fuß auf. Mit zornig vorgerecktem Kinn und zusammengekniffenen Lippen starrte sie zum fest verschlossenen Fenster. Dann aber kam Bewegung in sie und rücksichtslos begann sie, die Blätter des Efeus, der sich an der gesamten Hauswand emporrankte und nur die blank geputzten Scheiben freiließ, abzureißen. Sie zupfte und riss und wütete und packte schließlich den dicken Haupttrieb' welcher an der Wand vor dem Studierzimmer des Poeten hochgeklettert war, zerrte und zog an ihm und löste dabei einen der grünen Holzläden aus seiner Verankerung. Dieser Krach ließ den Mann an seinem Schreibtisch erschrocken zusammenzucken.

Er öffnete erneut das Fenster und blickte ungehalten hinaus. Da entdeckte er den riesigen Blätterhaufen, der sich unten auftürmte, zwischendrin fuhrwerkte diese unmögliche kleine Person. Sie sah so aufgebracht, so fuchsteufelswild aus, dass er sich selbst noch mehr erregte und sie anschrie: „He, du, spinnst du? Was fällt dir überhaupt ein? Sofort stellst du diesen Wahnsinn ein, sofort, sonst komme ich runter und versohle dir den Hintern! Hast du das begriffen, du ungezogenes Kind, du?"

Keine Reaktion erfolgte, nur noch mehr Blätter wurden abgerissen, und der Berg wuchs von Minute zu Minute.

„Ob du das kapiert hast, habe ich gefragt?"

„Ich bin ja nicht taub!" Die Lütte unterbrach kurz ihre Arbeit, gab ihm einen bösen Blick und riss unverdrossen weiter die Blätter von den Efeuranken ab.

„Also, was ist nun, machst du endlich Schluss da unten?"

„Nein, nie hör ich auf, nie! Ich reiß alles ab, alles!"

„So sei mal lieb und bezwinge deine Wut für einen Augenblick! Ich will mit dir reden."

Das Mädchen wischte seine Hände am Kleid ab und guckte mit trotzig aufgestülptem Mund zu dem Dichter hinauf, der sich weit aus dem Fenster lehnte und den riesigen Blätterhaufen betrachtete, welcher ihn genauso anklagend anschaute wie das Kind, nur erschien es ihm weniger friedlich. Es warf ihm finstere Blicke zu, nichts als diese finsteren Blicke, die ihm jeglichen Wind aus den Segeln nahmen und ihn derart zermürbten, dass er endlich nachgab.

„Na schön, du hast gewonnen, obwohl du wirklich keine Belohnung verdient hast für dein ungezogenes Handeln. Du hast gewonnen, und ich gestatte dir, mich einmal im Monat aufzusuchen, aber nur einmal. Genügt das, um deinen Zorn zu besänftigen?"

Ein Strahlen flog über das Gesicht der Lütten, verschwand aber schnell wieder hinter dem schlechten Gewissen, das sie überkam, als sie ihre Untat bedachte, die ja nun wirklich nicht wegzuzaubern war, so gern sie es jetzt auch gewollt hätte.

„Einmal genügt ganz bestimmt, aber glaubst du, das langt, wenn ich Schriftstellerin werden will?"

„Nein, dafür langt es wohl nicht, doch mehr als einmal passt es mir eben nicht. Und nun schaff diese Blätter fort, alle und sieh zu, dass du wieder welche an den Strunken bekommst!"

„Meinst du etwa, ich soll sie ankleben?" Die Kleine grinste ihn vergnügt an. „Natürlich geht das nicht! Sei nicht so albern, du Fratz! Schaff sie mir nur aus den Augen, und dann marschier nach Hause!"

Der geplagte Literat schloss seufzend das Fenster und widmete sich erneut der Schreibarbeit, die all seine Energie, seine volle Aufmerksamkeit und Hingabe benötigte.

Das Mädchen kehrte die Blätter mit den Händen zusammen und schleuderte sie einfach hinter die Hecke, von der das Grundstück umschlossen war. Dann rief es nochmals mit eindringlicher Stimme: „Herr Weidlich!"

Schon langsam an diese Töne gewöhnt, die sein geruhsames Leben völlig durcheinander zu wirbeln schienen – wie der Wind, der die Efeublätter frech über die Hecke zurückwehte –, beugte er sich ergeben hinaus. „Ja? Was ist denn noch?"

„Wann darf ich wiederkommen? Nächste Woche?"

„Meine Güte, nein, nur einmal im Monat habe ich gesagt. Nehmen wir das heutige Datum, also den zwölften, dann vergisst du diesen Termin nicht, oder?"

„Ganz bestimmt nicht, den Tag vergess ich doch nie und nimmer."

Der Mann hatte das Fenster schon halb geschlossen, als er schon wieder seinen Namen vernahm.

„Herr Weidlich, so warte doch, ich muss dir noch was Wichtiges sagen! Ich komm auch jeden Tag und gieß den Efeu, und düngen tu ich ihn auch, dann wachsen die Blätter viel schneller."

„Lass das lieber! Jeden Tag düngen ist entschieden zu viel?"

„Dann jeden zweiten Tag. Und ich stör dich auch gar nicht in deiner Arbeit, das versprech ich dir. Ich komm nur schnell vorbei und gieße, das ist alles."

„In Gottes Namen, mach, was du willst!"

Das Fenster wurde geschlossen, und die Lütte trat, zufrieden mit sich und der Welt, den Heimweg an, hatte sich doch all ihre Mühe gelohnt, wie das Waschen und Trocknen des Briefes von der Zeitung, der zwar nicht ihr, sondern der großen Schwester den ersten Preis zusprach, aber den sie viel eher verdient hatte, wenn sie es recht betrachtete, vor allem, da die Schwester ihn gar nicht mal wollte, jedoch sie – und darauf kam es schließlich an. Überdies hatte sie dem Herrn Weidlich einen Blumenstrauß gepflückt, dann war da noch ihr energisches Auftreten als Preisträgerin gewesen und nicht zuletzt das mühselige Abreißen der harten Efeublätter, obwohl sie die doch lieber hätte dranlassen sollen, wobei sie die zahlreichen roten Striemen und Kratzer auf ihren Händen begutachtete. Ja, alles in allem war es sicher richtig gewesen, was sie getan hatte, denn sie würde jetzt bestimmt eine große Schriftstellerin werden, oh doch, und genauso berühmt wie Herr Weidlich – oder vielleicht noch viel berühmter als er.

Begegnung mit Literatur und Gesellschaftskritik

Vor dem Spiegel
HEINZ SCHICKTANZ

Ein Mann, falls es noch nicht zu spät,
gern lange vor dem Spiegel steht.
Wirft einen kühnen Blick auf's Haupt,
was Frauen fesselt, wie er glaubt,
zupft noch ein Haar sich aus dem Bart,
das sich nicht fügte so apart,
prüft auch gekonnt den Sitz der Brille,
erfreut sich an des Haares Fülle,
entdeckt das erste Haar, das graue,
streicht sich dann glatt die Augenbraue,
prüft stolz sein blendendes Gebiss,
was ja beim Lächeln wichtig ist,
zwirbelt den Bart der Oberlippe,
wie bei den „Don Juans" so Sitte,
prüft noch den Hals - kein Doppelkinn!
Für jeden Mann ein Zugewinn.
Beäugt sich kritisch im Profil,
in Uniform und in Zivil,
nimmt Haltung an, strafft die Figur,
zieht ein den Bauch, doch etwas nur,
lässt wieder locker, atmet aus.
Was für ein Mannsbild, ei der Daus!!

Doch Fräulein Kregel weiß es besser.
Sie war verlobt mit Erich Bresser,
kennt alle seine Schattenseiten
und warnt die Damen jetzt beizeiten:
„An steter Arbeit, da gebricht's.
Kann nur gut ausseh'n, weiter nichts!"

Die Verteidigungsrede des Wolfes
JOSEF HERZOG

Ich erinnere mich noch sehr genau an den Tag, an dem die Dinge geschahen, für die ich mich heute vor Ihnen verantworten muss. Die Anklage stützt sich auf das Gestammel eines kleinen Mädchens, das kaum in der Lage ist, den eigenen Namen fehlerfrei zu schreiben und auf das Geschwätz einer alten Frau, die seit Jahren allein im Wald leben muss und dem Wahnsinn näher ist als der geistigen Klarheit. Was für Ankläger, die mich durch Lügen und üble Halbwahrheiten vor die Schranken dieses Gerichtes gebracht haben!

Was aber geschah wirklich? Ich will es Ihnen freimütig erzählen.

An jenem Tag, es war November, und der Wind fuhr bereits mit eisiger Klaue durch den entblätterten Wald, traf ich auf einer Lichtung jenes junge Ding dort, das nun behauptet, ich hätte mich an sie herangeschlichen, sie mit heuchlerischer Stimme umschmeichelt, um so den Weg zu ihrer Großmutter zu erfahren. Nichts ist so unwahr wie dies!

Vielmehr hatte ich Mitleid mit ihr, als ich sah, wie sie frierend und voller Furcht durch den dunklen Wald irrte. Nie wäre es zu diesen unglücklichen Geschehnissen gekommen, hätte ihre Mutter sie nicht zu so später Stunde in den Wald geschickt, um Besorgungen zu erledigen, die auch auf den nächsten Morgen hätten verschoben werden können.

Ich frage Sie, gehört nicht die Mutter mit auf die Anklagebank, die Mutter, die ihr eigenes, hilfloses Kind zu so später Stunde allein in den tiefen, finsteren Wald schickte, nur um ihre Ruhe zu haben?

Tränen hatte ich in den Augen, jawohl, Tränen, als ich sie sah. Fern von zu Hause, ängstlich vor jedem Geräusch zusammenzuckend, schien sie den rechten Weg schon lange verloren zu haben. Ich dachte augenblicklich an meine eigene, unglückliche Kindheit, und das Herz blutete mir. Sprich sie an, dachte ich bei mir, obwohl ich doch sonst jegliche menschliche Nähe verabscheue, sprich sie an und hilf ihr, damit sie wieder heil aus dem Wald herausfinden kann.

Doch kaum hatte ich mich gezeigt, da brabbelte die Kleine, froh darüber, jemanden getroffen zu haben, auch schon los. Erzählte mir von ihrer Großmutter und dem, was ihre Mutter ihr mitgegeben habe, was sie heute schon alles gegessen und getrunken habe, sprach von ihren Spielen mit den Nachbarskindern und dass sie den Hans ganz toll und den Karl besonders blöd finde, redete und redete auf mich ein, ohne auch nur einmal Luft zu holen, als habe sie sechs Wochen kein Wort sprechen dürfen.

Ich, der sonst nie mit Menschen ein Wort wechselt, musste ihren stumpfsinnigen Wortschwall erdulden, bis es mir ein Graus wurde und ich mir die Ohren zuhielt.

Sie aber plapperte munter auf mich ein, bis ich nur noch einen einzigen, riesigen Mund vor mir sah, der sich unaufhörlich bewegte und nicht zu bremsen war.

Wen wundert es, das ich mir keinen anderen Rat mehr wusste, als die Beine in die Hand zu nehmen und eiligst davonzulaufen.

Ich rannte und rannte, ohne auf den Weg zu achten oder mich umzuschauen. Nur nicht wieder diesem Kind in die Hände fallen, hoffte ich! Und plötzlich stand dieses Haus vor mir.

Es war völlig verfallen, nur noch eine Ruine mit undichtem Dach und eingefallenen Mauern. Hätte ich nur geahnt, dass ausgerechnet hier die Großmutter der Kleinen lebte, wäre ich gewiss weiter gelaufen. Doch ich hielt das Haus für unbewohnt und wollte mich nur ein wenig ausruhen.

Zunächst bemerkte ich die alte Frau gar nicht, die völlig abgezehrt in ihrem Bett lag. Sie aber sprach mich sofort an, unsicher zunächst und mit schwacher Stimme.

Endlich besuche sie jemand, so lange sei sie nun schon krank an das Bett gefesselt und fast immer allein. Und dann erzählte sie mir ihre ganze Leidensgeschichte. Sprach von dem viel zu frühen Tod ihres geliebten Mannes und der herrischen Tochter, die sie in dieser verdreckten Hütte untergebracht habe, als sie im Haushalt nicht mehr nützlich sein konnte. Nur manchmal schaue ihre Enkelin vorbei, ein liebes Kind, das gewiss, aber eben doch nur ein Kind, das immer spielen wolle und mit dem man kein vernünftiges Wort wechseln könne.

Das Leben sei ihr mit der Zeit einfach unerträglich geworden, stöhnte sie, lieber würde sie dem heute als morgen ein Ende setzen. Ich litt mit der armen Frau, doch wusste ich nicht, wie gerade ich ihr helfen sollte. Ich versprach unter Tränen, bei ihr zu bleiben und sie bis an ihr Lebensende zu pflegen, sie aber wollte von alledem nichts wissen. Alt sei sie, des Lebens überdrüssig, lieber wolle sie in meinem Magen enden als so weiter zu leben.

Lange sprachen wir noch miteinander, doch sie ließ sich von ihrem einmal gefassten Beschluss nicht mehr abbringen. Und so musste ich schließlich trotz meines heftigsten Widerstandes nachgeben. Um ihren Wunsch zu erfüllen und ihr keine weiteren Schmerzen mehr zuzufügen, verschlang ich sie mit einem Biss.

Glauben Sie mir: wenn ich wirklich so hungrig gewesen wäre, wie die Anklage behauptet, so hätte ich bestimmt die nächste Schafweide gesucht und mir dort ein junges und saftiges Stück Fleisch geholt, weich und voller Geschmack, statt mich an dieser alten Frau zu vergreifen.

Kaum hatte ich die Großmutter gefressen, musste ich mich in ihr Bett legen, denn nicht nur ihre Geschichte, auch sie selber lag mir schwer im Magen. Leise weinte ich um die arme Frau, die nun hoffentlich ihren Seelenfrieden gefunden hatte, als unvermittelt das Mädchen in der Türe stand. Sie kennen ihre Version unseres angeblichen Gespräches und wissen, dass diese nur schwer zu glauben ist. Tatsächlich hat sie mich natürlich nicht für ihre Großmutter gehalten, denn selbst ein Blinder könnte uns gut voneinander unterscheiden.

So schonend, wie mir dies in meiner unglücklichen Lage möglich war, versuchte ich ihr das plötzliche Ableben ihrer Großmutter zu erklären. Sie aber hörte mir gar nicht zu, sondern rief nur, ihre Oma wolle bestimmt Verstecken mit ihr spielen. Sie begann, im ganzen Haus nach der alten Frau zu suchen, schaute unter das Bett und in den Kleiderschrank, kroch in jeden Winkel, bis ich die Geduld verlor und verärgert rief: „Da ist sie nicht, du dummes Ding, sie ist in meinem Bauch!"

Das hätte ich lieber nicht sagen sollen.

Sofort stürmte sie auf mich zu, riss mein Maul weit auseinander und schrie in meinen Rachen: „Omi, bist du da? Komm heraus, ich habe dich gefunden. Jetzt musst du mich suchen!"

Natürlich konnte die Großmutter in meinem Bauch keine Antwort mehr geben, doch das Mädchen ließ keine Ruhe und rief immerzu: „Komm heraus, ich habe dich gesehen."

Als jedoch nichts geschah, sah sie mich wütend an und stampfte mit dem Fuß auf den Boden. „Du hast mich angelogen, da ist sie ja gar nicht", schrie sie.

So ruhig wie möglich erklärte ich ihr, dass ihre Großmutter in dem jetzigen Zustand weder antworten noch zum Spielen herauskommen könne, doch sie war wie von Sinnen und hörte mir gar nicht zu.

Sie wolle auch dorthin, wo ihre Oma sei, und ich müsse sie sofort zu ihr lassen. Sie schlug mit ihren kleinen Fäusten wie wild auf mich ein, zerrte an meinem Schwanz und trat nach mir, bis mir vor Schmerz die Tränen in die Augen schossen.

Da ich mich der kleinen Göre einfach nicht länger erwehren konnte, öffnete ich schließlich widerwillig mein Maul und das Mädchen sprang mit einem Satz hinein.

So landete dieses arme, unvernünftige Kind zu meinem Leidwesen auch noch in meinem Magen.

Als ich begriff, was geschehen war, erschrak ich furchtbar und versuchte sofort, sie wieder heraus zu würgen. Doch obwohl ich dabei fast erstickte, wollte mir dies nicht gelingen. Ich war verzweifelt, weinte und schrie, weil ich nun eine ganze Familie ausgelöscht hatte, ohne dies zu wollen. Sie können mich gerne für meine Taten verurteilen, wenn ich wirklich Schuld auf mich geladen habe, aber sagen sie mir:

Was hätte ich denn anderes tun sollen?

Jagdschloss II
BIRGIT RÜHE

Die Alten spielen
Doppelkopf
unter der Katalpa
im Park halten
ein gutes Blatt
knöchern lacht der
mit schief geschossnem Gesicht
letzte Runde
überm roten Portal
rostet
der Hirsch

Nathans Gegenwart
Klaus Nührig

Jerusalem zur Zeit der Kreuzzüge. Ein Zeitungsleser auf der Bühne blättert und findet Nathans Gegenwart: Der Fanatiker kleidet sich nur anders und verzichtet nicht auf Handy und Internet. So können seine Befehle überall Brandfackeln entzünden, und immer wieder müssen Väter in zerstörte Häuser zurückkehren, wo ihre Frauen und ihre Kinder ermordet wurden. Drei Tage und Nächte wird Nathan weinen, mit Gott zürnen, toben, ihn und die Welt verwünschen und der Christenheit den unversöhnlichsten Hass schwören. Als Nathan fast zwei Jahrzehnte später dem Klosterbruder von seinem Leid erzählen muss, sagt jener zu Nathan: *„Ihr seid / Gerührt, und Euer Auge steht voll Wasser?"*

Vieles hat Lessing damals nicht zeigen dürfen: Es gibt bei ihm keine abgeschlagenen Arme, und es wird erzählt, aber nicht gezeigt, wie der Sultan alle gefangenen Tempelritter bis auf einen köpfen lässt. Doch Lessing lässt den Klosterbruder aussprechen, was heute in fast keiner Inszenierung gespielt wird: *„Ihr seid / Gerührt, und Euer Auge steht voll Wasser?"* Auch in modernen Inszenierungen hören wir nicht, wie Nathan weint. Immer muss er jemand sein, für den die Erinnerung nicht bis in die Gegenwart hinein brennt, als könne nach Jahren verschwinden, was damals erlitten wurde. Als könnte der Verstand unser Verhalten so beeinflussen, dass Menschen zu sich sagen:

„Damals, das war Krieg. Nur des Krieges wegen ist dein Haus abgebrannt, ist deine Familie ermordet worden. Du kannst jetzt wieder Vertrauen haben zu denen, die damals Menschen wie dich verfolgten."

In Hannover haben sie es geschafft, Juden und Moslems, die in Israel nie miteinander geredet hätten, für ein Theaterprojekt „Nathan der Weise" zu gewinnen. „Gemeinsame Theaterarbeit macht aus Feinden Freunde." verspricht uns der Titel eines Zeitungsartikels. Kurz bevor der Palästinenser Ali nach Deutschland flog, war er bei seinem Cousin im Krankenhaus. Der Cousin war von israelischen Soldaten angeschossen worden. „Wir haben keine Probleme mit den Juden, wir haben Probleme mit den Politikern", sagt Ali.

Noch immer sind Menschen Manövriermasse, werden Sprengstoff und Raketen eingesetzt, weil nur das Leid der eigenen Gruppe wahrgenommen wird und einheimische Zeitungen und Fernsehsender darauf verzichten, die Stimmen der Anderen hören zu lassen. Nur um die eigenen Toten wird getrauert.

In unserer Theatergruppe haben wir es einfacher. Für den achtzehnjährigen Darsteller unseres Nathan ist die Frage nach der rechtmäßigen Offenbarung unwichtig. Er weiß nicht viel von irgendeiner Religion. Um keinen Tempelberg würde er sich streiten, an keiner Klagemauer weinen. Er glaubt, dass jeder Mensch irgendwie ein Anrecht auf ein Mindestmaß an Achtung hat und dass es genügt, ein Mensch zu sein. Er hat Freunde, die religiös sind, das ist für ihn etwas Exotisches, aber eigentlich auch nicht der Rede wert. Dieser Achtzehnjährige kann sich nicht vorstellen, sich vor einem Pogrom fürchten zu müssen. Allerdings, wie man mit kleinen Tyrannen umgeht, musste er in der Schule lernen: Pack sie bei ihrem Gerechtigkeitsempfinden, mach sie zu weisen Richtern. Schmeichle ihnen, als wären sie es, die wichtige Entscheidungen zu fällen und Ratschläge zu geben hätten. Von Fallen, die ihm gestellt wurden, kann auch er berichten. Warum, Nathan, gehörst du nicht zu unserer Clique? Warum denkst du nicht so wie wir?

Aber fremd wirken auf unseren achtzehnjährigen Nathan schon die Berichte der englischen UNO-Soldaten, die nicht verdrängen und vergessen können, was sie in Bosnien erleben mussten. In jeder Nacht drohen Alpträume, nicht fortwischen lassen sich die Bilder der ermordeten Familien, die sie nicht beschützen konnten. In den Supermärkten ihrer englischen Heimat fängt ein Kind an zu weinen, wenn die Mutter sich weigert, ihrem Kind das zwanzigste Stofftier zu kaufen, und niemand wird den Soldaten verstehen, der über dieses Kind, das scheinbar grundlos weint, erbost ist. „Du weinst, weil du dieses Stofftier nicht bekommst! Ich habe gesehen, wie man Häuser anzündete und ganze Familien kreuzigte. Du aber hast überhaupt keinen Grund zu weinen." Die Mutter des Kindes ruft im Supermarkt um Hilfe. Einsperren soll man diesen fremden Mann, der Kindern von so schrecklichen Dingen erzählen will. – Nathan, sage keinem, dass du die verkohlten Leichen deiner Frau und Kinder gesehen hast. Nathan, was du erlebt hast, macht dich nur zu einem Fremden. Als Nathan dem Klosterbruder vor Augen führt, was er erdulden musste, steht sein Auge voller Tränen. Doch wir wissen, der Regisseur und das Publikum wollen nicht sehen, dass Nathan weint.

Nicht die Ringparabel, sondern die Geschichte von *Kain und Abel* hätte Nathan dem Sultan erzählen sollen, denn Brüder können sich manchmal viel mehr hassen als Fremde. Nimm dich wie Gott des Schwächeren an, und du weckst den Zorn des älteren Bruders. Also, sei vorsichtig, wenn du Partei ergreifst; versuche, lediglich ein Schlichter zu bleiben, und mache niemals jemanden zum Erben von Traditionen. Wenn du einen Ring mit Zauberkraft hast, wirf ihn ins Meer. Wenn es wirklich genügt, ein Mensch zu sein, dann brauchst du kein Schmuckstück, dann zählt kein Ring an irgendeinem Finger.

Der Autor des Stücks interessiert unsere Theatergruppe. Als Bibliothekar muss Lessing einem Fürsten dienen, der seine Landeskinder an die Engländer verkauft. Wie Sklaven werden sie nach Amerika verschifft, wo sie gegen die aufbegehrenden Revolutionäre kämpfen sollen. Daran verdient der Braunschweiger Fürst so viel, dass er die leeren Staatskassen wieder ein wenig füllen kann. Für jeden Gefallenen und Verwundeten erhält der Fürst eine Prämie.

Wer im Krieg zum Invaliden wird, muss in Amerika bleiben. So entstehen der Braunschweiger Staatskasse keine Kosten. Für alle seine Landeskinder, die in Amerika verwundet oder getötet werden, interessiert sich der aufgeklärte Despot im Braunschweiger Schloss nicht. Diesen leichtsinnigen und selbstsüchtigen Fürsten muss Lessing ertragen. Aber er muss ihn wenigstens nicht loben.

Einen Lehrstuhl als Königsberger Professor hatte Lessing ausgeschlagen, weil er dann verpflichtet gewesen wäre, alljährlich eine Lobrede auf den preußischen König zu halten.

Selten hat ein Autor so viele theologische Texte verfasst wie Lessing. Aber seine Leidenschaft, neue Wege des Glaubens zu denken, erscheinen der Amtskirche zu gewagt; noch will sie nicht davon lassen, dass die Bibel nichts weniger sei als der Spiegel des Wortes Gottes. Lessing aber misstraut dem Glauben an Buchstaben, und er mag die nicht, die von sich sagen, durch sie spräche Gott. Er hält es lieber mit den Zweiflern, die nach der Wahrheit forschen und sie nicht besitzen wollen.

48 Jahre muss Lessing alt werden, bis sein Einkommen ihm erstmals erlaubt, dass er heiraten kann. Bald wird seine Frau schwanger, doch das Kind stirbt schon in den ersten 24 Stunden nach der Geburt. Er schreibt an einen Freund:

„ (...) Meine Freude war nur kurz. Und ich verlor ihn so ungern, diesen Sohn! Denn er hatte so viel Verstand! So viel Verstand! – Glauben Sie nicht, dass die wenigen Stunden meiner Vaterschaft mich schon zu einem Affen von Vater gemacht haben! Ich weiß, was ich sage. – War es nicht Verstand, dass man ihn mit eisern Zangen auf die Welt ziehen musste? dass er so bald Unrat merkte? – War es nicht Verstand, dass er die erste Gelegenheit ergriff sich wieder davon zu machen? – Freilich zerrt mir der Ruschelkopf auch die Mutter mit fort! – Denn noch ist wenig Hoffnung, dass ich sie behalten werde. – Ich wollte es auch einmal so gut haben wie andere Menschen! Aber es ist mir schlecht bekommen."

Keiner in unserer Theatergruppe hat jemals ein solches Leid erfahren. Wir stöhnen über vereiste Straßen, wir fürchten Klausuren, einige haben erleben müssen, wie sich ihre Eltern trennten, aber unsere Recha braucht keinen, der in die Flammen springt, um sie retten.

Ein hartnäckiger Pazifist spielt den Saladin; die Rolle des grausamen Patriarchen hat ein Schüler übernommen, der sich für das Kirchenasyl einsetzt. Niemand wird uns daran hindern wollen „Nathan der Weise" aufzuführen. Da waren Lessings Zeiten andere. Er schrieb: *„Noch kenne ich keinen Ort, wo dieses Stück schon jetzt aufgeführt werden könnte. Aber Heil und Glück dem, wo es aufgeführt wird!"*

Der Zeitungsleser am Bühnenrand blättert und entdeckt Nathans Gegenwart. Spielen können wir sie nicht, diese Gegenwart. So sehr überschätzen wir uns nicht, dass wir meinen, für ein Bruchteil des Leids dieser Welt sei Raum auf unserer Bühne. Spielen können wir nur Lessings Utopie, in der sich Jude, Christ und Moslem umarmen und wünschen, dass keiner von ihnen in ein zerstörtes Haus zurückkehren muss.

Leitbilder
GERD MOHR

Meine Oma macht schöne deutsche Socken
Mein Opa singt ausschließlich deutsches Volkslied
Mein Onkel Kurt ertrank vor einer Woche fröhlich im guten deutschen Bier
Meine Cousine Daniela isst am liebsten flambiertes deutsches Eisbein
Meine Tante Grete sah sich 1000 mal Sissi im deutschen Fernsehen an
Mein Vetter Fritz gründete den ersten deutsch deutschen Stoiberfanclub
Mein Cousin Peter sah sich alle deutschen Lindenstraßenserien an
Mein deutscher Wellensittich Peter sah sich alle Gottschalkshows an
Mein deutscher Schäferhund Willi sah sich alle Folgen Daktari an
Mein deutscher Goldfisch Hansi blubbert immer um zwölf Uhr das Deutschlandlied in A Moll
Tante Paula beherrscht als Einzige in der Familie das Lesen der altdeutschen Sütterlinschrift
Onkel Manfred lebt immer noch im Großdeutschen Reich
Tante Mimi hält die Verdienste des deutschen Österreichers für epochal
Onkel Harald schwärmt im Gedicht von der deutschen Hochzeitsnudel
Tante Pauline arbeitet mit deutschen Händen und deutschem Garn
Onkel Robert kann mit fünf Dickmanns im Mund unmissverständlich Schillers Klocke zitieren
Nur mein Onkel Hans fällt aus der Reihe, denn er isst Gyros mit Ketchup, fährt jedes Jahr ins Ausland und spricht nicht nur Deutsch. Er spricht immer von seinen Freunden im Ausland, gerade deshalb ist er mein Lieblingsonkel.

auch feldwege
REINHARD FÖRSTERLING

auch feldwege führen in die kindheit,
irgendwann
zogen die bauern
die hölzernen Davids
sterne aus dem acker und
pflanzten kartoffeln,
der treibts
mit männern
flüsterten die bauernweiber
steckten die köpfe zaudernd
zusammen die finger zeigten den
schlaksigen jüngling aus der stadt
dann stiefelten sie kittelschürzig
dem sittenverfall hinterher
jäten
un
kraut
dann
aus schmalen beeten
feiste hintern gestützt
von elefantenschenkeln
die strümpfe herab
gezogen bis zu
den kniekehlen

leicht ver
spannte alltags
gesichter starren
auf die doktor
spiele der kinder
im brachliegenden
ruinen
feld

das waren früher mal vier
bahnsteige

geblieben ein einziger und
gleislose schotter mit fahlem gras bepflanzt

milchig matter mond
immer ein ohr an der wand
ich herrsche und du stirbst
oder umgekehrt oder
streut frisches laub
im dorfteich
nimmt der totenvogel
ein bad

Umleitungsende
JAN OFF

Will nur den
Weibleib,
nur die Hülle.

Will kein
Gefühl,
nur fühlen gehen.

Will nur noch
Körper sammeln;
keine Herzen.

Schweiß
will ich
abgreifen.

Deinen Geist
wärm dir
selber.

Sie marschieren wieder
KARIM ABDEL GAWAD

Ich höre Schritte,
die im Gleichschritt schnell näher kommen.
Marschieren sie wieder?
Ich habe Angst.
Ein Faustschlag, ein zu Boden fallender Körper
Schreie durchdringen die Nacht.
Werde ich heute sterben?

Sie marschieren wieder
und solange die Macht der Augen
die nichts sehen wollen ihnen ein treuer Diener ist,
solange wird sich mein Herz sehnen nach einer Welt
ohne Hass und Gewalt.
Hörst Du die Schritte?
Sie marschieren wieder.
Ich habe Angst

Volkberts Begegnungen nach der Gnade der späten Geburt
JÜRGEN KUMLEHN

>> ALLE GESCHICHTEN BEGINNEN DORT,
WO MAN AUF DIE WELT KOMMT. <<
DARIO FO

Volkberts Geburtstag:
Soldaten verrecken an den Fronten. Flüchtlinge erfrieren, verhungern. Gefangene sterben durch Folter und Mord. Widerstandskämpfer werden aufgehängt oder geköpft. Bombenlasten zerstören Städte. Einwohner verbrennen. Hinrichtungstermine für *Volksschädlinge* im Gefängnis der Kreisstadt. Seine Mutter ist glücklich über die Geburt eines gesunden Sohnes. Geburtsurkunde mit Hakenkreuz. Hitler stiftet einen Tieffliegervernichtungsorden für Deutsche, die feindliche Flugzeuge mit Handwaffen oder kleinkalibrigen Maschinenwaffen abschießen. Göring wird 52 Jahre alt. Im Birkenauer Frauenlager bei Auschwitz kommen drei Jungen als Untermenschen zur Welt.

Letzte NS-Propaganda in der Lokalzeitung: Die Alliierten richten in Eupen-Malmedy ein Konzentrationslager für deutsche Mütter und Kinder ein: Britische Kolonialtruppen hätten bereits im Burenkrieg Frauen und Kinder in KZ-Lager interniert.

Von seinem Vater trifft eine Feldpostkarte ein. Auf der Vorderseite die Abbildung eines blonden Knaben. Er schreibt: Du bist ein artiger Junge, schreibt mir Mutti in jedem Brief. Deine Mutti kennst Du ja schon ganz genau. Aber Deinen Vati hast Du noch nicht gesehen. Du musst noch etwas warten. Ob Du dann, wenn ich komme, auch so strahlende Augen hast? Ich habe ja solche Sehnsucht nach Dir. Ganz liebe Grüße. Dein guter Vati.

Befreiung von den Verbrechern wird ihm später als *Zusammenbruch* verklärt.

Volkberts Vater:
Eintritt in die SA 1. Mai 1933, Rottenführer. Nationalsozialistische Volkswohlfahrt ab 1935, Kassenwart 1938 – 1939. NS-Lehrerbund ab 1935. Mitglied der NSDAP ab 1. Mai 1937. Schreibstubensoldat im Wehrmeldeamt und danach Bewacher eines russischen Kriegsgefangenenlagers von 1940 bis 1943, Entlassung aus gesundheitlichen Gründen. Kriegseinsatz ab Juni 1944 auf Borkum, Unteroffizier. NS-Führungsoffizier. Maikäfer flieg! Vater ist im Krieg. Gefangennahme und Internierung im ehemaligen KZ Esterwegen. Rückkehr zur Familie im März 1946. Zu Fuß, nicht so bequem, wie ihr

es heute habt! Entlassung aus dem Schuldienst Juni 1946. Erfolgreiche Entnazifizierung: Kategorie IV, Mitläufer. Wiedereinstellung als Volksschullehrer im September 1946.

Taufe des Sohnes im Mai 46: Volkbert. Sein Vater tritt wieder in die Kirche ein, oder, wie ihm später gesagt wird: Dein Vater wurde am gleichen Tag getauft. Er musste damals aus der Kirche austreten. Er musste in die Partei eintreten. Er musste in die SA eintreten. Er musste mitmachen, weil er Lehrer sein wollte. Volkbert hat einen Musste-Vater. Später: Du hast zu gehorchen. Du sollst deine Haare schneiden lassen. Du gehst zur Bundeswehr. Volkbert soll nach dem Vorbild seines Vaters ein anständiger Mensch werden.

Die Familie zieht um. 1951. Der Lehrer lässt sich versetzen – oder wird er strafversetzt? Er soll als Organisator des Volksfestes erlaubt haben, dass im Umzug Männer das Horst-Wessel-Lied gesungen und die Hand zum deutschen Gruß erhoben haben. Auf dem Festsaal sei der Badenweiler Marsch gespielt worden. Er bestreitet seine Schuld.

In der Zwergschule unterrichtet ihn sein Vater. Beim Ausflug in die Lüneburger Heide singen die Kinder das Heide-Lied. Übermütig grölen sie den Refrain: Bester Schatz, du hasten Klaps! Sein Vater befiehlt: Deutsches Liedgut wird nicht veralbert! Auf der Rückfahrt Pflichtbesuch im Konzentrationslager Bergen-Belsen. Große Gräber. Unvorstellbar: Hier liegen 6000 Tote.

Nachts läuten die Kirchenglocken. Ein Bauer kehrt aus russischer Kriegsgefangenschaft auf seinen Hof zurück. Das verdanken wir Adenauer! Fast alle Einwohner jubeln dem Spätheimkehrer zu. Adenauer stirbt. Die Bundeswehr begleitet den Sarg über den Rhein. Direktübertragung im Fernsehen. Sein Vater ist stolz: Da marschiert die Elite unseres Volkes.

Was soll aus Volkbert werden? Oberschule abgebrochen. Nach der Lehre schickt ihn sein Vater freiwillig zur Bundeswehr! Musterung in der General-Wever-Kaserne. Ein General mit der Gnade des frühen Todes. Generalleutnant Walther Wever. Er stürzte 1936 mit dem Flugzeug ab. Fliegertod. Großes Begräbnis mit Hitler und Göring. Der Führer: ... *ein edler Mensch, der vorbildlich war in seiner Treue für Volk und Vaterland!*

Die Schule der Nation nimmt ihn nicht auf. Schande. Gesundheitlich ungeeignet für soldatische Aufgaben. Wie sein Vater. Wehruntüchtig. Seine Familie mit Onkel und Tanten gehört zu den wenigen, die keine Kriegstoten betrauern, kein Gefallener.

Volkberts Kindheit:
Weil er gern tauscht, Kindergeschäfte, wird er Kummeljude genannt. Woher haben Kinder 1954 dieses Wort? Seine Mutter spricht über einen

Kaufmann in der Kleinstadt: Das ist ein Jude. Als sie wieder von ihm spricht, sagt Volkbert vorlaut: Der ist Jude. Woher weißt du das? Das hast Du doch gesagt. Das habe ich nie gesagt, verstellt sie sich.

Im Bücherschrank findet er das Buch *Kriegsjugend*. Erschienen 1934. Das hat dein Onkel geschrieben. Den letzten Abschnitt musste er reinnehmen, unter Zwang. Er liest: *Der Hitlerputsch war der letzte gewaltsame Versuch, das jüdisch-liberalistische System von Weimar zu beseitigen.* Er liebt diesen Onkel, Patenonkel. Er ist immer zu Späßen aufgelegt.

Turner auf zum Streite! Das Lied singen Volkbert und Vereinskameraden zu Beginn jeder Übungsstunde im MTV. Sie marschieren auf den Platz: *Nicht mit fremden Waffen schaffen wir uns Schutz; was uns erschaffen, ist uns Schutz und Trutz; bleibt Natur uns treu, stehn wir stark und frei.*

Schüler:

GAS 1955. Gymnasium Anna-Sophianeum. Anna-Sophie, Herzogin und Philanthropin. Sie soll eine gütige Frau gewesen sein.

In der Englischarbeit wieder eine Sechs. Ohde teilt die Hefte aus. Neben Volkbert bleibt er stehen und erzählt ein neues Kriegserlebnis: Ich lag 43 gegenüber Dover und beschoss die englische Küste mit Granaten: Dover unter Feuer. Daran denke er jetzt. Er zündet ein Streichholz und hält es dicht über Volkberts Kopf. Doofer unter Feuer, sagt er. Salder hält Deutschunterricht: Ich bin der letzte Germane, beteuert er. Ich liebe Afrika. Ihr singt jetzt ein Lied aus dem Burenkrieg: *Sarie Marais*. Die Engländer haben die Konzentrationslager erfunden. Nicht die Deutschen! Nun wisst ihr es!

Schate straft schlechte Leistungen: Er greift eine Kotelette zwischen Zeigefinger und Daumen, dreht sie und zieht Volkbert vom Stuhl hoch bis auf die Zehenspitzen. Faschist! denkt Volkbert unter Schmerzen. Den Begriff kennt er aus dem DDR-Fernsehen. Hier ist er zuerst dieser deutschen Geschichte begegnet: Bruno Apitz, nackt unter Wölfen. Buchenwald. Ettersberg. Weimar, Goethe und Schiller. GAS 1987: Ein Schüler schreibt in der Abizeitung: *GASanstalt, GASkammer, dem GAS entkommen.*

Erinnerungen:

An der Kellertreppe hängt der Teppichklopfer. Daneben ein Ochsenziemer. Woher stammt der? Manchmal wird sein Vater von Bekannten geneckt: *Müllers Esel, Lehrers Vieh, geraten selten oder nie.* Volkbert ist das Vieh. Er möchte gern Sohn eines Treckerfahrers sein.

Im Hotel der Kleinstadt wohnen Amerikaner. Sie betreiben oben am Wald eine Radaranlage mit Blick in die Ostzone. Die Amis wohnen im

Hotel. Nach der Schule schleicht er mit Freunden in das Hotelfoyer. Sie brüllen: Amis raus! Amis raus! und laufen schnell weg.

Familienalbum: Sein Vater als Student mit dem Motorrad in Weimar. Goethe-Schiller-Denkmal. Nationalsozialistischer Lehrerbund. Uniformierte Lehrer angetreten. Schießen auf Menschen lernen. Robben durchs Gelände. Turnübungen. Karnevalsverkleidung unter dem Hakenkreuz. Männerfreundschaften. Familienfotos mit grau und braun Uniformierten. Volkberts Vater in Wehrmachtsuniform. Schwer mitgenommen! hat er daneben geschrieben. Volkberts Mutter im BdM.

Christ:
Der neue Pastor ist anders als sein Vorgänger. Er holt die Dorfjugend aus der Kneipe und bringt sie dazu, einen großen Teil ihrer Freizeit mit dem Ausbau des Pfarrstalles in ein Jugendheim zu verbringen. Sehr verdächtig. Er gründet die Evangelische Jugendgruppe und ist auch Mitglied bei Aktion Sühnezeichen. Er holt junge Ausländer zu einem Arbeitslager ins Dorf. Das hat es noch nicht gegeben: Fünf ausländische Sprachen im Pfarrhaus und sogar in der Kneipe. Die Ausländer verschönern den Friedhof, räumen alte Gräber, richten die Wege her. *Einwohner bringen Eier und Butter, berichtet die Lokalzeitung: Ein herzliches und freundschaftliches Verhältnis zwischen den Menschen verschiedener Nationalitäten und der Dorfbevölkerung.* Die Gruppe lädt das Dorf zu einem Singabend ein. Die in alle Häuser verteilte Einladung enthält eine Karikatur: Ein Hund stibitzt einen Friedhofs-Knochen. Sein Vater protestiert: Störung der Totenruhe! – und macht Stimmung gegen den Pastor. Volkbert will ihn nach Israel begleiten, vier Wochen in einem Kibbuz arbeiten. Sein Vater weigert sich, ihm etwas Geld zu leihen. Vater? Befehlshaber!

Italienische Gastarbeiter arbeiten in der Zuckerfabrik. Fraternisierende Jugend. Lieder singen mit Mario und seiner Gitarre. Die Moral ist in Gefahr!

17. Juni 1965. Bundespräsident Lübke besucht die Kreisstadt. Ein Mahnfeuer für die Wiedervereinigung anzünden. Die DDR klagt ihn als KZ-Baumeister an. Die Jugendgruppe arbeitet an diesem Tag und stellt ihren Verdienst dem Wiederaufbau Dresdens zur Verfügung. Anschließend Demonstrationsfahrt zum Bundespräsidenten. Transparente: *Mahnfeuer, ein Schritt zur Wiedervereinigung?* Und:
Was nicht zur Tat führt, hat keinen Sinn!

Gerücht im Dorf. Der Pastor soll Kommunist sein. Bald darauf wird er versetzt. Das Jugendheim ist fast fertig. Die Jugendlichen sind wieder allein. Aber: Sie haben gelernt, unabhängig und selbstständig zu sein – und vor allem: Denken. Nachdenken.

Sie wollen nicht wieder versauern und engagieren die Beatgruppe aus der Nachbarstadt. Tanzabend auf dem Saal der Gaststätte Zur Linde. Dort übt sonst der Männergesangverein: Ännchen von Tharau oder Am Brunnen vor dem Tore. Und nun?: Negermusik. *She Loves You! Yeah! Yeah! Yeah!* Langhaarige auf der Saalbühne.

Sie tanzen Twist, sind glücklich und fühlen sich der Welt sehr nahe. Ihre Eltern schleichen draußen an die Fenster und spionieren. Einige Jugendgruppler dürfen nicht mehr kommen. Verbot. Es hält nicht lange an.

In der Hauptkirche der Kreisstadt reißen 2 Theologiestudenten Erinnerungstafeln für die Gefallenen der Weltkriege von den Wänden. Prügel, Suaden, Gefängnisstrafen. Volkbert wird Pazifist. Oradour-sur-Glane: Ein Massaker der SS an 642 Männern, Kindern, Frauen. Krieg in Vietnam: Oradour, Lidice, Pinkville: My Lai. Nie wieder? Immer wieder „Nie wieder!" und nie wird etwas daraus! Er fährt zum Christlichen Friedensdienst in ein kleines Dorf nach Frankreich. Jugendliche aus Europa renovieren den Klassenraum einer Schule für behinderte Kinder. Endlich lernt er Englisch. Am französischen Nationalfeiertag soll die Gruppe auf der Festbühne singen. Der Deutsche aber nicht. Der Deutsche aber nicht! Er soll nicht singen. Die Gruppe hält zusammen: Entweder alle, oder gar nicht. Er singt mit und ist glücklich und unglücklich zugleich.

Neonazis:

Wasch dir die Hände und kämm dich! befiehlt sein Vater: Ihr wartet in der Küche, bis ich euch rufe. Dr. Schefer kommt zum Skatabend. Sie dürfen die Küche für einen Moment verlassen. Begrüßung, anständig mit Diener. Zurück in die Küche. Im Wohnzimmer Skat. Schefer ist der größte und einflussreichste Bauer des Dorfes: Bürgermeister, Landtags- und Bundestagskandidat der NPD. Die *Nationaldemokratische Partei* sitzt mit 61 Abgeordneten in sieben Landtagen.

Wahlkampf. 50 Persönlichkeiten warnen vor der NPD: *Der Neofaschismus ist gewachsen*. Im Dorf kleben NPD-Plakate. Dr. Schefer kandidiert für die *Sammlungsbewegung aller nationalen Kräfte*. Er lässt Flugblätter verteilen. Foto: Adolf v. Thadden im Gespräch mit Dr. Schefer. Sollen sie das hinnehmen? Müssen sie etwas dagegen tun? Welche Schwierigkeiten werden sie bekommen? Im Jugendheim malen sie NPD-Plakate identisch mit denen an den Hauswänden. Nur: *Nationaldemokraten* schreiben sie etwas anders: *Nazionaldemokraten*. Nächte mit Leiter und Tapetenkleister: Originale überkleben. Erst nach Tagen wird die Korrektur bemerkt. Empörung. Das Wahlergebnis: Von 400 Wahlberechtigten wählen 52 NPD. Sein Vater brüllt:

Solange du deine Füße unter meinen Tisch setzt, hast du zu gehorchen! Er stellt ihn vor die Wahl: Aufhören oder sein Haus verlassen.

Einige Jugendgruppler dürfen nicht mehr kommen. Die Gruppe löst sich auf.

Durch einen anonymen Brief erhält Volkbert die Aufforderung, sich im Krematorium zum Verbrennen zu melden. Von seinem Weiterleben seien keine sozialen Vorteile zu erwarten. Seine Asche soll zum Streuen vereister Straßen verwendet werden.

Exil:

Er hat eine Freundin in England. Koffer gepackt, weggefahren. London. Während der Zugfahrt durch die Vororte sieht er Neonschriften: *Take Courage! Take Courage!* Ungläubig übersetzt er: Habe Mut! Habe Mut! Ein herrliches Land. Als er die richtige Übersetzung erfährt – Reklame für Courage-Bier – macht ihm das gar nichts aus. Denn es ist das Land, dessen Menschen auch ihn befreit haben. Gerücht im Dorf: Volkbert der Gammler. Make love not war.

Arbeit in einem Londoner Krankenhaus. Porter. Essenswagen schieben, Rollstühle mit Patienten fahren, helfen. Porter tragen weiße Jacken. Sie stehen in der Hierarchie über den Reinigungskräften in braunen Overalls. Über den Portern die Lernschwestern. Im Gegensatz zu den ausgebildeten Schwestern mit blauer Tracht tragen sie orangefarbene Kleider. Über den hellblauen Krankenschwestern herrschen die Leitungsschwestern in Dunkelblau. Ganz oben die Ärzte in weißen Kitteln mit hellen Hosen. Klassengesellschaft: *Doctors Dining Room. Sisters Dining Room. Staff Dining Room.*

Eine andere Welt der Unterschiede und der Toleranz. Er begegnet Krankenschwestern aus Jamaika, Ärzten aus China, Kollegen aus Spanien und Portugal. Europa und der Rest der Welt in einem Krankenhaus. Ein multikultureller Arbeitsplatz. Nebih ist aus Pristina abgehauen. Er bewundert die Deutschen wegen der Juden und was sie mit ihnen gemacht haben. Dick aus Rhodesien erzählt Neger-Witze und hat nichts gegen Hitler. George aus London singt den ganzen Tag lang deutsche *Liedersongs* von Schubert. Er schwärmt für Heinrich Heine. Volkbert soll singen. *Loreley*. Mbekeni aus Afrika ist schwarz wie die Nacht. Mohammed aus Jordanien ist ein guter Kollege. Ingried aus Schweden ist begehrt. Arbeiten Zubeida aus Nigeria, Makaziwe aus Lesotho und Nosekeni aus Namibia in der gleichen Schicht, gibt es viel zu lachen. Pierre aus Frankreich arbeitet so gut wie er kann. Sein Spitzname ist Frog. Britischer Spitzname für Franzosen. Klaus aus Essen wohnt im Vorort und ist mit einer Engländerin verheiratet. Er versucht den beruflichen Aufstieg. Pierre tut nicht, was Klaus möchte. Schreit ihn an: Frog, I order you! Deutscher Kasernenhof vor dem *Outpatients Department*.

Sie trampen zur Südküste. In der Jugendherberge von Swanage ist nur noch ein Zimmer für Mädchen frei. Volkbert soll sich woanders ein Bett suchen. Er kocht mit seiner Freundin in der Küche. Die Jugendherbergsmutter schmeißt ihn darum raus. Er muss draußen warten. Dann kommt sie, der Drachen, der ihn an deutsche Jugendherbergen erinnert. Sie weiß nun, dass er Deutscher ist. Freundlich bietet sie ihm ein Bett über dem Stall an. Abends geht er auf das Zimmer. Das Bett ist bereits bezogen und sein Schlafsack ausgerollt. Er steigt hinein und springt ängstlich wieder hinaus. Im Schlafsack liegt etwas. Eine Ratte? Eine Wärmflasche fällt heraus.

Ostern 1968 Einladung zum Essen beim Ehepaar Collet. Beide sind Künstler. Überaus freundliche Menschen. Nach dem Essen spielt Mr. Collet Klavier. Beethoven. Nebenbei erfährt Volkbert: Die Collets gehen zur Synagoge. Eine Nachbarin lädt ihn in ihr Wohnzimmer ein. Auf dem Kaminsims Fotos ihrer Kinder. Umgekommen bei Luftangriffen auf London. Das haben ihre Leute getan, sagt sie höflich.

Coventry. Das Nagelkreuz und *Fatherforgive*. Wer hat zuerst gebombt? *Coventrieren*. Luftschlacht über England. Aktion Seelöwe wurde abgeblasen.

Besuch bei Eltern von Freunden. Der Vater war nach 1945 Soldat in Berlin. Tage später die Mitteilung:

Volkbert soll nicht wiederkommen.

Er fotografiert ein altes Haus. Der Besitzer kommt heraus und sieht seine Rollei. Er lädt ihn ein, seine Frau serviert Tee, und zeigt stolz seine eigenen Rolleis.

Im Fernsehen Serien über tumbe Hunnen unter Stahlhelmen mit SS-Rune. Wie soll er reagieren? Er fühlt sich nicht mehr als Deutscher. Jetzt ist er nur noch Europäer.

Im VW mit deutschem Kennzeichen auf dem Weg nach Wembley. Ein Polizeifahrzeug stoppt ihn. Der Polizist entschuldigt sich. Er habe ihn nicht angehalten, weil er Deutscher sei. Er habe die Geschwindigkeitsbegrenzung nicht eingehalten.

Uxbridge. Skinheads in den Straßen: Grobe Hosen mit starken Hosenträgern, benagelte Schuhe. Skinheads der englischen Arbeiterklasse, aufmüpfige Unterklasse.

Oxford: Direkt im Zentrum ein Straßenmusiker mit elektrischer Geige. Wunderschöner Klang. Leute bleiben stehen, so viele, dass sie eine Fahrbahn blockieren. Der Verkehr stockt. Ein Polizist nähert sich. Nein, er treibt sie nicht weg. Er regelt den Verkehr um die Menge herum. Der Musiker kann ungestört weiterspielen.

Speakers Corner: Ein Schwarzer redet über Bananen und danach über Deutsche: Sie haben keinen Humor, weil sie nicht exzentrisch sein können.

Kriegerdenkmal in Northwood: Namen der Gefallenen. Sie haben gekämpft und ihn befreit. Thank you. Der Pazifist dankt Soldaten. Volkbert wünscht sich nationale Identität. Warum ist er nicht als Engländer geboren? Sein Chef kann Volkberts Namen schwer aussprechen. Can 1 call you John? fragt er. Yes sir! Please. John ist glücklich.

BBC-Nachrichten. Rudi Dutschke angeschossen. Sofort nimmt er frei und fährt zur Demonstration vor der Deutschen Botschaft. Londoner Studenten.

Aus England schickt er Leserbriefe an die Lokalzeitung: Verbrechen der Wehrmacht, Schandtaten der Väter. Sein Vater ist empört. Er rät ihm, zur Zeit nicht zurückzukommen.

In der Portobello Road trägt ein alter Mann ein Transparent über den Markt. Darauf steht: *The End is at hand!*

Familienbesuch:
Volkbert heiratet seine Freundin. Sein Vater ist nicht dagegen, aber ... Engländerin? Die Hochzeit findet im Hause des Vaters statt. Die englischen Schwager kommen zu Besuch. Sein Vater ist aufgeschlossen. Er probiert den Rest seiner Englischkenntnisse aus. Erzählt von Tommies, Bewachern in der Kriegsgefangenschaft. Fucking boy! haben mich die englischen Soldaten genannt. Einmal sei den Gefangenen befohlen worden, in großem Tempo mehrmals um einen großen Misthaufen zu laufen. Das sei gefilmt worden. Den Film sucht Volkbert. Er will ihn unbedingt finden.

Rückkehr:
Willy Brandt ist Bundeskanzler. Zurück nach Deutschland. Demokratie wagen. Vergangenheit. Kniefall in Warschau. Aussöhnung. Ein wenig Identität.

Ich liebe meine Frau, sagt Gustav Heinemann, nicht mein Vaterland. Eintritt in die SPD. Genosse Volkbert. Vergangenheit? Nationale Identität? Neues wagen? Dörfliche Borniertheit und Schönreden, Kirchturmpolitik und Scheuklappen-Meinungen. Rechte Argumente im Ortsverein. Nestbeschmutzung. Austritt.

NPD-Versammlung in der kleinen Nachbarstadt. Gaststätte zum Zollen. Adolf von Thadden trifft ein. Proteste junger Menschen vor dem Haus, Volkbert ist dabei. Sie verbrennen Plakate. Von Thadden reist vorzeitig ab.

Leben in D.

Beerdigung eines Onkels. Die Nazis hatten ihn 1933 kurze Zeit eingesperrt. Nie mehr darüber gesprochen. Ein paar Gräber weiter ein bekannter Name: Hier liegt das Grab des bekannten SA-Führers Hannibal. Hatte einen Prozess, wäre fast als unschuldig durchgekommen. Nachkriegskarriere als Bürgermeister in Volkberts Geburtsort.

NPD-Versammlung am Löwendenkmal. Der Redner sieht aus wie Hitler. Polizeischutz vor Gegendemonstranten. Toleranz für Intoleranz. Wann beginnen mit: Den Anfängen wehren!? Schändung der Gräber der Opfer des Massakers von Rieseberg. Auf den Grabsteinen der Spruch: *Wir üben für ein neues 1933!* Nazis! Kurze Empörung. Wieder Vergessen. Neonazis und Rechtsradikale bei Wahlen unter 5 Prozent. Keine Gefahr. Baader-Meinhof morden.

September 1980: Rechtsextremisten vor Gericht. Prozess in der Stadt, in der Hitler Deutscher wurde. Die *Otte-Bande* wollte durch die Gründung einer Partei versuchen, die NSDAP zu legalisieren. Für den Tag X rüsteten sie sich mit Waffen aus. Dem *Gauleiter Otte* wirft der Bundesanwalt vor: *Gründung und Rädelsführerschaft in einer terroristischen Vereinigung, Sprengstoffverbrechen und Verstöße gegen das Waffengesetz.* 1980.

Peinigend die Frage nach Volkberts Vaterland. Er ist, wer er ist: Blond, groß, blaue Augen, Abstammung von niedersächsischen Bauern. Rasse. Hart wie Kruppstahl? Was wäre er ohne die Gnade der späten Geburt geworden? Hitlerjunge, Napola? SS? Konzentrationslager-Bewacher oder KZ-Häftling?

Auf dem Hausboden seines Vaters, versteckt hinter einem Schornstein, findet er eine Hitlerbüste. Der Bürgermeister besucht Volkberts Vater und eröffnet ihm, er sei für das Bundesverdienstkreuz vorgeschlagen. Stellt Fragen: *Sie sind in der Nazizeit doch wohl kein KZ-Bewacher gewesen oder sowas?* Nein. Der Landrat verleiht den Orden. Doch, für seine ehrenamtlichen Leistungen hat sein Vater das verdient, dafür ja.

Ein Zivildienstleistender berichtet Volkbert weinend: Er sei am Vormittag von Skinheads durch die Hauptgeschäftsstraße der Kreisstadt gejagt worden. Niemand habe ihm geholfen. Konnte in ein Taxi flüchten. Als die Skinheads ihn aus dem Auto holen wollten, schloss der Taxifahrer elektronisch die Türen und fuhr davon. Volkbert begleitet ihn zur Polizei. Aufnahme des Tatbestandes. Der Kriminalbeamte spricht von Räuber- und Gendarm-Spielen. Täter bleiben unbekannt. 1984!

Den 8. Mai 1985 verbringt Volkbert in Auschwitz und Birkenau. Wo sonst? Keine Worte, nur Gedanken. Besuch in Mauthausen. Dachau. Bergen-Belsen. Sachsenhausen. Buchenwald. Neuengamme. Drütte. Plötzensee. Theresienstadt. Lidice. Gardelegen. Wöbbelin. Langenstein-Zwieberge. Dora. Volkbert kämpft mit Worten dafür, Rechtsradikalismus und Neonazismus als ernsthafte Gefahr zu begreifen. Leserbriefe. Briefe an Politiker, Abgeordnete und Regierungen. Der Innenminister antwortet ihm 1993: *Eine verstärkte Aufklärung sowie ständige Analyse und Beurteilung der rechtsextremistischen Aktivitäten sind unabdingbare Voraussetzungen für ein zeitgerechtes und angepasstes polizeiliches Handeln.*

Verantwortung:
Lebensthema Nationalsozialismus. Nestbeschmutzer. Fußstapfen. Unbeirrt weitersuchen. Volkbert findet ein vergessenes KZ. Ein kleines KZ vor der Haustür. Kontakt zu ehemaligen Gefangenen. Gedenkfeiern am Denkmal. Sie kommen jedes Jahr zurück, bis sie sterben. Anerkennung von Ausländern und Misstrauen von Deutschen.
Einladung zum 50. Jubiläum der Häftlingsbruderschaft Neuengamme nach Brüssel. Zu Gast bei ehemaligen KZ-Gefangenen. Sie singen das Lied von den *Moorsoldaten*. Tränen. Festbankett. Am Tisch unterhält er sich mit einer Frau. Sie überlebte Ravensbrück. Eine andere berichtet von jahrelanger Einzelhaft in Kiel. Standgehalten. Gegenüber einer aus dem KZ Neuengamme. Neben ihm der Mann, der aus Buchenwald flüchtete. An den Nachbartischen Opfer vieler deutscher Konzentrationslager. Deutsche Geschichte in fröhlicher Runde. Er ist glücklich und unglücklich zugleich. Gedenkfeier in einem belgischen Dorf. Massaker an Dorfbewohnern. Gottesdienst. Volkbert der einzige Deutsche. Eindrücke. Trauer. Scham. Hoffnung.
Vergangenheitsbewältigung, wie man es auch nennt, muss ein öffentlicher Vorgang sein. Berichte in der Lokalzeitung, Leserbriefe. Daraufhin anonyme Antworten. Volkberts Sohn erhält telefonisch eine Morddrohung: *Wir bringen deinen Vater um, sag ihm das!*
Nach fünfzig Jahren ein Gedenkstein für die zerstörte Synagoge und für die ermordete und vertriebene jüdische Gemeinde. In der darauf folgenden Nacht: Schändung, Zerstörung der Inschrift. Empörung. Täter bleiben unbekannt. Nebenan das Nathan-Denkmal.
Das Schicksal der Jüdischen Gemeinde. Kontakte in die Welt. Besuche von Verwandten geflüchteter Familien: Israel. Nein, Repräsentanten der Kommune möchten sie nicht treffen: *Wir wissen nicht, was sie im Krieg gemacht haben.*
Kontakte in die Vereinigten Staaten. Nach England. Briefe aus Sao Paulo. Telefongespräche nach Chile. Tonbandkassette aus Australien. Dokumente

aus Schweden. Endlich. Sie fühlen sich nicht mehr vergessen, die über die ganze Welt Verstreuten. Zustimmung nicht von allen. Frau L. aus Oregon bittet, dass er nicht mehr nachfragt. Wir sind Opfer des Holocaust und möchten Ruhe haben. Einladung nach London. Besuch bei Lore Schloss und ihrer Schwester. Lange Telefongespräche mit Ken. Früher, in der Volksschule, hieß er Kurt. Allein floh er 1939 nach dem Pogrom fünfzehnjährig nach England. Seine älteren Brüder waren noch im KZ Buchenwald. Nach der Befreiung kehrte er 1946 als amerikanischer Militärangestellter zurück und suchte Hinweise zum Verbleib seiner Eltern. Er saß dabei, als ein ehemaliger Hitlerjunge, der seine Familie misshandelt hatte, verhört wurde. Er hat Kurt nicht erkannt. Jetzt tat er lieb. Nun war er kein Nazi mehr: Er habe zur Familie immer ein gutes Verhältnis gehabt. Ken schlug zu. Verhaftung. Urteil des Britischen Militärgerichtes: 2 Monate Gefängnis für den Juden. 6 Wochen Haft im Rennelberg. Er weiß nicht, wo die Asche seiner Eltern liegt. Warschauer Ghetto? Auschwitz? Litzmannstadt? Majdanek oder Sobibor?

Wenn du nicht weißt, woher du kommst, wirst du schwerlich verstehen, wohin du willst. DARIO FO

PS.: Herbst 2000. Diskussion über ein NPD-Verbot. Vier Synagogen angegriffen, Friedhöfe geschändet. Juden beteuern erneut, in Deutschland bleiben zu wollen. Wann beginnen?: Den Anfängen wehren!

Contradictio
MIRIAM KOSEWITSCH

Ich hasse den bleichen, vertrocknenden
fahlstrohblutenfarbenen Sommer
dessen letzte Rose
erinnerungsverpflichtend
in Schulbüchern
verstaubt
schwarzweißgemalt und
hoffnungslos.

Der Tod ist ein schlechter Schriftsteller.
Nur das Beschriebene ist wirklich
und ein für allemal
tot.

Hineingestorben
in das Massengrab
Sprache
verwesen Holokaust und sämtliche
Liebesobjekte der Dichter
– Jedermann ein Aspekt –
fein säuberlich aufgehängt
Stück für Stück am
Blauen Band des Frühlings und werden
pars pro toto
seziert, reduziert und abgenagt zu
Wortskeletten
Konstruktionen
langweilig bis zum
Auswendiglernen.
An nichts mehr erinnernd
klappern sie nicht
stinken nicht
stören niemanden
so recht;
bleiben der Nachwelt also
erhalten

denn noch mehr sterben
können sie nun wirklich nicht.

Die Schreiber reden zu viel. Aussichtslos
ihnen das Maul stopfen zu wollen denn
der Wald Steht Schwarz Und Schweiget
stirbt äußerst lebendig vor sich hin, irgendwie eindrucksvoll
unerträglich
für des Dichters geschwätzige
Todesangst.

Unsterblich und ewig, so heißt es, seien
die Künstler sowie
ihre Werke. Leider könnte
unsterblich das Gegenteil sein von
lebendig
und die Ewigkeit ist sowieso
ein ziemlich toter
Begriff – vielleicht
mit einer Kleinen Lila Aster
im Herzen

Begegnung mit der Geschichte und Fremdkulturen

Entwurzelung
oder Eine Kindheit in Danzig
CHRISTIANE KRÜGER

Sommerferien 1939. Ein heißer, windstiller Tag. Hinter unserem Wochenendhaus an der Danziger Bucht höre ich heute nur gedämpft das Rauschen der Ostsee. Ich genieße das schnelle Schwingen der hohen Schaukel, auf der ich sitze, und den Luftzug auf meiner sonnendurchglühten Haut. Ich bin alleine, meine Eltern sind zum Baden am Strand.

Plötzlich kommt ein Mann in polnischer Zolluniform um die dicke Kiefer und fragt barsch auf deutsch – eilig und sehr aufgeregt – nach dem Zahnarzt (letzteres besonders betont). In der Annahme, dass er vielleicht Zahnschmerzen hat, erkläre ich ihm – weiter schaukelnd – wir hätten doch Ferien, er sei nicht in der Praxis. Entnervt greift der Zöllner in die Träger der Schaukel, und schneidet mit seinen Fingernägeln in meine Schulter, die dann auch prompt blutet. Doch weil ich fühle, dass nicht Zahnschmerzen bei dem aufgeregten Mann vorliegen, sondern etwas ebenfalls Dringliches, unterdrücke ich meinen aufsteigenden Ärger und erkläre ihm, dass mein Vater am Strand zum Schwimmen sei. Er stürzt davon. Beunruhigt springe ich von der Schaukel und renne hinterher. Als ich sehe, dass er meine Eltern getroffen hat, kehre ich um und verarzte erst mal meine Schulter. Meine Eltern kommen so bedrückt ins Haus, dass ich die Verletzung gar nicht erwähne. Sie sprechen darüber, dass ein polnisches Flugzeug durch sein Überfliegen der Bucht die Lufthoheit des Freistaates Danzig verletzt habe. Am Abend müssen wir – mein Bruder und ich – ungewöhnlich früh zu Bett. Durch die Stimmung beim Abendessen irgendwie gewarnt, fällt unser Protest dagegen aus.

Am nächsten Tag werden unsere Ferien in Glettkau abgebrochen, und wir ziehen wieder in unser Heim nach Neufahrwasser – trotz des noch herrschenden Sommerwetters kein Widerspruch von uns beiden Kindern, wir haben doch Ferien! Auch mein Vater hat Urlaub. Meine Spannung wächst.

Ein paar Tage später – wieder diese komische Prozedur des frühen Zubettgehens – kommen zwei Herren zum Abendessen. Die Unterhaltung im Herrenzimmer wird sehr leise geführt, stelle ich in meinem daneben liegenden Zimmer fest. Am nächsten Nachmittag ruft mich mein Vater nach unten ins Labor, gibt mir ein kleines Päckchen und bittet mich, es zu der

Familie des Bäckers in unserer Straße zu bringen – ein Gebiss. Sprechstundenhelferin und Hausmädchen seien ja noch in den Ferien. Seltsam erscheint mir nur, dass mein Vater mir so ernst und eindringlich aufträgt, mit niemandem darüber zu sprechen und auch auf jeden Fall das Gebiss abzugeben. Irgendwie stolz trabe ich los.

Komisch, die Bäckerei ist geschlossen. Ich versuche über das Tor auf den Hinterhof zu kommen, was mir nach einiger Kletterei gelingt. Das Haus wirkt auch hier verlassen. Über eine Dachterrasse, auf die eine Leiter führt, kann ich im ersten Stock ein Fenster erreichen, an dem, wie ich glaube, sich eine Gardine bewegt hat. Ich rufe und kann mit einiger Mühe den Sims erklimmen und lege das ausgewickelte Gebiss vor das Fenster. Da endlich öffnet es sich, und eine ganze Familie erscheint. Sie begrüßen mich mit überströmender – mir übertrieben erscheinender – Freundlichkeit, kommen in den Hof und bedanken sich. Mein Vater nimmt mich auch in den Arm und lobt mich meiner Meinung nach ebenfalls über Gebühr. Erst sehr viel später werde ich erfahren, dass diese jüdische Bäckerfamilie Neufahrwasser mit dem Schiff in den darauf folgenden Tagen verlassen hat.

Die Ferien neigen sich dem Ende zu, doch es ereignen sich noch interessante, aber auch beunruhigende Tage in unserem kleinen Neufahrwasser. Deutsche Kriegsschiffe besuchen den Hafen. Der Koch eines dieser Schiffe sucht meinen Vater als Patient auf und lädt ihn mitsamt der Familie zur Besichtigung ein. Ich bin schon oft auf einem Schiff gewesen – aber noch nie auf einem solchen. Und die schmucken Männer! Als 10-jährige bin ich schon beeindruckt von der Mannschaft.

Eine Woche später greifen morgens etwa um 5 Uhr die „Schleswig-Holstein" und Stukas die Westerplatte jenseits der Weichsel an, diesseits der Weichsel wohnen wir. Der Krieg beginnt, die Danziger Bevölkerung kommt „Heim ins Reich!".

Martha
Unsere Maria – langjähriges polnisches Hausmädchen – verabschiedet sich weinend, auch meine Mutter vergießt Tränen, und eigentlich soll eine Nachfolgerin aus Golzengut in Pommern, durch eine Schwester meiner Mutter vermittelt, zu uns nach Danzig kommen. Sie sagt aber „wegen der unruhigen Zeiten" ab. Meine Mutter, die vor dem Krieg nie Mühe hatte, junge Mädchen für Haushalt oder Praxis zu finden, wird aufgefordert, an einem bestimmten Tag zur bestimmten Stunde von Neufahrwasser aus in Danzig pünktlich zu erscheinen.

Ein großer Raum voller Hilfskräfte suchender Leute erwartet sie, in einem zweiten Raum befinden sich die, wie sie meint, Arbeit Suchenden. Es sind dienstverpflichtete Frauen aus polnischem Gebiet.

Ratlos und bestürzt will sie den Raum wieder verlassen, als eine junge Frau sich an sie drängt und fleht, sie doch mitzunehmen. Meine Mutter will nur fort, doch die junge Frau gibt so schnell nicht auf, und so erscheint sie abends mit Martha, einer Tänzerin aus dem Theater in Thorn, 21 Jahre alt. Dass die Familie, vor allem meine Mutter, einige Zeit und Mühe aufwenden muss, die neue Hausgenossin mit unseren Gepflogenheiten und den Anforderungen der Hausfrau vertraut zu machen, ist wohl klar. Mein Bruder und ich sind sehr angetan von Martha. Mutter, die immer auch die Mädchen aus Golzengut anleiten musste und kräftig mitarbeitete, tut dies natürlich in doppeltem Maß. Es gibt aber auch viel Spaß in Hinblick auf die Sprachschwierigkeiten. Martha ist verliebt in einen deutschen Soldaten, der bei der Luftwaffe in Köln dient. Da sie nicht genug deutsch kann, schreibe ich für sie Briefe – sie die Adresse, die sie mir nie zeigt. Was dieser Freund von den schwülstigen Liebesbriefen einer Elfjährigen hält, werde ich nie erfahren. Diese Angelegenheit findet natürlich ohne Wissen meiner Eltern während derer streng eingehaltenen Mittagsruhe statt. Was ich in meiner Naivität oder besser: wenig einfühlsamen Art nicht verstehe, ist dass Martha so oft wie möglich vermeidet, ihr „P" für Polin zu tragen. Ich meine, sie müsse eitel sein. Ich helfe ihr, indem sie etwas von meinen Sachen trägt. Nicht gut geht es ihr in unserem geliebten Glettkau an der See. Sie schläft schlecht und erzählt, das Rauschen des Wassers mache ihr Angst, sie träumt oft, das Wasser überrolle alle.

Im Jahr darauf, im Mai, fährt sie zum Muttertag nach Hause. Uns erreicht ein Brief, in dem sie uns um Verzeihung bittet, weil sie nicht wiederkommen wird. Wer hat den wohl für sie geschrieben? Eine Cousine aus Pommern hilft einige Zeit bei uns aus, bis ein Mädchen aus Neufahrwasser bei uns ihr Pflichtjahr ableisten kann und dann auch weiter bleiben wird.

Die neue Zeit

Nicht lange, nachdem Danzig „reichsdeutsch" geworden ist, kommen einige Frauen aus der Frauenschaft der NSDAP, die meine Mutter veranlassen wollen, in die Partei einzutreten. Ich finde diese Frauen sehr gepflegt und gut aussehend und registriere entsetzt, wie meine Mutter sie behandelt. Sie, die uns immer angehalten hat, jeden Menschen zu tolerieren, zeigt diesen höflichen Frauen gleichsam die Tür. Sie, die auf die Frage unserer Kaufmannsfrau: „Wie können Sie nur Ihre Kinder mit Margulls Kindern spielen lassen?!" antwortete: „Christa und Rudi können ruhig andere Lebensumstände kennen lernen". Margulls sind Kommunisten und haben 12 Kinder. Bei ihnen ist alles sehr spannend, besonders, wenn die älteren Söhne am Hafen gearbeitet haben und etwas aus dem Freihafen mitbringen. Sie sind sehr arm, und meine Mutter unterstützt die Familie nach Kräften. Mir wird nie wieder eine Mahlzeit so gut schmecken wie mit diesen Menschen. Es hat oft Kartoffelplinsen (Reibekuchen, Puffer) und Muckefuck (Getreidekaffee) gegeben. Besonders der Kaffee, herrlich! Trinkschokolade und Schlagsahne zu Hause mag ich nicht.

Im Frühjahr nach Kriegsbeginn erfolgt mein Schulwechsel in die Gudrunschule nach Langfuhr (Oberschule für Mädchen, vor dem Krieg Helene-Lange-Schule). Wir sind 7 Mädchen, die wechseln, darunter meine Freundin Renate Lazarus. Wir werden von der Leiterin der Schule, die ich sehr mag, noch einmal zusammengerufen und befragt, ob wir in den Deutschen Jungmädelbund eintreten wollten, sie habe die Aufnahmeanträge vorliegen. Alle 7 stimmen zu. Sie ruft dann entsetzt, als ich unterschreiben will: „Du doch nicht!". Ich: „Aber ja". Befremdlich finde ich nur, dass Renate nicht aufgenommen wird. Wir kommen dann sehr schnell in die Führerinnen-Anwärterschaft. Ich bekomme eine Schaft von Jungmädeln vom Fischmeisterweg in Neufahrwasser und muss die Jungmädel über die Heimabende unterrichten. Als ich bei der ersten Familie läute, öffnet der Vater. Ich erkläre ihm mein Kommen. Der Mann bekommt einen Tobsuchtsanfall und will auf mich losgehen. Die Mutter und ein paar Kinder halten ihn zurück, und die Frau schreit: „Das ist doch die von B.!". Meine Mutter erklärt mir dann, dass auf dem Fischmeisterweg viele Staatenlose, Arbeitslose und Kommunisten wohnten, die mit den Nationalisten, genau wie sie selbst, nichts zu tun haben wollten. Zum ersten Mal ein offenes Wort in dieser Richtung von meiner Mutter, meinem Vater wird, ohne Absprache, nichts von der Angelegenheit berichtet. Renate Lazarus kommt mit zu den Heimabenden, und in mir regt sich Widerstand – endlich – gegen die vorgeschriebenen Themen. Wir treffen uns nicht mehr so oft in der Jugendherberge, sondern bei mir zu Hause. Meiner Mutter ist das sehr viel lieber, und sie sorgt dann immer für einen kleinen Imbiss, wodurch ich natürlich beständigen Besuch habe. Gedanken mache ich mir sehr über die Staatenlosen, von denen meine Mutter berichtet, dass sie auch keine Pässe bekämen, also auch nicht ihren Wohnort in ein anderes Land verlegen könnten.

Der Krieg setzt sich fort, unsere Schule wird zum Lazarett umfunktioniert. Wir besuchen nun das Conradinium (Jungengymnasium) abwechselnd vor- und nachmittags mit den Jungs, ältere Brüder von Freundinnen melden sich freiwillig zum Militär. Erhard Lazarus, dessen Vater im ersten Weltkrieg Offizier war (auch mit irgendeinem hohen Orden ausgezeichnet), wird eingezogen, in eine besondere Kompanie als Halbjude. Er wird nach Stalingrad kommen – in russische Gefangenschaft – und überleben.

Heute ist mir; als hätte ich diese Zeit in Danzig nicht bewusst erlebt. Es ist so entsetzlich viel passiert. Zwar haben wir den Bombenkrieg nicht durchlitten wie die Menschen im „Altreich". Bei uns gab es zwar auch Fliegeralarm, doch meist wurde nur die Danziger Bucht vermint. Nach dem schrecklichen Bombardement in Braunschweig boten meine Eltern unseren Verwandten an, den Sohn zu uns kommen zu lassen, damit er bei uns die Schule beenden konnte. Doch auch er meldete sich nach dem Notabi zum Militär; um seinen Beitrag zum „Endsieg" zu leisten.

Wir wohnen in Neufahrwasser in der Nähe des Bahnhofs. Dort kommen dann auch Transporte mit Kriegsgefangenen aus Russland an. Unbeschreiblich, diese Menschen in ihrer Not. Eines Vormittags, mitten in der Sprechstunde (volles Wartezimmer) – kommt ein deutscher Soldat mit geschultertem Gewehr mit einem Russen eilig zu meinem Vater. Der Russe weinend mit vereitertem Zahn. Die Patienten im Wartezimmer sehr rücksichtsvoll. Nachdem mein Vater ihn verarztet hat, kniet dieser junge Russe sich hin und küsst meinem Vater die Füße. Die Szene wird lange Gesprächsthema sein.

In den Herbstferien 1944 wird unsere Klasse zur Kartoffelernte auf die Danziger Höhe verpflichtet. Wir schlafen gemeinsam auf dem Dachboden des größten Bauern im Dorf auf Stroh und gehen morgens zu zweit oder dritt zu den Kleinbauern. Die Begegnung mit den Bauern ist in den meisten Fällen sehr freundlich und verständnisvoll den „Stadtkindern" gegenüber, einige Klassenkameradinnen leiden darunter, dass die Bäuerinnen morgens bei der Ankunft der Hilfskräfte rasch Butterbrote vom Tisch räumen und nur die obligatorische Milchgrütze anbieten, die es auch nach der Feldarbeit gibt. In dieser Zeit beherbergen meine Eltern kurzfristig die ersten Flüchtlinge aus Pillau. Nach ca. einer Woche bekomme ich Nachricht von meinen Eltern, dass mein Bruder mit seiner Klasse zum Panzergräbenausheben in den ehemaligen polnischen Korridor beordert worden ist. In der Gegend sind Partisanen sehr aktiv. Es ist eine gefährliche Angelegenheit. Die Nachricht beunruhigt mich, ich bitte um Urlaub, um meinen Bruder noch einmal zu sehen. Der wird mir gewährt. Der nächste Bus fährt am späten Vormittag von Mariensee nach Danzig. Ich renne los. 10 km im dicken Schneeanzug – so, wie wir auf dem kalten Feld auf der Danziger Höhe arbeiten. Tatsächlich erreiche ich den Bus erschöpft und verschwitzt. Das Wetter hat sich verändert, die Sonne scheint. Die Reaktionen der Frauen im

Bus: „Wie kann man nur so dämlich rumlaufen, wenn man in die Stadt fährt!". Diese dummen Leute! Es trifft mich aber nicht weiter. Enttäuschend ist, dass ich meinen Bruder nicht mehr erreiche und sofort wieder zurück muss. Mein Bruder ist der jüngste in seiner Klasse und erreicht erst Ende des Jahres das vorgeschriebene Alter der zum Schippen Eingezogenen. Meine empörte Mutter zieht sofort zum Gauleiter Forster, wird auch vorgelassen und erhält die Zusage, dass mein Bruder nach Hause kann. Der kommt rebellierend, er will die Kameraden nicht verlassen. Ein Höllenkrach im Familienleben. Und das Schlimmste - der perfide Auftrag vom Forster - er muss für den Rest der Zeit, die seine Kameraden schippen, für die Parteibosse Kurierdienste leisten und ist im selben partisanenverseuchten Gebiet. Unsere Gebete zu Gott werden erhört, er kommt heil zurück.

Nach den Weihnachtsferien wird unsere Schule geschlossen, und die Anzahl der Lazarettzüge nimmt zu. Meine Freundin und ich streifen oft nach der Hilfe für das Winterhilfswerk durch das verdunkelte Danzig, dessen Häuserfassaden und Giebel im Mondschein unwahrscheinlich romantisch, friedlich und ruhig erscheinen. Eichendorffs Zeilen werden Wirklichkeit: „Dunkle Giebel, hohe Fenster, Türme ... ". Trotzdem ist die schreckliche Bedrohung nicht zu verdrängen. Wenn die Altstadt auch menschenleer erscheint, am Wasser nehmen die Flüchtlingsströme zu. Im Bahnhof drängen sich erschöpfte Wartende, Frauen, Kinder und alte Menschen. Nach vielen Debatten, meine Mutter will nicht ohne meinen Vater flüchten, drängt mein Vater schließlich energisch auf Fortgang, als uns durch einen Freund, einen pensionierten Kapitän, ein Platz auf einem kleinen Frachter angeboten wird.

Ein schrecklicher Sturm herrscht, die Straßen sind völlig verweht, wir kommen mit einem Lotsenboot über die Weichsel in die Schichauwerft, wo der Frachter überholt worden ist. Der Frachtraum füllt sich mit etwa 300 Flüchtlingen. Eine Leiter führt nach unten, wo 4 Kanonenöfen für ein wenig Wärme sorgen und etliche große Blechkübel für Abfälle bereitstehen (die Art der Abfälle sollte sich dann während der Reise herausstellen). Nachdem während der Nacht der Sturm abflaut, verlassen wir am Sonntag morgens Danzig. Mein Vater bleibt auf dem Lotsenboot vor uns, welches uns in der Hafeneinfahrt verlässt. Den Abschied mit „herzzerreißend" zu beschreiben, ist nicht genug. Die Marinesoldaten, die uns bei der Einweisung in den Frachtraum begleitet haben, sind in ihrer Hilfsbereitschaft unübertroffen. Der Frachtraum ist dicht bei dicht mit Menschen belegt, das Gepäck ist auf einem Holzgerüst untergebracht, das über der Hälfte des Raumes errichtet worden ist. Auf der Reede der Bucht der erste Stopp. Unsere Begleitsoldaten erklären uns, dass ein Geleit zusammengestellt würde, kein Schiff dürfe ohne Geleit fahren. Abends geht es los. In der Nacht verliert unsere „Hochmeister" das Geleit und wird wieder gestoppt. Nach der Wartezeit von einer Nacht und einem weiteren Tag geht es dann im Geleit mit der „Wilhelm Gustloff" weiter, die von Gotenhafen zu uns gestoßen ist. Das Wetter ändert sich, es wird wieder stürmisch, wir – mein Bruder, ein weiterer Junge namens Vanselow in seinem Alter und ich, die wir uns so oft wie möglich auf dem Deck an der frischen Luft aufhalten, müssen auf Anordnung der Wachmannschaft runter in den Frachtraum. Das Schwanken des Schiffes macht uns nichts aus, auch meine Mutter und Frau Vanselow sind trotz der Seekranken um uns herum nicht krank. Aber das Gerüst mit dem Gepäck bricht zusammen. Es ist wirklich ein wahres Wunder, dass von den dicht gedrängt darunter Lagernden niemand ernsthaft verletzt wird. Es bricht auch keine Panik aus, aber Matrosen kommen die Leiter herunter und löschen das Feuer in den Kanonenöfen. Am nächsten Abend, wir haben großen Durst, sind wir drei auf der Suche nach etwas Trinkbarem an Deck. Nicht nur für uns selbst. In unserer Nähe liegt eine junge Mutter mit drei kleinen Kindern, die noch immer schreien. Wir bekommen auch Wasser von einem Soldaten – aber die freundlichen, hilfsbereiten Männer haben sich verändert. Sie untersagen uns flüsternd, noch mal an Deck zu kommen. Alle Lichter werden gelöscht, und es wird strengste Ruhe befohlen. In der Nacht wird die „Gustloff" beschossen und geht unter. Das Drama ist ja bekannt. Wir haben, zu unserem Glück, das Geleit verloren. Nachträglich muss ich das Verhalten der Soldaten doch dahin deuten, dass russische U-Boote in der Nähe vermutet wurden, was ja auch der Fall war.

Nach 8 Tagen erreichen wir Rügen und dürfen nicht von Bord. In Friedenszeiten dauerte die Fahrt von Danzig noch Rügen 9 Stunden. Der Schiffseigner, der seine Familie auch auf der „Hochmeister" hat, wird verhaftet. Er hat versucht, durch das häufige „Verlieren" des Geleitschutzes der Marine nach Schweden zu entkommen. Nachdem er die „Hochmeister" verlassen hat, werden wir mit Trinkwasser versorgt, dürfen aber nicht an Land, zwischen unserem Schiff und der Kaimauer wird ein deutscher Minensucher vertäut und eine wechselnde Wache postiert. In der Nähe unseres Lagers im Frachtraum sitzt eine alte Frau, gekleidet wie eine „Babuschka". Auf einem Schlitten an die eisglitzernde Bordwand des Schiffes gelehnt, habe ich sie während des ganzen Aufenthalts nur so in der gleichen Haltung gesehen. Ich habe mir bei dem Anblick geschworen, in Augenblicken der Ungeduld oder des Aufbegehrens in Zukunft an diese Frau zu denken, und Geduld zu üben (löbliche Vorsätze). Als es Nacht wird, hocken der

Vanselow, mein Bruder und ich zusammen an Bord, beobachten die Wachgänge auf dem Minensucher und beratschlagen, wie wir an Land kommen könnten, um Essen zu „besorgen". Mit Hilfe eines Brettes gelingt es uns. Wir stürzen auf eine Bude zu, in der wir Leben vermuten. Eine junge Frau macht gerade Feierabend in einer Fischbratbude. Sie hat schon von dem Flüchtlingsschiff gehört und brät uns ein paar Filets. Mein Gott, haben wir sie in den Arm genommen. Sie gibt uns auch noch jedem ein Paket mit Bratfisch mit. Wie nun wieder an Bord kommen? Der Himmel hat sich verdunkelt, kein Mond scheint mehr. Wir verabreden, als Erster solle mein Bruder rüber, dann beim nächsten Wachgang Vanselow, als letzte ich. Meinem Bruder gelingt der Kletterakt. Der Vanselow scheint mir schon sehr schwerfällig beim Übersteigen der Reling. Richtig – er poltert runter. Die Wache, Gewehr im Anschlag, mit Licht aber ohne Lärm auf uns zu. Ich hocke noch auf der Reling. Mein Bruder ist außer Sicht- und Hörweite. Wir erklären unseren Hunger, und er – immer flüsternd – lässt uns durch. Was haben wir Glück! Meine Mutter und Frau Vanselow danken Gott ohne viel Lamento. Am nächsten Tag wird es uns freigestellt, das Schiff zu verlassen, oder bis Flensburg mitzukommen. Etwa 5 Familien bleiben mit uns an Bord. „Babuschka" samt Schlitten zieht fort. Abends erreichen wir die Marineschule in Glücksburg und müssen durch eine bewachte Sperre (wehrfähige Männer sollten ausgesondert werden) an Land. Der erste Soldat – wieder Gewehr im Anschlag – fragt meinen Bruder, der für sein Alter sehr groß ist: „Wie alt?". Mein Bruder antwortet, und er weist mit dem Gewehr auf einen kleinen Weg ins Dunkle und dann auf das Gebäude. Meine Mutter nimmt den fremden Menschen in den Arm. Ab der nächsten Sperre gibt es einen eingegitterten Weg bis zum Haus. Es müssen noch andere Schiffe mit Flüchtlingen gelandet sein, denn die „Hochmeisterpassagiere" waren nicht so viele Menschen. Wir treffen meinen Bruder in der Schule wieder. Wo wir sofort die Duschräume suchen, und innerhalb von Minuten als Erstes das – oh Wunder – warme Wasser genießen. Vorläufiges Ende einer Odyssee. Wir erleben das Kriegsende in Schleswig-Holstein.

Bamberg
KLAUS ILBERG

Das Herz schlägt dir im Kaiserdom,
Durchpulst mit kräft'gem Lebensstrom
Die Adern gleichen Gassen,
Um ganz dich zu erfassen.

Das Aug' erblickt, das Ohr erlauscht,
Wie's flirrt und flimmert, raunt und rauscht
Im Fluss, im Häusermeer:
Concordia geht einher.

Der Reiter sinnt, verhält den Ritt,
Erfasst dein Maß und deine Mitt',
Trägt weiter sie durchs Abendland,
Hat seinen Weg, sein Ziel erkannt …

Heimkehr nach Braunschweig
Erich Helmer

Geblendet von der Sonne sprangen wir, mein Kriegskamerad Karl aus Halle und ich, aus dem britischen Armeelaster in die Freiheit: Entlassen aus der Gefangenschaft. Den Fliegersack schulternd, stöhnte Karl: „Die Sonne brennt, als seien wir in der Wüste gelandet."

„Was heißt, als seien wir in der Wüste, schau Dich mal um, wir sind in einer Wüste."

In der Tat, so weit man sehen konnte, Trümmer, Trümmer und Ruinen, die gespenstisch in den Himmel ragten. War das noch meine Heimatstadt Braunschweig?

Wir steuerten auf die Treppe eines zerstörten Hauses zu. An das Kellerfundament war mit Kreide geschrieben:

„Willi, wir leben, sind bei Klaus!"

Ob der Willi inzwischen nach Hause gekommen war? Ob er überhaupt kommen würde? Ich kannte auch einen Willi. Er ging in meine Klasse. Vor zwei Jahren war er gefallen... „He, träumst Du?" Karl holte mich zurück in die Gegenwart. „Was sollen wir jetzt machen?"

„Wir suchen das Haus meines Vaters", antwortete ich, „die ‚Landstraße' muss ja zu finden sein."

Wir bogen um eine Ecke. Eine Frau kam uns entgegen. Sie zog einen Handwagen hinter sich her. Sie schaute auf. Einen Moment zögerte sie, dann ließ sie den Handwagen stehen, um uns entgegenzulaufen: „Habt Ihr Paul gesehen? Wo ist mein Paul? Ihr habt ihn bestimmt gesehen. Er lebt, nicht wahr? Was macht Paul jetzt?"

Wir schauten uns an. Karl fand zuerst eine Antwort: „Meinen Sie Ihren Sohn?" – „Richtig, den Paul –", er stockte einen Augenblick, „den Paul, liebe Frau, ich habe ihn aus den Augen verloren ... "

„Warum hast Du (die Frau duzte jetzt Karl) nicht auf ihn aufgepasst? Sag, wann kommt der Paul, mein Paul?"

„Geduld, liebe Frau, Geduld, wir müssen Geduld haben ...". Wir drehten uns um und gingen weiter. Keiner sprach ein Wort. Wie viele Pauls werden wohl nie mehr zurückkehren? Eine Feldbahn kreuzte die Straße. Auf der Zugmaschine saß eine Frau. Die nachfolgenden Loren waren randvoll mit Trümmerschutt geladen. Wird man jemals alle Trümmer beseitigen können? Werden hier mal neue Häuser entstehen? Karl stöhnte. Die Hitze in Verbindung mit dem feinen Trümmerstaub trieb uns beiden den Schweiß aus den Poren. „Wo ist denn deine ‚Landstraße'?"

„Da hinten, wo der rote Wasserturm zu sehen ist".

„Die Stadt muss wirklich schön gewesen sein", meinte Karl und wies auf die Trümmer des Schlosses. „Und was war dort rechts?" Es waren die Reste der Magnikirche, bizarre Bogen, durch die man das Blau des Himmels sah. Ich dachte zurück: Sind es erst etwas mehr als neun Monate her, dass wir im Oktober nachts auf Linie „Gustav" zuflogen, um uns gegen den Bomberpulk zu stemmen? Sind wirklich erst neun Monate vergangen, seit jener Nacht, als die Flammen herauf loderten und diese Stadt vernichteten?

Neun Monate – die Zeitspanne zwischen Zeugung und Geburt, zwischen Werden und Sein. Wie lange wird es dauern, bis hier neues Leben aus den Ruinen erwächst? Die nächsten Straßen waren weniger zerstört, nur hier und da klaffte eine Lücke zwischen den Häusern. „Karl, vielleicht haben wir Glück, und das Haus meines Vaters steht noch."

Jetzt kannte ich mich wieder aus. Noch zwei Straßen, noch eine Ecke, und wir sind auf der ‚Landstraße'. Da geschieht es:

Ich bekomme weiche Knie. Mir wird bewusst, dass unser Weg vielleicht umsonst ist. Das Haus, wenn es steht, ist bestimmt von so vielen Menschen bewohnt, dass wir gar keinen Platz finden. Wer würde uns aufnehmen, ohne zu wissen, für wie lange Zeit wir bleiben müssen?

Dann stehen wir vor der Nummer fünf, Vaters Haus. Es ist unzerstört, nur die Fenster sind mit Rollglas abgedichtet, jenem Drahtgeflecht, das mit undurchsichtigem ölgetränktem Papier bespannt ist.

Wir gehen durch den Garten ins Treppenhaus. Mich umfängt der gleiche Geruch, der mir von den Besuchen bei den Großeltern vertraut war. Das ist mein Braunschweig.

Auf dem Schild der Parterrewohnung steht „Körner-Ehlers", darunter ein Drehgriff für eine Klingel. Soll ich? Soll ich nicht? Da hat Karl schon am Griff gedreht. Hinter der Tür das Schlurfen von Pantoffeln. Der Schlüssel wird gedreht. Ein älterer Herr steht in der Tür: „Sie wünschen?" – „Ich bin der Sohn des Hausbesitzers. Wir kommen gerade aus der Gefangenschaft. Können wir hier im Haus unterkommen?" In der Aufregung spreche ich ungewollt lauter als beabsichtigt. Da öffnet sich die Nachbartür: „Habe ich richtig gehört? Bist Du es, Erich?" Vor mir steht mein Großonkel, der – wie ich schnell erfahre – ausgebombt, hier eine Bleibe gefunden hat.

„Kommt schnell herein!" Dann stehen wir in dem kleinen Zimmer, das früher Gästezimmer der Großeltern war. Jetzt ist es Küche, Wohnzimmer und Schlafraum meines Onkels. „Natürlich bleibt Ihr hier. Ich gehe zu meiner Tochter, dort wird man zusammenrücken, das haben wir im Krieg gelernt. „Als sei es das Selbstverständlichste der Welt, räumt er seine bisherige Bleibe. Der Nachbar schleppt eine Matratze heran. Wir haben ein Dach über den Kopf, ein Zuhause in Freiheit.

Der erste Tag der ‚Freiheit' ist ein Tag der Unfreiheit. Er besteht aus der Lauferei von einem Amt zum anderen: Meldestelle, Empfang der Lebensmittelkarten, Meldung bei der britischen Militärbehörde: „Alle zwei Wochen haben Sie sich wieder zu melden!" Entnazifizierungsstelle: „Den Fragebogen füllen Sie sorgfältig aus und bringen ihn wieder zurück". Ein Fragebogen mit zig Fragen, der später den Namen „Persilschein" bekommt, um zu dokumentieren, wie wertlos er eigentlich ist. Der Tag vergeht in Windeseile, uns beiden knurrt der Magen. „Gib mir Deine Marken, Karl, ich versuche etwas einzukaufen."

An der Ecke zur „Bolchentwiete" ist ein Konsum. Es riecht säuerlich im Laden. Hinter den mit Brettern vernagelten Ladenfenstern liegen einige Säcke, in den Regalen herrscht gähnende Leere. „Haben Sie ein Brot zu verkaufen?" Eine junge Verkäuferin schaut mich überrascht an „Um diese Zeit noch Brot? Da müssen Sie sich morgens um sechs anstellen." Ich muss sie wohl ziemlich dumm angeschaut haben, denn sie fragt: „Wo kommen Sie denn her?"

„Ich kam gerade mit einem Kumpel aus der Gefangenschaft, und wir haben einfach Kohldampf."

„Haben Sie denn schon Marken?"

Ich lege die Lebensmittelkarten auf den Tisch. Ihre Augen gleiten mit Kennerblick über sie hinweg. „Sie können 150 Gramm dunkle Nudeln auf die Abschnitte „Teigwaren" bekommen. „Dunkle Nudeln? Was macht man damit ?" - „Aufkochen mit Wasser. Etwas Salz kann ich Ihnen mitgeben. Das schmeckt besser. Haben Sie eine Tüte oder Gefäß dabei?" Ich habe weder das eine noch das andere. Doch die Verkäuferin weiß mir zu helfen: „Ich schütte Ihnen die Nudeln in die Seitentasche Ihrer Uniformjacke." Während sie meine Tasche füllt, schaut sie mich an und meint: „Sie sehen nicht sehr gut aus."

Da kommt ein anderer Kunde: „Haben Sie Kartoffeln?" „Vielleicht in der kommenden Woche". Der Kunde scheint diese Antwort erwartet zu haben, nickt mit dem Kopf und geht hinaus.

„Hören Sie", wendet sich die Verkäuferin an mich, „ich habe etwas für Sie, aber Sie dürfen nichts verraten". Sie greift unter den Ladentisch und holt zwei Dosen hervor. „Was ist das?" „Eine ganz kleine Reserve, die wir ab und an bekommen, es ist U-Boot-Brot. Ich kann es Ihnen zum Schwarzmarktpreis abgeben, also zum Fünffachen des Brotpreises."

Ich nehme zwei Dosen mit. Karl und ich öffnen sie mit einem Taschenmesser. Zum Vorschein kommt eine schwarze klebrige Masse, eine Art Pumpernickel. Immerhin, sie schmeckt und stillt den ersten Hunger. Die Nudeln können wir noch nicht kochen. Strom gibt es erst in zwei Stunden, um zweiundzwanzig Uhr. Wir beschließen, in die Stadt zu gehen. Mein Kriegskamerad Karl möchte jene Konservenfabrik ausfindig machen, die ihn vor dem Krieg in Halle belieferte. Unterwegs treffen wir meinen Onkel, in seiner rechten Hand hat er einen Stock mit einem Nagel an der Spitze. Erfreut, ihm vielleicht einen Dienst erweisen zu können, biete ich mich an, den Nagel aus dem Stock zu ziehen. „Wo denkst Du hin? Du hast keine Ahnung, wozu der Nagel gut ist, aber gleich wirst Du es sehen." Beim Weitergehen wandern die Augen des Onkels hin und her über den Fußweg. Plötzlich sticht er mit dem Stock zu: „Da wieder einer." An der Stockspitze ist ein Zigarettenstummel aufgespießt. „Siehst du, wozu der Nagel gut ist? Ich sammle die Stummel auf, und zu Hause wird der Tabakrest rausgekratzt, und neue Zigaretten werden gedreht. So habe ich immer etwas zu qualmen. Man muss nur die Zeiten wissen, wann die meisten Stummel anfallen, immer am frühen Morgen und gegen Abend, wenn die Tommies ihre Runden drehen."

Ist das der Großonkel, der mal zu den wohlhabendsten Leuten in Braunschweig gehörte? Er verabschiedet sich, um der „Tommyroute" oder – wie er später sagt: „Stummelbahn" zu folgen.

Nicht weit von einen riesigen Bunker finden wir in der Innenstadt inmitten von Ruinen die Konservenfabrik Querner. Karl jubelt: „Das war meine Lieferfirma, da wird noch gearbeitet, morgen rede ich mit dem Chef."

Karl schafft es: am nächsten Mittag hält er zwei Bescheinigungen in der Hand: „Als Hilfsarbeiter eingestellt." Wir haben Arbeit! Wir haben aber noch mehr, nämlich jeden Tag eine warme Mahlzeit, einen Gemüseeintopf und zwar je nachdem, was gerade eingemacht wird: Kartoffeln und Mohrrüben, Mohrrüben mit Kartoffeln, es ist Mohrrübenzeit. Ihr folgt die Erbsen- und etwas später die Bohnenzeit.

Die Mehrheit der Arbeiter sind Frauen, wir wenigen Männer verrichten die Schwerstarbeit, sind aber zugleich die Zielscheibe des Spottes: „Schau nur den kleinen Neuen an, (ich war gemeint) wie groß mag seine Karotte sein?"– „He, Du, welche Karotte würde denn zu Dir passen?" Karl kontert an meiner statt:

„Weibervolk, Ihr habt wohl lange keinen Mann gehabt?" – „Euch müssen wir doch erst einmal wieder aufpäppeln, bis ihr wieder zu Männern werdet!", ist die Antwort der Frauen. Diese und ähnliche Reden sind die tägliche Begleitmusik. Man hört sie und hört sie doch nicht. Ich wundere mich, dass diese Themen immer neue Varianten finden und unerschöpflich sind.

Die Arbeitszeit ist lang, zwölf Stunden am Tag sind keine Seltenheit. Nicht selten kommen wir derart erschöpft nach Hause, dass wir keine Lust mehr haben, einzukaufen oder Notwendiges zu besorgen. So wechseln wir einander ab, einen Abend kauft Karl ein, den anderen ich. Gekauft wird alles, was es zu kriegen gibt: mal fünfzig Gramm Margarine (manchmal ist sie alt und grün), mal eine Gurke oder zwei Zwiebeln, mit viel Glück einige Kartoffeln und natürlich Marmelade. Da wir kein Einwickelpapier oder Tüten haben, nehmen wir immer unsere Kochgeschirre, Souvenirs der Gefangenschaft, mit. Marmelade und Fett kommen in den Deckel, Salate in den unteren Teil, und alles andere wandert in die Jacken- oder Hosentaschen.

Wieder ein Abend, an dem wir todmüde nach Hause kommen. Karl wirft sich auf die Matratze: „Kein Stück besorge ich heute!" Ich gebe Kontra: „Du bist aber an der Reihe!" – „Weesste, was Du mir kannst? Also lass mich in Ruhe!" Ich werde wütend: „Dann gibt's morgen kein Frühstück!" Karl stellt sich taub. Ich sage: „Wir knobeln, der Verlierer geht!" Damit ist Karl einverstanden, und los geht's: Papier, Schere und Brunnen. Ich verliere. Karl lacht laut auf: „Kauf aber gut ein, versuche mal wieder ein Brot zu bekommen." Ich greife nach den Kochgeschirren, steige in die – inzwischen abgelaufenen – Stiefel und latsche los, denn vom Gehen kann keine Rede sein. Dieses Mal werde ich bummeln, soll der Karl ruhig ein Weilchen hungern. Landstraße, Helmstedter Straße, Kastanienallee, so nun geht es abwärts in Richtung Adolfstraße. An der Ecke ist ein kleiner Laden. Dort gibt es eigentlich immer etwas. Auch heute stehen die Leute wieder „Schlange". Ich werde also Zeit haben müssen. Neugierig schaue ich auf die mir Entgegenkommenden. Ich will wissen, was es gibt. Eigentlich habe ich sie erst im letzten Moment entdeckt. Mir fällt die Gestalt auf, die mit total müdem Schritt daher kommt. Jetzt schaut sie zurück, ich sehe ihren großen Rucksack. Sie dreht sich wieder um – da stockt mein Herzschlag, meine Müdigkeit ist im Bruchteil einer Sekunde verschwunden. Träume ich? Ich fasse nach meinem Kopf. In dem Augenblick stutzt auch die Gestalt, aber nur für einen Moment, dann läuft sie auf mich zu. Die Kochgeschirre fallen zu Boden, und wir liegen uns in den Armen. Sie ist es, meine Braut, die ich rheumakrank und im Bett liegend in Ilfeld in der Sowjetzone vermutet habe. Wir merken gar nicht, wie andere Leute stehen bleiben, um sich mit uns zu freuen.

„Bist Du es wirklich?" „Und Du?"

Ihr stehen jetzt die Tränen im Gesicht. Schnell nehme ich den Rucksack von ihren Schultern und sage: „Wir holen noch etwas zu essen aus dem Laden." Hinten an der Schlange stellen wir uns an. Da geschieht ein zweites

Wunder: Alle starren uns an, und es heißt: „Wir haben euch gesehen. (Eine spontane Solidarität kennzeichnet diese Zeit nach dem Zusammenbruch des „tausendjährigen" Reiches.) Geht nach vorn, das ist unser Geschenk zum Wiedersehen und zur Heimkehr nach Braunschweig!"

Epilog: Die Jahre sind vergangen, in Braunschweig ist das wahr geworden, was ich so umschreiben könnte: „Auferstanden aus Ruinen". Braunschweig muss man langsam durchschreiten, um alles das zu erfassen, was die Stadt zu bieten hat. Die Landstraße heißt jetzt Franz-Trinks-Straße. Und komme ich in ihre Gegend, versuche ich, einen Parkplatz zu finden, um dann immer wieder zu Fuß den Weg zurück zu gehen bis zu jenem Punkt, wo das Wiedersehen und die Heimkehr nach Braunschweig stattgefunden hat.

Bosnische Begegnungen
Friedel Nüsse

„Sie sind Jugoslawe?" fragte Frau Helmer den Freund ihrer Tochter. „Eigentlich bin ich Kroate?" „Na ja, so wie wir in Deutschland Niedersachsen sind, das ist doch egal?" „Nein, in Jugoslawien gibt es viele Völker, in unserem Dorf in Bosnien wohnen Muslims, aber auch Serben, die lesen Zeitungen mit kyrillischer Schrift und sind orthodoxe Christen, während wir lateinisch schreiben. Außerdem sind wir Kroaten katholisch." „Und Sie vertragen sich alle?" „Wir sprechen doch die gleiche Sprache und haben die gleichen Probleme!" „Wirklich?" warf sie zweifelnd ein. „Nun ja, es gab früher nationalistische Probleme, religiöse Streitereien und Blutrache, Gott behüte uns vor solchen Zeiten! Sie sind seit Tito vorbei!"

An dieses Gespräch muss Frau Helmer in Anbetracht der Entwicklungen in Bosnien oft zurückdenken. Eigentlich fing alles damit an, dass ihre Tochter Karin, eine junge, hübsche Krankenschwester, während des Sonntags-Familienfrühstücks irgendwann im Jahr 1973 von einer neuen Eroberung zu schwärmen begann. Ihre Augen glänzten, als sie ihrem Bruder Maik erzählte: „Er sieht einfach toll aus! Groß, schlank, dunkellockig – ein Adonis!" „Hört euch das an!" wandte er sich frotzelnd an seine Mutter, während sein Vater sich nicht davon abbringen ließ, weiter in der Tageszeitung zu blättern. „Meine Schwester ist in Adonis verknallt!" Und zur Schwester: „Hast du dir den etwa beim Adria-Urlaub geangelt?" „Nein, lieber Bruder, obwohl er sozusagen ein Adriafisch ist!" Verfolgten die Eltern bisher die Unterhaltung der erwachsenen Kinder mehr amüsiert als ernsthaft, so wurden sie plötzlich hellhörig. Herr Helmer faltete die Zeitung zusammen und blickte auf. „Was heißt hier Adriafisch?" Es sprudelte aus Karin heraus: „Na ja, er ist Jugoslawe, das heißt Kroate, er stammt aus Zagreb, seine Familie wohnt aber in Bosnien. Vor zwei Jahren ist er nach Deutschland gekommen." Beschwichtigend setzte sie hinzu: „Marko spricht schon ganz gut Deutsch". Der Vater runzelte die Stirn, man merkte, dass es dahinter arbeitete, dann blickte er seine Frau an: „Helga, was meinst du dazu?" Ehe sie antworten konnte, sagte Karin: „Der oder keiner!" Nach dieser Eröffnung zogen die Eltern sich zur Beratung in die Küche zurück. Danach erklärte der Vater: „Es hat ja doch keinen Zweck, dir etwas ausreden zu wollen. Du träfest dich ja doch mit ihm hinter unserem Rücken. Bring ihn also am nächsten Sonntag mit!"

Und Marko kam, etwas verlegen, aber sympathisch. Groß und athletisch gebaut, sein hübsches Gesicht umrahmt vom braunen Lockenschopf .... Die

Mutter verstand ihre Tochter. Alle unterhielten sich über seine Arbeit, seine Eltern, seine Heimat. Bald gab es häufigere Besuche, bei denen Herr Helmer den Burschen auf „Herz und Nieren" prüfen konnte, und die Bewertung ergab: anständig, fleißig, charakterfest, kurz: der Tochter würdig. Als er Karins Eltern zu seinen Eltern nach Bosnien einlud, hatte Adonis auch in den Augen der Mutter gesiegt. Papa hatte nämlich schon vorher seiner Tochter klar gemacht: Bevor wir Eurer Hochzeit den Segen geben, liebes Kind, müssen wir auch wissen, aus welchem Nest der Vogel stammt."

Während Sohn Maik seine Bundeswehrzeit verbrachte, packte Familie Helmer im Sommer 1974 die Koffer, um nach Bosnien zu reisen. Es war vereinbart, dass Marko und Karin getrennt fuhren, man sich aber in der malerischen Stadt Mostar treffen wollte. Nach langer Fahrt und mehreren Zwischenübernachtungen kamen die Eltern gegen Abend dort an. Ein von blühenden Oleanderbäumen umsäumter Platz bot Parkmöglichkeiten. Da kamen schon Marko und Karin laut rufend auf sie zu. „Bleibt mit Karin beim Auto, ich suche ein Hotel für die Nacht! Aber bitte beim Auto bleiben!" sagte Marko mit Nachdruck. „Man kann hier nie wissen ....!"

Sie schauten sich interessiert um. „Seht euch diese herrliche Moschee an, und da ein Minarett!" begeisterte sich Karin. Wie zur Begrüßung stimmte der Muezzin seinen Gebetsgesang an. „Die Hälfte der Einwohner von Mostar sind Muslims," wusste Marko später zu berichten. „Aber wir leben in Frieden mit ihnen zusammen." Einige befremdliche Typen näherten sich unserem Auto. „Ljepo Auto". Schönes Auto hieß das wohl. Aber es wurde den Deutschen schon etwas mulmig zumute. Karin verkroch sich im Wagen. Endlich kam Marko und berichtete locker: „Ich habe ein Hotel gefunden, auf dem Marktplatz unten. Das Auto muss aber hier parken, es gibt keinen Platz dort." Zwei von den Gaffern sprachen Marko an, redeten laut und gestenreich. Alles entspannte sich, als Marko erklärte, dass sich die Männer für Technik, Leistung und Preis des Wagens interessierten. „Deutsche Autos – beste Autos von Welt!" meinten sie. Marko gab ihnen ein paar D-Mark für die „Wache". Alle zogen erleichtert in das Hotel. Zwar hatte es weder vier noch sonst welche Sterne, doch waren die Zimmer sauber und zweckmäßig eingerichtet, sogar mit einem kleinen Balkon versehen, hier Karin und Marko, hier die Eltern. Vor den Türen standen buntbestickte Pantoffeln, mit Straßenschuhen betrat man keinen Wohnraum.

Nach einem wohlmundenden Abendessen mit Dalmatiner Wein schauten sie sich ein wenig in Mostar um. „Schaut die berühmte Bogenbrücke von Mostar! Symbol für Versöhnung und Einigungswillen zwischen den Völkern und Religionen und ins Weltkulturerbe aufgenommen! Hier leben

Muslims, Bosnier, Kroaten wie auch Serben miteinander. In der Abendsonne ist die Brücke „vrlo ljepo" sehr schön! schwärmte Marko. Sehr schön – gar kein Ausdruck! Die Deutschen waren überwältigt. Diese jahrhundertealte Bogenbrücke, ein Wunderwerk bosnischer Architektur, überspannte in etwa 30 Metern Höhe das schluchtartige Flussbett der aus den Bergen stürzenden Neretva, links und rechts flankiert von einstigen Zollhäuschen. Kaum glaublich, dass sie wenige Jahrzehnte später dem Krieg zwischen den verfeindeten Nationalitäten zum Opfer fiel! Weiter oben ragte ein Minarett aus den Baumwipfeln. Alles überflutet vom Rotgold der Abendsonne, eine unauslöschliche Erinnerung! Scharenweise strömten Touristen über die Brücke. Der Gang über die uralten Katzenkopf-Steine bringe Glück, so sagte man. Einige junge Burschen boten eine atemberaubende Attraktion an: für zwei oder drei D-Mark, Dollar oder auch Dinar sprangen sie todesmutig vom Brückenbogen hinab in die strudelnden Fluten. Mein Gott! Sie setzten ihr Leben aufs Spiel! Aber sie trugen mit ihrer „Gage" zum Lebensunterhalt der Familie bei. Die Armut beherrschte leider das Land Titos.

Ein neuer sonniger Tag brach an in Mostar. Es war sechs Uhr morgens. Die lärmende Geschäftigkeit auf dem Platz lockte auf den Balkon. Markttag in Mostar! Welch eine Vielfalt von Farben und Düften! „Hallo, Mama, guten Morgen!" Karin erschien auf dem kleinen Nachbarbalkon. „Ist das ein Anblick!" jubelte sie. Wie in einer Opernszene standen Mutter und Tochter in Nachtgewändern auf den Balkons nebeneinander. Und plötzlich hörten sie in Deutsch: „Hallo. Julia, hier ist dein Romeo!" Unten stand ein junger, glutäugiger Bursche, links und rechts einen Celim-Teppich auf dem Arm, und himmelte Karin an. „Komm auf mein Celim, Julia!" Sie musste lachen und fragte: „Wieso spricht der uns eigentlich in Deutsch an?" Ach, wahrscheinlich einer von den Typen, die unser Auto „bewachten". Marko, die Situation begreifend, tauchte hinter Karin auf. Lauthals beschimpfte er in Serbokroatisch den Teppichhändler und drohte ihm mit geballter Faust, so dass dieser samt seinen bunten Teppichen davonstob. „Eifersüchtiger Gockel!" grinste der Vater, der sich mittlerweile auch auf dem schmalen Balkon eingefunden hatte. Aber nun wurde es Zeit zum Aufbruch. Mostar Ade – Dovidzenja!

Durch das fruchtbare Neretva-Tal ging es hinauf über den Ivan-Sattel in 1000 m Höhe, um gleich den engen Serpentinen folgend, wieder hinunterzufahren, man kam sich vor wie auf einer Achterbahn. Das Ziel, das Städtchen Busovaca bei Zenica vor Augen, beschleunigte Marko das Tempo. „Er riecht sein Nest!" bemerkte Herr Helmer verständnisvoll. Das Städtchen, idyllisch in grüne Hügel eingebettet, bot kaum Sehenswertes. Gleich nach der Durchfahrt hielten die Autos neben einem Flüsschen, über welches ein durch Eisenträger verstärkter Bohlensteg in eine verstreut liegende Ansiedlung führte. Der Vater hatte seine Zweifel über die Tragfähigkeit dieser „Brücke", die gerade die Spurweite eines Pkw's hatte. Marko fuhr Gottlob unbeschadet hinüber, was ihn zur Nacheiferung anspornte. Als auch er drüben angekommen war, spendeten alle Zuschauer Beifall. „Die Deutschen kommen!" riefen die Straßenkinder und lockten die Anwohner auf die Straße. Marko hielt vor einem der drei ersten Häuser. Und schon kamen wohl ein Dutzend Leute angelaufen, um die Gäste mit kühlen Getränken zu empfangen. „Marko, nas Marko!" - unser Marko! Freudestrahlend begrüßten sie zuerst Marko und Karin - auf slawische Art - mit Küsschen rechts und links, anschließend herzlich die deutschen Eltern, so als würden sie diese schon lange kennen. Marko stellte vor: „Ruza, meine Mama. Mein Tata (Vater) heißt Ratko. Das ist meine Schwester Ruza, das ist Elena, auch meine Schwester." Dann folgten drei Onkels - Ruzas Brüder, ihre Frauen und Kinder. Und alle umarmten und küssten die deutschen Gäste: Markos Freunde waren auch ihre Freunde. Und die Deutschen lernten die sprichwörtliche Gastfreundschaft der Slawen kennen und schätzen. Alle Gespräche verstummten, als eine stattliche alte Dame, wie eine alte Indianerin aussehend, oben auf der Haustreppe erschien. Sie schritt erhobenen Hauptes herunter. „Wer ist das?" fragte Frau Helmer Marko leise. „Das ist meine Baba (Oma), die Mutter von meiner Mutter", erklärte Marko mit Ehrfurcht in der Stimme. „Baba ist unser Oberhaupt, sie bestimmt, was geschieht!" Diese Baba war wirklich beeindruckend, ihren munteren schwarzen Augen schien nichts zu entgehen. Jeden ihrer Gäste begrüßte sie mit Handschlag: „Dobar dan" - Guten Tag! Jedoch nicht mit Küsschen: das tat ein Familienoberhaupt nicht. Die alte Dame bat nun alle ins Haus zum Trinken von Türkisch-Kaffee, der - so besagt die Überlieferung - wenn er süß serviert wurde, signalisierte, dass der Gast unwillkommen sei. Der Kaffee war süß, sehr süß sogar, Familie Helmer hatte gewonnen.

Die vier Familien der Sippe besaßen je ein eigenes Haus in dem kleinen Dorf, in der Nachbarschaft wohnten Muslims und auch Serben, aber was machte das? Alle waren gute Nachbarn, die sich mit Rat und Tat beistanden. Beim Abendessen in Markos Elternhaus - er hatte den Bau durch sein in Deutschland verdientes Geld mit finanziert - unterhielt man sich, so gut es ging, mit Marko und Elena als Dolmetscher. Er versuchte zusammen mit seiner Schwester Elena, die seit geraumer Zeit in Wien lebte, seine Familienverhältnisse zu erklären. Mama Ruza ist Bosnierin und hat den Kroaten Ratko in Zagreb kennen und lieben gelernt. Die drei Kinder wurden geboren. Bald darauf zog das Paar nach Busovaca in Ruzas Elternhaus. Ruzas Vater war gestorben, und die Baba brauchte die Hilfe der Tochter. Ihr Ratko fand glücklicherweise Arbeit in der Stadt Zenica. Viele Gläser Slivovic wurden getrunken – und alle kamen sich im Gespräch und im Herzen immer näher.

Der Frühstückstisch am nächsten Morgen war reich gedeckt. Marko erklärte, er müsse einen Hammel kaufen zur Feier der Völkerfreundschaft. Karin, Elena und Frau Helmer fuhren mit. Indessen wollte Herr Helmer sein Auto am Fluss waschen. Zur Mittagszeit waren die Hammelkäufer noch immer nicht zurück, Er wurde nervös, denn die beiden Dolmetscher Marko und Elena waren weg, und mit den übrigen Familienmitgliedern konnte er sich nur mit Händen und Füßen verständigen. Aber Ruza verstand es, ihm das meiste mit Gestik und Mimik verständlich zu machen.

Zum Mittagessen hatten Onkel Ivo und Mara eingeladen. Sieben Bosnier und ein Deutscher nahmen an der festlich gedeckten Tafel Platz. Ein Tablett wurde auf den Tisch gestellt, auf dem ein dampfender Tierschädel prangte, dekoriert mit buntem Paprikagemüse. Drumherum legte man Gabeln zur freien Benutzung und ein bajonettartiges Messer. Dem Deutschen war es etwas unbehaglich zumute. Ruza beobachtete amüsiert sein Mienenspiel. Was setzen die mir vor? Was für ein Vieh ist das? Und ausgerechnet der Kopf? Womöglich muss ich die gequollenen Augen essen? Solche und ähnliche Gedanken gingen ihm durch den Kopf. „Was für ein Tier ist das?" fragte er Ruza, die seinen Blick verständnislos erwiderte. „Ruza!" er zeigte auf den dampfenden Schädel, „ist das Muuu-uh, Bääää-äh oder Mä- ä - ä?" Erst guckten alle entgeistert, dann brach ein höllisches Gelächter los. Alle kicherten, gackerten und lachten Tränen, wodurch er völlig verunsichert wurde. Ruza erbarmte sich seiner. Sie erklärte auf ihre Art: „Malo - muuuh" - kleine Kuh! Nun denn, es war also ein Kalbskopf. Er wurde vom Hausherrn mit dem „Bajonett" transchiert. Das zarte Backenfleisch, das Hirn und die Zunge legte man – großzügig proportioniert, auf das Tablett. Es schmeckte ihm vorzüglich, was die anderen erleichtert registrierten. Ja, er genoss die gut gewürzten Delikatessen.

Währenddessen erlebten die Hammelkäufer gleichfalls Vergnügliches. Nach dem üblichen Feilschen um den Preis und dem endlich vollzogenen Kauf legte Marko das lebende Tier in den Kofferraum des Autos. Er transportierte seine Fracht – drei Frauen und einen Hammel – durch halb Zenica, einer immerhin mittleren Industriestadt. In jeder Kurve, an jeder Kreuzung, bei jedem Schlagloch blökte der Hammel lautstark „Bääääh! Bääääh!" Alle konnten sich vor Lachen kaum einkriegen. „Hab mein Wagen vollgeladen", sangen die deutschen Frauen, vom Blöken des Hammels begleitet, bis sie den schmalen Bogensteg ins Dorf überquerten und erst einmal wieder die Luft anhielten, bevor sie heil drüben waren.

Sofort nach der Ankunft gingen zwei Männer an die fachgerechte Schlachtung, andere entfachten ein mächtiges Holzkohlenfeuer. Bierkisten und Schnapsflaschen wurden zur Kühlung in die flache, ruhigfließende Bosna gestellt. Der arme nackte Hammel bekam eine Grillstange durch den Körper gezogen, die man in zwei Astgabeln legte und über dem Holzkohlenfeuer abwechselnd drehte. Die Frauen räumten eine der Garagen aus, funktionierten sie zu einem Speiseraum um und deckten die Tafel mit viel Dekor ein. Improvisation ist in Bosnien alles. (Das gibt Hoffnung, dass diese Menschen auch die Zeiten der Blutopfer und der Zerstörung überleben werden.)

Um den Grillplatz herum, unter schattigen alten Bäumen, saß die Männerrunde bei Bier und Slivovic, drehte am Spieß, trank und schwatzte. Marko versuchte, Witze zu übersetzen, was nicht immer gelang, aber die Stimmung wurde zunehmend heiterer. Karin und die Mutter halfen den Frauen, Salate anzurichten und Kaffee zu brühen.

Endlich, bei Sonnenuntergang saß die ganze deutsch-bosnische Sippe wie bei einem Zigeunerlager um das verglühende Feuer. Romantik pur! Diese Bilder sind unvergesslich, weil sie nicht wiederholbar sind. Das brutzelnde Tier wurde tranchiert und aufgetragen. Achtzehn Leute saßen bei Kerzenschein um die provisorische Tafel. Baba thronte, Zigarillos rauchend, auf dem Präsidentenstuhl und bewahrte den Überblick. Tata Ratko und Mama Ruza verwöhnten ihre deutschen Gäste mit den besten Happen. Und sie schenkten die Gläser ein, ließen keine halbgefüllten zu. „Wenn ihr genug habt vom Slivovic, müsst ihr das Glas ganz austrinken. Nur dann wissen wir, dass nichts mehr gewünscht wird!" erklärte Marko. „So ist es hier Sitte." Die Stimmung wurde ausgelassen bei Wein und Gesang, die Gäste fühlten sich zur Familie gehörig. Die Eltern waren sich einig: „So eine Gastfreundschaft haben wir noch nie erlebt, wir sollten selbst davon lernen!" Und noch eines wurde klar, der Verbindung von Marko und Karin stand von deutscher Seite her nichts mehr im Wege.

Auch in den folgenden Tagen saßen die Familien einträchtig beisammen, wobei ein Wörterbuch und Elenas Deutschkenntnisse zur weiteren Verständigung halfen. Voll gepackt mit Reiseproviant und Geschenken passierten die Eltern nach tränenreichem Abschied die berüchtigte Bohlenbrücke und machten sich auf den Weg nach Hause. Der ganze Familienclan und die Leute vom Dorf verabschiedeten die „Njemce" - die Deutschen, und nahmen ihnen das Versprechen ab wiederzukommen. Marko und Karin heirateten zwei Jahre später. Diese deutsch-bosnische Partnerschaft feiert in Deutschlands Sicherheit demnächst ihren 25. Jahrestag.

Aber die Welt in Bosnien hat sich verändert. Ein furchtbarer Krieg zwischen den einst befreundeten Nachbarn hat auch das kleinste Dorf erfasst und tiefe Narben hinterlassen. Mostars Bogenbrücke liegt in Trümmern. Blutrache, Misstrauen und Hass regieren. Nur die Truppen der K-For verbreiten den Anschein von Sicherheit.

FILM-SPOTS
Peter M. Jander

Das Einander-Beobachten auf der Fähre
Nach Suomenlinna.

Die alte Festung
Mit ihren zerfallenen Mauern.

Am „Kreuzweg":
Ein Lächeln, ein Aufeinanderzugehen.

Das Meer, die Schären,
Der Wind, die Sonne.

Gespräche über uns
Und einen „sex-education-animation"-Film

Zeichnungen, Skizzen.

In der Graskuhle zwischen den Felsen
Ein wenig Geborgenheit.

Wir frieren.

Ein Rundgang auf der Insel.
Drei Polizisten folgen uns in ihrem Wagen.

Einer von ihnen steigt aus.
Er ist in ein weißes Totengewand gehüllt.

Hinter den Kasematten der Exerzierplatz:
„High noon".

Bauarbeiter errichten den achtfachen Galgen.
Wir erschrecken.

Die grau-schwarze Dohle
Vor der Tür des verfallenen Holzhauses
Krächzt dreimal.

Wir reichen uns die Hände:
Die Gläser der „Design-Ausstellung" zerbrechen.

Am Abend ein Drink
In der „Sky-Bar".

Wir gehen hinaus auf die Terrasse
Im 13. Stock;

Springen über das Geländer
In den rosagrauen Himmel Helsinkis.

(„it's all over now, baby blue"!)

Nachher, barfuß
Umarmen wir uns.

Ein flüchtiger Kuss
 „du hast kalte Lippen".

Spät in der Nacht noch ein Anruf.

Die ungewohnte
Andauernde Helle.

Unruhige Nächte.

›› Denn Er hat seinen Engeln befohlen,
dass sie dich behüten auf allen deinen Wegen. ‹‹

(Psalm 91,11)

Schicksal oder Fügung?
Dagmar Nabert

Mutters Schicksal

Winter 1942. Deutsche Soldaten nehmen in den eroberten Gebieten Russlands alle Menschen gefangen, die jung und arbeitsfähig sind, darunter Klawa Steblewa, eine junge Frau, meine Mutter. Sie wird aus ihrer Heimat Belgorod zur Zwangsarbeit nach Deutschland verschleppt. Immer an ihrer Seite Maria, die einzige Freundin und Vertraute für die nächsten Jahre. Beide werden im Mai 1943 durch einen Offiziersarzt in Jessnitz, einer kleinen Stadt in der Nähe von Bitterfeld, in privaten Haushalten untergebracht.

Klawa verschweigt, dass sie schwanger ist. Hätte sie es gesagt, hätte sie abtreiben müssen. Schwangere Zwangsarbeiterinnen waren unerwünscht. Als die Schwangerschaft bei ihr sichtbar wurde, war es zu spät für eine Abtreibung – ein Glück für mich!

Eine Woche vor dem Entbindungstermin wird sie in eine Russenbaracke in Burg bei Magdeburg geschafft, wo ich am 18. Dezember 1943 geboren werde. Meine Mutter nennt mich Alla. Sie darf mit mir zurück in den Arzthaushalt. Aber es ist uns nur eine kurze Zeit der Gemeinsamkeit vergönnt. Nach einem Vierteljahr muss sie mich in ein Kinderheim in Wolfen bringen; denn mit einem Baby ist ein regelmäßiges Arbeiten im Haushalt nicht möglich. Einmal in der Woche darf sie mich besuchen, nach ihrer Aussage sind es die schönsten Stunden ihres damaligen Lebens. Nach einiger Zeit erkrankt sie an Tbc. Sie muss nach Dessau – wird in einer Russenbaracke des Krankenhauses behandelt. Heimliche Besuche im Kinderheim sind sehr schwierig.

1945 fallen Bomben auf das Krankenhaus in Dessau. Meine Mutter rettet ihr nacktes Leben. Sie läuft und läuft. Bomben schlagen neben ihr ein, aber sie schafft es, unverletzt zu entkommen. Ein Stück Papier, auf dem der Text eines Psalmes steht, glaubt sie, hat sie in dieser schlimmen Zeit beschützt.

Sie wird, nachdem sie mit ihrer labilen Gesundheit tagelang im Freien kampiert hat, in ein anderes Krankenhaus nach Magdeburg gebracht. Ende April 1945 befreien sie die Amerikaner. Sie entlassen alle Zwangsarbeiter und geben ihnen Papiere für die Rückkehr in ihre Heimat.

Klawa Steblewa will mich aus dem Heim holen, aber es ist zerstört, die Kinder sind nicht mehr da. – Maria ist auch nicht mehr zu finden, und mein Vater, sonst immer in der Nähe, ist auch verschollen. Völlig verzweifelt irrt sie tagelang umher. Klawa braucht ein Jahr, um endlich – schwer krank – ihre Heimat Belgorod zu erreichen. Die Stadt ist fast völlig zerstört. Im Juli 1943 fand dort die größte Panzerschlacht der Geschichte statt. Sie ist als „Panzerschlacht im Kursker Bogen" in die unrühmliche Geschichte des Zweiten Weltkrieges eingegangen.

Erst 1952 wird Klawa in Belgorod aus einem Krankenhaus geheilt entlassen. Aber das Schicksal der kleinen Alla geht ihr nicht aus dem Sinn. Ob sie die Wirren des Kriegsendes überlebt hat?

Mein Lebensbericht:
Am 8. Mai 1945 – zu Kriegsende – wurde ich Pflegeeltern aus einem Heim in Bitterfeld überantwortet. Das Schicksal nimmt seinen Lauf. Ich bekam in der Pflegefamilie den deutschen Namen Dagmar, wurde liebevoll umsorgt und nach schweren Krankheiten durch aufopferungsvolle Fürsorge der Pflegemutter am Leben erhalten.

Meine Kindheit verbrachte ich in ungezwungener, behüteter Normalität – bis mir eine Spielkameradin im 12. Lebensjahr hart an den Kopf knallte: Deine Eltern sind nicht deine richtigen Eltern, das sind Russen!

Von diesem Augenblick an fiel ich in ein tiefes Loch, ich lebte mit dem Wissen um meine Vergangenheit, ohne mit den Pflegeeltern darüber zu sprechen. 1956 zogen sie mit mir in den Westen. Da ich gern zeichnete, ging ich in Braunschweig zur Werkkunstschule, malte mit Vorliebe Totenköpfe, Engel auf Friedhöfen und Bilder, die Düsternis ausdrückten. Wer konnte sie deuten?

Ich überwand meine Lebenskrise erst, als ich 1960 zu meinem großen Glück meinen späteren Mann kennen lernte und ihm meine Vergangenheit anvertraute. Ich heiratete ihn, als ich 20 Jahre alt war, und nun erfuhr meine Pflegemutter auch, dass ich das Wissen um meine Herkunft schon 8 Jahre mit mir herumtrug.

Leider nutzten wir die Chance nicht, uns rückhaltlos auszusprechen. Ja, ich hatte der Fürsorge der Pflegeeltern unendlich viel zu danken, aber ich konnte auch in meinem neuen Wohnort Bad Harzburg nicht vergessen, dass es vielleicht noch leibliche Eltern gab, die mich schmerzlich vermissten. Ich fragte mich: Wer bin ich wirklich? Aus welcher Gegend des riesigen russischen Reiches kommt meine Mutter? Wie alt ist sie inzwischen? Außer ihrem Namen wusste ich ja nichts.

1965 und 1972 wurden meine Töchter geboren, und bis 1997 machte ich den gleichen Fehler, ihnen meine Herkunft zu verschweigen. Erst nach dem

Tod der Adoptiveltern begann ich intensiv nach meinen leiblichen Eltern zu forschen. Die Wende im Osten kam meinem Bemühen entgegen. 1995 wurden die Archive der ehemaligen DDR geöffnet. Das DRK wurde eingeschaltet, und dann – endlich ein Hoffnungsschimmer!

Die Fernsehsendung „Fliege" suchte in Bad Arolsen beim Internationalen Suchdienst einen Fall für die Sendung mit dem Thema „Ich suche meine Mutter". Das DRK vermittelte unter 20.000 Suchfällen m i c h! Ein Zufall? Fügung?

Fünf Tage vor der Sendung bekam ich drei Informationen, die für mich von größter Wichtigkeit waren: Das Geburtsdatum der Mutter, den Geburtsort und den Namen der Familie, in deren Haushalt sie arbeiten musste.

Nun geht alles Schlag auf Schlag. Am 10. Juni kann ich im Fernsehen meine Geschichte erzählen. Viele Zuschriften kommen, eine davon verspricht, interessant zu werden. Eine seit Jahrzehnten in Berlin lebende Russin schreibt mir, ihre Mutter wohne in Belgorod, sie nehme aber an, dass es infolge der umfangreichen Zerstörungen im Krieg kaum noch Alteinwohner gebe. – Ich lasse mich nicht abschrecken. Die Dolmetscherin Inna Sacharowa übersetzt für mich einen Brief an die Presse in Belgorod. Dort liest man in einem Archiv (hier werden Bescheinigungen für ehemalige Zwangsarbeiter ausgestellt) meinen Brief in der Zeitung. Drei Frauen weinen über den traurigen Brief. Eine ehemalige Mitarbeiterin kommt in diesem Augenblick dazu, sie will ihre früheren Kolleginnen besuchen, liest den Zeitungsausschnitt, stutzt – und erinnert sich. Vor vielen Jahren hat sie eine Bescheinigung für eine Frau aus ihrem Hause ausgestellt – es gibt dort über 400 Wohnungen. Aber der Name ist in ihrem Gedächtnis geblieben.

Sie geht und klingelt an der Tür von Klawa Steblewa und sagt: „Haben Sie eine Tochter, die Alla heißt?" Klawa wird es heiß und kalt, sie hat ein Gefühl, als falle ihr ein riesiger Stein auf den Kopf. Sie hat doch ihr ganzes Leben in Russland mit niemandem über ihr Töchterchen gesprochen, aber auch mit niemandem. Nicht einmal ihr späterer Mann und ihre Familie wussten es! Und nun kommt diese Frau aus ihrem Haus und fragt nach ihrer Tochter! Schließlich sagt sie: „Ja, ich hatte eine Tochter mit Namen Alla." Sie liest den Zeitungsartikel – „Ja, das ist sie!" ist das Einzige, was sie herausbringt.

Sie weiht die Familie ein. Und das Unfassbare geschieht. Ihr Sohn ist glücklich, eine Schwester zu bekommen, und alle anderen freuen sich mit ihr. Tochter Alla lebt und hat nach 55 Jahren ihre Mutter ausfindig gemacht. Die Familie lässt mir übermitteln, dass sie mich schnellstens in Belgorod erwartet.

Und nun beginnt ein Leben in neuen Dimensionen.

Mein Mann, der mir seit 40 Jahren ein lieber Wegbegleiter ist, fährt mit mir in die Heimat meiner Mutter. Mit dem Zug von Berlin nach Moskau, dann noch einmal 12 Stunden im Schlafwagen nach Belgorod, durch eine wunderbare, schneebedeckte, von einem weißen Mond beschienene Winternacht.

(Genauso habe ich mir Russland immer vorgestellt.)

Die Gedanken gehen im Kreis, die Anspannung ist kaum zu ertragen. Der Zug rollt langsam in den Bahnhof von Belgorod ein. - 20° Grad. Aber am Wagen Nummer 10 steht morgens um 7.00 Uhr eine Gruppe von Menschen. Eine Frau hält einen Strauß völlig erfrorener dunkelroter Blumen in der Hand. Ich steige als Erste aus, werde umringt - die Dolmetscherin aus Berlin begleitet uns während der ganzen Fahrt - sie übersetzt die Worte der Umstehenden: „Diese Frau gehört zu uns!"

Neben mir steht ein Riese von Mann, er steht wie zur Salzsäule erstarrt - rührt sich nicht - ein Blick aus den Augenwinkeln - e r könnte mein Bruder sein, er ist es. Die Anspannung löst sich. Wir werden samt Gepäck in verschiedene Autos verteilt, es ist eng und still. Wir fahren eine halbe Stunde durch die Stadt, dann halten wir vor einem großen Haus. Ich werde hineingeleitet, zweite Etage, eine Wohnungstür geht auf, und im Flur steht - unverkennbar die Ähnlichkeit - m e i n e M u t t e r !

Wir fallen uns in die Arme, halten uns lange Zeit und weinen. Die Familienmitglieder stehen um uns herum, auch sie weinen vor Glück.

Ich habe nicht nur meine Mutter gefunden, sondern auch einen Bruder und eine liebe Familie dazu. Die Herzlichkeit, die uns entgegenströmt, ist kaum in Worte zu fassen.

Es beginnen 5 Tage des fortwährenden Erzählens und Kennenlernens. Beglückend für mich, dass alle sich immer wieder bei meinen Adoptiveltern bedanken, die mir mein Leben erhalten haben. Für meine Mutter bleibe ich die kleine Alla, auch wenn ich inzwischen dreifache Großmutter bin.

Meine Mutter sagt immer wieder: „Du bist zu spät gekommen!" Ich empfinde es nicht so. Wir wissen, dass wir überlebt und uns wieder gefunden haben, und das bringt unser Leben zur inneren Ruhe.

Völkerversöhnung

Das ZDF wurde Anfang Februar 2000 auf das bewegende Wiedersehen nach 55 Jahren aufmerksam.

Die Fernsehleute teilten mir mit, dass sie meine Mutter und ihre Familie noch gerne im Februar nach Deutschland einladen möchten, damit sie die

Stätten der Vergangenheit wiedersehen kann. Über die Dolmetscherin in Berlin ging meiner Mutter diese Einladung zu. Sie hatte 24 Stunden Zeit zur Antwort. Sie teilte uns mit, sie würde dieses Abenteuer einer zwölfstündigen Bahnfahrt und des ersten Fluges ihres 81-jährigen Lebens ja gern auf sich nehmen, um schnellstens ihre Tochter, die zwei Enkelinnen und ihre drei Urenkel zu sehen, aber sie habe keine Schuhe und wintergerechte Kleidung.

Nun, daran sollte das Wiedersehen mit Deutschland nicht scheitern! Ich ließ ihr auf abenteuerlichen Wegen Geld zukommen, und sie entschloss sich in Begleitung meines Bruders und meiner Schwägerin zur großen Fahrt.

Berlin Tegel, 15.30 Uhr Ortszeit. Ich stehe mit meinem Mann und der Dolmetscherin, die uns die nächsten 14 Tage begleiten wird, am Flughafen. Auch das ZDF ist mit einem Kamerateam dabei. Die Spannung, die Aufregung wird immer größer. Immer mehr Passagiere gehen mit Gepäck und Koffern vorbei. Wo bleibt die Familie? Dann, endlich, Walodja, mein Bruder, ist zu sehen, dann meine Schwägerin und dann - endlich - meine Mama. Umarmung, Küsse, aber wo habt ihr das Gepäck?

Ach, du liebe Güte, es war ihr ersten Flug, sie haben die Koffer nicht vom Band genommen! Das Gepäck ist schon beim Zoll, aber auf Grund der besonderen Situation wird es schnell wieder herausgegeben.

Mit dem Auto geht es nach Bitterfeld, ganz in der Nähe liegt Jessnitz, der Ort der Erinnerungen. Dann Dessau - wir sehen das Gelände der ehemaligen Baracken, in denen Mutter Tbc-krank gelegen hat. Die Erinnerungen überwältigen sie. Am nächsten Tag wird es besonders schwer. Um 11.00 Uhr sind wir in Jessnitz in dem Haus verabredet, in dem meine Mutter gearbeitet hat, wo ich ein Vierteljahr bei ihr geduldet worden bin, bis ich in ein Heim musste. Das Kamerateam des ZDF erwartet uns und begleitet uns zweieinhalb Stunden lang.

Meine Mutter betrat als alte Frau das Haus - ich habe durch meine vielen Recherchen immer eine junge Frau vor Augen gehabt - und dann begann etwas Wunderbares. Sie wurde von den Töchtern des Dr. Werner empfangen, die damals mit meiner Mutter zusammen in dem Haus gelebt haben, heute auch 85 und 80 Jahre alt. - Und dann war da noch Ute, die Tochter der 85-jährigen. Ute ist die Enkelin von Dr. Werner und lebt heute als Kinderärztin in diesem Haus. Ute wurde im Juli 1943 geboren - und ich im Dezember. Wir haben in einem Kinderwagen gelegen, und meine Mutter hat uns spazieren gefahren.

Es ging die Treppe rauf, dann standen wir im Esszimmer, das von einem herrlichen alten Schrank beherrscht wird. Sie hat sich schon bei meinem

Besuch in Belgorod an diesen Schrank erinnert. In meinen Gedanken sehe ich Mutter als junge Frau Staub wischen und den Schrank putzen. Und nun steht sie leibhaftig als alte Frau davor!

Meine Mutter äußert den Wunsch, zum nahegelegenen Friedhof zu gehen, wo sich das Familiengrab ihrer früheren Arbeitgeber befindet. Das Fernsehen begleitet uns. Wir stehen vor dem Grab des Dr. Werner. Und es geschieht das für alle Unfassbare. Meine Mutter, eine gläubige Orthodoxe, bekreuzigt sich und verneigt sich tief vor den Gräbern der Menschen, die sie damals gezwungen haben, mich in ein Heim zu geben! Die Anwesenden – auch die Kameraleute – sind tief beeindruckt, und mancher lässt seinen Tränen freien Lauf.

Wieder zurück, ging ich mit meiner Mutter auf den Dachboden, in dem ich mit meiner Mutter die ersten Lebensmonate in einem Bett verbracht hatte. Trotz aller schweren Erinnerungen überwog das Glück des Sich-Wieder-Findens. Auch ich habe zur Familie des Arztes Dr. Werner inzwischen ein gutes Verhältnis aufbauen können.

Nach drei Tagen Aufenthalt in der Vergangenheit, ging es nun nach Bad Harzburg in die Zukunft. Dort lernte die Babuschka ihre 2 Enkel (meine Töchter) und ihre 3 Urenkel kennen. Es war beiderseits Liebe auf den ersten Blick.

Einen Wunsch hatte meine Mutter noch, und den haben wir ihr natürlich erfüllt. Sie wollte auch noch das Grab meiner Adoptiveltern besuchen. Wir fuhren also nach Braunschweig zum Grab der Eltern, die für mich ebenso Eltern gewesen sind wie die leibliche Mutter. Wieder bedankte sich meine Mutter am Grab bei den Menschen, die ihrer Tochter ein gutes Leben ermöglicht haben.

Ich bin unendlich stolz und dankbar für die Größe, die meine Mutter in Deutschland gezeigt hat. Nie kam ein Wort der Verbitterung über ihre Lippen, nur Dankbarkeit.

Nach 14 Tagen kam der Abschied – wir waren alle sehr traurig. Es blieb aber das Versprechen, schnell russisch zu lernen und Mutter bald wieder in Belgorod zu besuchen.

Meine älteste Tochter hat dieses Versprechen in die Tat umgesetzt. Wir haben wunderbare Tage in Belgorod verlebt und auch wieder neue Familienmitglieder kennen gelernt. Wir sind von der Vereinigung ehemaliger Zwangsarbeiter im „Diorama", einer der größten Gedenkstätten Europas, mit Blumen empfangen worden. Russisches Fernsehen, Rundfunk und Presse waren dabei. Mama, mein Mann eine Dolmetscherin und ich wurden an einen Tisch vor das Auditorium gesetzt. Viele haben von ihren schweren und zum Teil grausamen Erfahrungen in Deutschland berichtet. Aber es klang auch an, dass deutsche Menschen bereit zur Hilfe waren. Ich war sehr berührt davon, dass auch diese Menschen kein böses Wort über Deutschland verloren haben, sondern nur die Faschisten verurteilten, was sie sehr deutlich voneinander trennten. Und ich weinte, als ein ehemaliger Zangsarbeiter in der letzten Reihe aufstand und sich vor laufender Kamera bei meinen deutschen Adoptiveltern bedankte, dass sie ein russisches Kind wie ihr eigenes aufgezogen haben. Es war ganz still. Mir lief eine Gänsehaut über den Körper. Man kann diese Stimmung gar nicht beschreiben. Mein Mann, als reiner Deutscher, wollte gern ein wenig zur Völkerverständigung beitragen. (Er ist ein ausgebildeter Sänger.) Er sang vor diesem Auditorium deutsche Volkslieder und das Lied „Moskauer Nächte" in russischer Sprache. Plötzlich stimmten alle im Saal in den Gesang ein. Einige kamen auf uns zu und sagten: „Wir wussten gar nicht, dass die deutsche Sprache so wohlklingend sein kann." Sie hatten wohl immer noch den Hitlerjargon im Ohr und waren 55 Jahre lang nicht mehr in Deutschland gewesen. Im November 2000 wird in dem Diarama eine Ausstellung über meine Mutter und mich eröffnet, – Schicksal oder Fügung?

    Längst schon geht es nicht mehr um zwei Personen, es geht um die Begegnung, das Verständnis und die Aussöhnung zweier Kulturkreise, wofür meine Mutter und ich mit unseren Familien einstehen. Und es geht um Dankbarkeit, schlichte Dankbarkeit für Gottes Gnade, die den Menschen zuteil werden kann.

Ein langer Weg nach Hause
HELENE BOLEININGER

Es war kalt. Wir standen auf dem Bahnsteig und warteten.

Mein Bruder rauchte. Er raucht zu viel, dachte ich. Gesagt habe ich nichts. Was würde das ändern? Nichts mehr konnte geändert werden. Nicht mit Worten und nicht mit Gesten. Wir standen in kalter Morgensonne, unsere Schatten lagen lang auf den Pflastersteinen, reichten in die Gleisgrube nach unten, auf die schimmernden Schienen, durch herbstliches Unkraut, auf dem Kies zwischen den Schwellen. Hinter dem Bahnhofsgebäude glänzten in der Sonne schöne, herausgeputzte Hochhäuser von Minsk in ihrem kalten Glas.

Ich fröstelte. Mein Bruder wärmte sich mit dem Rauch billiger Zigaretten. Ich wusste: das war gewohnheitsmäßig. Eine Zigarette statt eines Frühstücks, eine Zigarette statt eines warmen Zuhauses. Eine Zigarette statt „ich habe etwas außer Zigaretten". Das Leben, das er für sich ausgesucht hatte, war hart. Ich konnte das nicht ändern. Ich musste ihn nicht bemitleiden: mein kleiner Bruder hatte sein Leben selbst ausgesucht und lebte es konsequent. Aber er tat mir Leid. Es tat mir Leid, wie schlecht er gekleidet war, wie ärmlich und nicht zum Wetter passend. Seine Schuhe hatten Löcher – ich wusste das, ich hatte sie mir angeschaut, am Abend vorher, als wir uns für den Weg nach Minsk rüsteten.

Jetzt war der passende Moment: ich fischte meinen letzten Hundertmarkschein aus der Tasche und steckte ihn ihm zu. Er freute sich. Ein kleiner Bruder bleibt immer ein kleiner Bruder, egal wie alt man geworden ist. Kennst Du das? Hast Du einen kleinen Bruder?

Mein Bruder war nicht allein: ein hübsches zierliches Mädchen, schick gekleidet in teure Moskauer Klamotten, blass, von Drogensucht gezeichnet, hing an seiner Hand. Die Tochter eines russischen Bankiers, von den Eltern verwöhnt, beschenkt, vernachlässigt, mit 15 heroinsüchtig. Sie klammerte sich an meinen Bruder, verzweifelt. Seinetwegen hatte sie Moskau, Freunde, den Wohlstand des elterlichen Hauses verlassen. Er hatte ihr gesagt, er würde nur mit ihr leben, wenn sie das Heroin aufgäbe, so hatte sie sich fest an ihn gehängt.

Musste es denn sein, Brüderchen? Kannst du das alles schaffen?

Der Zug kam. Grüne und blaue Waggons mit fröhlich bunten Gardinen in den Fenstern. Weiße Schilder „Minsk-Köln" präsentierten sich feierlich den wenigen wartenden, frierenden, unausgeschlafenen, in der frühen Morgenstunde nervös rauchenden Fahrgästen.

Ich umarmte den Bruder: „Ich rufe dich an". Eine weißrussische Schaffnerin öffnete die Tür, nahm meine Fahrkarte und ließ mich ein.

Der Waggon war leer. Peinlich sauber, aufgeräumt, mit Teppichen in den Gängen und mit rot-grün gemusterten Läufern auf den Tischen. Mich erschreckte er mit seiner Leere. Ich fand mein Abteil und schaute aus dem Fenster zum Bahnsteig: mein Bruder und das Mädchen standen dort, zu zweit und doch allein. Sie schauten zu mir herüber. Ich musste fahren, sie mussten bleiben. Ein weicher Ruck ging durch den Zug. Ich hielt mich an der Tischkante fest, meine Tasche fiel geräuschlos um. Der Bahnhof, mein Bruder und die glitzernden Türme von Minsk blieben langsam, unaufhaltsam zurück.

Die Schaffnerin kam, um nachzuschauen, ob alles in Ordnung sei. „Bald wird es warm", sagte sie „Ich habe die Heizung schon eingeschaltet." Ich fragte sie, warum es im Zug so leer sei. Sie meinte, in Brest, an der Grenze zu Polen, würden bestimmt welche einsteigen. Dann ging sie wieder.

Ich schob meine große Reisetasche unter den Sitz. Die kleinere stellte ich auf den Tisch. In der war ein zerbrochener Kerzenhalter von meiner Mutter. Sie hatte ihn mir gegeben im Glauben, ich könnte ihn reparieren. Der Kerzenhalter war schön: der Holzschnitzer hatte aus einem Kiefernast einen Baum mit Blättern, Blumen und zwei Eulen in dem Geäst geschnitzt. Ich betrachtete das honigfarbene, glatt polierte Holz und machte die Tasche wieder zu. Wahrscheinlich konnte man ihn reparieren.

Wenn man nur alles reparieren könnte.

Ich dachte an das Ziel meiner Reise, die sich nun dem Ende näherte: ich war für fünf Tage nach Weißrussland gekommen, um mich von meinem Vater zu verabschieden. Hatte er das auch so verstanden? Der Zug glitt schneller und schneller durch die herbstlichen Wälder, rot, golden, dunkelgrün im Wechsel, glitt an alten, grauen, heruntergekommenen Dörfern vorbei und an neuen, protzigen, weiß verputzten und mit Mosaiken und Schnitzereien reich verzierten dreistöckigen Häusern.

Es hat sich vieles verändert, seit ich nicht mehr hier lebe.

Wenn man nur alles zusammenführen könnte, zusammenkleben, zusammenfügen. Die alten Häuser zu den neuen, Hoffnung zu Bitterkeit, Eltern zu den Kindern, ein Land zu dem anderen.

Die Schaffnerin kam wieder. „Möchten Sie Tee?"- fragte sie. „Haben Sie denn keinen Kaffee?" „Oh doch! Möchten Sie ihn mit Zucker und Milch?" Sie war eine hübsche, dunkelblonde Frau in den Dreißigern und sprach Russisch mit dem weichen Hauch des Weißrussischen. Das Weißrussland hinter dem Zugfenster war nicht weiß. Die Sonne überflutete die Landschaften mit Gold. Goldene Weizenfelder, goldene Birkenwälder, silbern funkelnde Flüsse – wie ein Mosaik aus dem für immer verlorenen Bernsteinzimmer zogen die Bilder an den Augen und der Seele vorüber. Welch ein Reichtum, welch eine Schönheit! Wie ein Honigpflaster legt man sich solche Landschaften auf die verletzte Seele: es gibt Ihn doch, es muss Ihn geben, wenn es solche Schönheit gibt. Es heißt doch, dass nichts umsonst ist, weder das Leben, noch der Tod. Es ist doch so, dass nicht der Tod eine Strafe ist, sondern das Leben ein Geschenk.

Mein Vater erlebte den letzten goldenen Herbst seines Lebens, und ich konnte es nicht ändern. Ich wischte mir die Tränen vom Gesicht. Dieser Geruch an meinen Händen: sie rochen nach dem Elternhaus, nach dem Vater. Wie lange hält der Geruch? Einen Tag? Was bleibt mir dann?

Ich nippte an meinem Kaffee. Die Liebe zum Tee habe ich in Deutschland verlernt. Ich erinnerte mich an die Kaffeemaschine in der Sprachschule: wir hatten das Geld zusammengelegt und uns eine angeschafft. In den Pausen tranken wir Kaffee und sprachen Russisch: Was jetzt? Was wird letztendlich aus uns? Meine Freundin weinte bitter auf der Damentoilette: „Der Sprachkurs geht schon zu Ende, aber ich kann Deutsch immer noch nicht!". Es war nicht nur die Sprache, die du nicht verstehen konntest, nicht wahr? Es war das ganze Leben hier, das ganze Land und die Menschen, die du noch nicht verstandest. Das machte dir Angst, meine Freundin. Du dachtest, du wirst es nie verstehen können; eine Deutsche in Deutschland, und doch in einem andern, erschreckend fremden. Land. Wie geht es dir jetzt? Ich habe dich aus den Augen verloren.

Ich erinnerte mich auch an die anderen: sie schimpften enttäuscht über ihre zerstörten Träume, hier die Heimat zu finden, reinen Herzens aufgenommen und als „unsereiner" anerkannt zu werden. Du kannst dich deiner neuen Heimat nicht aufzwingen. Du kannst sie nur lieben.

Mein Kaffee wurde kalt. Ich stellte den Becher auf den Tisch. Der Zug glitt weich dahin, die Sonne schien durch die Fenster. Die Bäume am Bahndammrand warfen bewegte streifige Schatten ins Abteil. Ich versuchte zu schlafen, aber es gelang nicht.

Ich dachte an meine erste Reise nach Deutschland. Damals bin ich geflogen. Zuerst mussten wir nach Moskau. Wir kamen nachts an. Es war Ausnahmezustand: das Weiße Haus – das russische Parlament, stand unter Artilleriebeschuss.

Unsere Kinder wollten schlafen. Ein Taxifahrer erklärte sich bereit, uns vom Flughafen in das angeblich abgeriegelte Moskau zu bringen: unser Flug nach Deutschland ging erst am nächsten Tag. Wir luden unsere zwei

Reisetaschen in den Kofferraum. Das war unser ganzes Gepäck, mehr hatten wir nicht. Wir stiegen ein, und die lange Fahrt begann.

Diese Fahrt werde ich nie vergessen. Die Straßen um Moskau waren blockiert. Schwer bewaffnete Soldaten stoppten den Wagen auf der wie ausgestorben daliegenden Schnellstraße. Es war dunkel im Wald um uns herum. Mein Mann und der Fahrer stiegen aus. Ich blieb im Wagen, die verängstigten Kinder klammerten sich an mich. „Oh Gott", dachte ich mit Entsetzen „Das ist Krieg. Wir sind in einen Bürgerkrieg gefahren". Die Soldaten ließen uns doch weiter fahren, aber weit sind wir nicht gekommen. Noch eine Straßensperre und noch eine. Wieder wurden wir scharf kontrolliert, aber wegen der Kinder im Wagen durchgelassen. Die vierte Sperre bewachten Polizisten. Die wollten uns zurückschicken, dorthin, woher wir gekommen waren. Moskau lag mit seinen Lichtern schon vor uns. Es war alles still in Moskau in dieser Stunde. Mein Mann versuchte den Polizisten zuzureden. Die Kinder neben mir schwiegen. Der Kleinste saß auf meinem Schoß und starrte wie gebannt auf die schönen Polizeiuniformen. „Gehen Sie zu dem Hauptmann in die Wachbude", sagte schließlich der Offizier. Mein Mann nahm Geld und ging. Minuten später waren wir in Moskau, einen Tag später in Deutschland.
- Wir landeten in einer anderen Welt.
- Ich trank den kalten Kaffee zu Ende. Schlafen konnte ich sowieso nicht.

Damals kamen wir von Moskau nach Frankfurt. Es war wieder Nacht. Der Kleine war eingeschlafen, seine Geschwister schauten sich fasziniert um. Wie in einem riesigen Ameisenhaufen lärmte es im Flughafen, die Menschen strömten durch die Hallen und Galerien, und von allen Seiten tönte die deutsche Sprache. Die Kinder hörten gespannt zu.

Ich erinnerte mich: Als meine Mutter so alt war, war der Zweite Weltkrieg gerade vorbei. Sie musste zur Schule in das Nachbardorf drei Kilometer durch den Wald laufen. Schuhe gab es keine. Im Winter trug man Filzstiefel, aber im Herbst, wenn die Schule anfing, waren sie unpraktisch: der Filz wird bei Regen oder Morgentau schnell durchnässt. Also liefen die Kinder barfuß. Als die Morgenkälte im Oktober unerträglich wurde, weigerte sich meine Mutter, zur Schule zu gehen. Sie versteckte sich auf dem warmen Alkoven und kam morgens nicht herunter. Nach drei Tagen kam die Lehrerin: „Valentina" warum gehst du nicht zur Schule?". „Es ist mir zu kalt!", antwortete sie. „Komm, Valentina, ich schenke dir was," und sie zeigte ihr einen hölzernen Federhalter und ein Porzellantintenfass. Das war ein Reichtum: denn sonst schrieb man in der Schule mit Bleistift. Sie kam herunter. Nach ein paar Jahren stand eine Fremdsprache auf dem Stundenplan:

Deutsch. Deutsch wollte meine Mutter nicht lernen. Die Lehrerin bestellte sie zu sich. „Du lernst doch sonst sehr gut", sagte sie. „Warum bist du so schlecht in Deutsch? Machst du das mit Absicht?" – „Ich werde Deutsch nie lernen", war die Antwort. „Das ist die Sprache von Faschisten!" Die Lehrerin war empört: „Wie kannst du das nur sagen? Es gibt keine Sprache von Faschisten! Es gibt eine Sprache von Goethe, eine Sprache von Shakespeare und eine Sprache von Tolstoi, aber eine Sprache von Faschisten gibt es nicht!" Die Lehrerin nahm sich Zeit und redete ihrer Lieblingsschülerin lange ins Gewissen.

Als meine Mutter mir die Geschichte irgendwann später erzählte, sagte sie zum Schluss: „Und trotzdem beunruhigt es mich, dass du ausgerechnet einen Deutschen heiratest. Ich habe Angst, er wird dich überreden, mit ihm nach Deutschland zu gehen, und ich sehe dich dann so selten." „Wir werden schon nicht nach Deutschland gehen!", beruhigte ich sie.

Wir sind doch gegangen.

Brest. Der Zug hielt an dem rosa gestrichenen Bahnhofsgebäude. Die Grenzschutzpolizisten stiegen ein, schauten sich kurz und uninteressiert meinen deutschen Pass an und gingen weiter durch den Zug. Fahrgäste stiegen ein. Zwei junge Geschäftsleute suchten sich mein Abteil aus und verstauten ihre unzähligen Koffer unter die Sitze und in das Gepäcknetz. „Wir fahren nach Warschau", stellten sie sich vor. „Macht es Ihnen etwas aus, wenn wir hier ein bisschen tafeln?" „Keineswegs." Sie nahmen eine Flasche Wodka und eine große Menge von Sakuska (Vorspeise) aus einer Tragetasche. Sakuska, ein Brathähnchen, Würste, Käse, belegte Brote, irgendwelche Salate im Glas, von den lieben Frauen vorbereitet und für den langen Weg säuberlich verpackt. Das alles stellte ein Stillleben auf der Tischdecke dar. Wie es sich gehört, wurde ich eingeladen. Ich lehnte dankend ab. In unserer Familie trank man nie Wodka, nicht in guten und nicht in schlechten Zeiten. Die Männer wandten sich dem Tisch zu und vergaßen mich. Sie hatten ihre Geschäftsreise zu besprechen: von Warschau aus ging es mit einem anderen Zug nach Süddeutschland, dort wollten sie etwas kaufen, was sich in Brest gut verkaufen ließ. Die Geschäfte, die sie dadurch machten, waren bestimmt nicht groß. Die Geldsummen, von denen die Rede war, waren gering: etliche -zig Dollar sollten verdient werden. Bei einem Monatslohn von 30 Dollar, den sie in einer Brester Fabrik verdient hatten, bevor sie sich den Geschäften gewidmet hatten war das sehr gut, meinten sie. Ich ging aus dem Abteil zum Fenster gegenüber auf dem Gang.

Wir fuhren durch Polen. Ein alter Mann aus dem nächsten Abteil kam zu mir. Ein unverbindliches Gespräch zweier Reisender kam wie von selbst zustande. Der alte Mann war bei seiner Tochter in Smolensk zu Besuch gewesen und fuhr jetzt wieder nach Hause. Er sah mir viel zu sehr nach meinem Vater aus, und ich zog mich traurig in mein Abteil zurück. Die jungen Leute saßen immer noch am Tisch. Die Wodkaflasche war leer geworden, die Unterhaltung lebhafter. Es ging um einen Geldbeitrag, der von einem von ihnen beglichen werden sollte. Der aber wollte davon keine Ahnung haben. Schließlich zog der andere sein Notizbuch aus der Jackentasche. Sie schoben die Speisen zur Seite und vertieften sich in die Quittungen. Ein unvorsichtiger Weise zu nahe an die Tischkante geschobenes Glas fiel fast hinunter. Ich schob es von der Kante weg zwischen zwei zerknickte Papiertüten. Die Männer bedankten sich. Im Glas war anscheinend ein Pilzsalat. Ich setzte mich neben die Tür.

Seit der Tschernobylkatastrophe haben meine Eltern keine Pilze mehr gesammelt. Leute mit Geräten kamen regelmäßig und überprüften, ob Wasser, Gemüse und Milch radioaktiv verseucht waren. Die Gegend sei erfreulicher Weise sauber geblieben, sagten sie, man könne ohne Bedenken angeln, Waldbeeren pflücken, eigenes Gemüse anbauen. Die Eltern haben trotzdem keine Pilze mehr gesammelt: man konnte ja nie wissen. Ihre Nachbarn haben sich, wie gewohnt, jeden Herbst große Vorräte von getrockneten und marinierten Pilzen zugelegt. Die Familien meiner Mitfahrer hatten das anscheinend auch gemacht. Nicht so wie meine Eltern.

Und doch war es ausgerechnet mein Vater, der Krebs bekommen hatte, dachte ich bitter.

In Warschau packten die Geschäftsleute ihre Sachen blitzschnell ein und verschwanden in der Menschenmenge hinter der Waggontür. Den Müll hatten sie zurückgelassen. Ich steckte alles in eine zurückgelassene Tüte und warf diese in die Mülltonne am Ende des Waggons.

Es war wieder ziemlich leer geworden, denn viele Fahrgäste waren in Warschau ausgestiegen.

Die Schaffnerin kam, um aufzuräumen. Sie glättete die Tischdecke und hob ein Bonbonpapierchen auf, das ich übersehen hatte. Anscheinend erspürte sie etwas in meinem Gesicht – sie schaute mich unsicher an und fragte: „Sind Sie sehr müde?". Eigentlich wollte ich darüber nicht sprechen, aber dann sagte ich doch: „Mein Vater ist schwer krank." „Todkrank" konnte ich nicht aussprechen, aber sie hatte mich verstanden. Nach einer Minute erschien sie mit einer Tasse Kaffee, obwohl ich sie darum gar nicht gebeten hatte. Sie brachte mir den Kaffee nicht in einem Kunststoffbecher, sondern in einer richtigen Porzellantasse mit lustigen blauen Blümchen. Es war wahrscheinlich ihre eigene Tasse. Ich dankte ihr herzlich, stellte die Tasse auf den Tisch und betrachtete sie zerstreut. Die lustigen Blümchen waren nicht irgendwelche blauen Blümchen, es waren Vergissmeinnicht. Und ich begann zu weinen, wie schon seit langem nicht mehr, ungestört in dem leeren Abteil.

Der Abend zog herauf. Die Sonne schien jetzt durch die Fenster auf der anderen Seite des Waggons. Der alte Mann hatte einen neuen Gesprächspartner gefunden: eine kleine, freundlich lächelnde Babuschka. Sie nickte zustimmend mit dem Kopf, als er ihr von seinem Besuch bei der Tochter erzählte. Ein rosa seidenes Kopftuch auf ihrem völlig ergrauten, silbernen Haar, wie die Krone einer Schönheitskönigin, erstrahlte bei jeder ihrer Bewegung im abendlichen Sonnenschein. Die Babuschka nickte noch ein Mal billigend, schaute sich um und fragte mich nach der Uhrzeit:

„Sag mir bitte, liebes Mädchen, wie spät es ist. Ich habe meine Uhr nicht mit."

Im blassen Licht kleiner Lämpchen unter der Decke bereiteten sich alle zum Schlafen vor. Die Schaffnerin brachte Bettwäsche, im Nachbarabteil sprach man noch. Das Thema hatte gewechselt. „Nachts", sagte jemand bedeutungsvoll, „werden die Züge oft von bewaffneten polnischen Banditen überfallen. Das passierte schon oft. Die polnische Regierung hat versprochen, die Züge von Soldaten begleiten zu lassen. Sehen wir aber hier irgendwo im Zug Soldaten mit Waffen? Sind wir heute Nacht nicht auf uns allein gestellt?"

Der alte Mann kam zu mir herüber. „Hast du das gehört?", fragte er sichtlich besorgt. „Mach deine Tür gut zu und öffne auf keinen Fall."

Ich dankte ihm und legte mich hin. Für solche Reden, egal, ob man sie glaubt oder nicht, hatte ich im Moment nicht viel übrig. Das Gespräch hinter der dünnen Wand, an der ich lag, wurde fortgesetzt. Ich hörte aber nicht mehr so genau hin. Der Alte sprach wieder über seine Verwandten in Russland. Was hatte er gesagt? Er fahre jetzt nach Hause, nach Köln.

Wo war mein Zuhause?

Ließ ich mein Zuhause hinter mir oder kam ich ihm mit jeder Radumdrehung näher und näher? Wo ich zur Zeit wohnte – das wusste ich. Aber wo war mein Zuhause?

Ich dachte an unsere erste Unterkunft in Deutschland: ein Aussiedlerwohnheim. Ein Zimmer für uns, fünf eiserne Etagenbetten, alte Kleiderschränke, ein Tisch für alle Anlässe. Eine Dusche und eine Toilette für zwei Familien, eine Küche für vier. Aber der Hausmeister brachte uns einen alten Farbfernseher: „Ihr habt doch Kinder, wollt ihr ihn haben?". Wir wollten. Ich kaufte mir eine kleine Blume im Laden nebenan und stellte sie auf das

Fensterbrett. Ist das schon ein Zuhause?, dachte ich. Am ersten Advent entzündete ich stolz die erste Kerze im selbst gebundenen Adventskranz. Die Kinder brachten neue Wörter und neue Freunde mit aus der Schule. Auf den Elternabenden strengte ich mich an: nur alles richtig verstehen! Wenn die Kinder es geschafft haben, sich in die neue Schule, Sprache und Welt so leicht und einfach zu integrieren, musste ich das auch schaffen.

Dann die Berliner Wohnung in einem grauen Hochhaus. Die Vormieter waren auch halbfremd in dem für sie neuen Land: sie kamen aus der DDR. Ohne dass sie sich von der Stelle bewegt hatten, kamen sie 1990 schlagartig in eine andere Welt. Sie waren nostalgisch und ein wenig unsicher. Finanziell ging es ihnen gut: die Frau nahm einen Kredit auf und kaufte den Frisiersalon, in dem sie bisher gearbeitet hatte. Sie verschenkten ihren alten Trabant und legten sich ein schickes Auto zu. Sie bauten ein schönes Haus bei Berlin. Sie hatten viel lernen, umdenken und Gewohnheiten ändern müssen. Wir verstanden uns gut. Sie ließen uns ihre alte Möbel, wir halfen ihnen beim Umzug.

Ich dachte an meine Großmutter. Als sie mich vor Jahren auf meine baldige Heirat ansprach, war ich sehr vorsichtig mit meinen Worten. Schließlich war sie diejenige, die sich mit drei kleinen Kindern durch den Krieg hatte bringen müssen. Sie versteckten sich in einem Erdloch im Wald, dann aber kamen sie doch ins besetzte Dorf, weil sie der Hunger trieb. In Weißrussland kam damals jeder vierte Bewohner um. Deutsche Soldaten hatten zwei Partisanenpferde im Dorf gefunden. Frauen und Kinder wurden auf der Straße zusammengetrieben und mussten sich in den Dreck setzen. „Wenn keiner sagt, wo die zwei Banditen sind, werden alle erschossen." Das verstanden die Leute, so etwas war in der Gegend schon einmal passiert. Die Partisanen waren aber schon in die weit entfernte Kommandantur gebracht worden. Erklären konnte das aber niemand: so gut konnte keiner im Dorf Deutsch. Die Polizisten kamen zurück, sie klärten alles auf.

Als meine Großmutter mich nach meinem Bräutigam fragte, sagte ich vorsichtig: „Ich denke, du musst es wissen: er ist Deutscher." „Na und?" sagte sie. „Was meinst du damit? Den Krieg? Ach, Kindchen, es war Krieg und das waren Soldaten. Was hat dieser junge Mann damit zu tun?" Und dann erzählte sie noch, wie am Ende des Krieges deutsche Kriegsgefangene durch das Dorf getrieben worden waren, wie ausgehungert sie waren, und wie sie - die Großmutter - schnell Kartoffeln geholt und ihnen zugesteckt hatte. Sie sagte, sie schäme sich noch heute ein bisschen, dass sie ihnen gegenüber keinen Hass empfunden hatte: eigentlich sollte ich sie hassen, konnte es aber nicht.

Ich putzte die uns hinterlassenen Möbel sauber, eine Nachbarin brachte uns alte Gardinen, und ich pflanzte Tulpen und Gladiolen unten am Hauseingang. „Warum machst du das?" - fragte ein Nachbar verwundert. „Ich mache das immer: dort, wo ich wohne, pflanze ich Blumen ein" - sagte ich fest. Die Tulpen blühten prächtig, ich konnte sie aus unserem Fenster im vierten Stock sehen. Ist das schon mein Zuhause? dachte ich.

Wir zogen noch einmal um: mein Mann hatte es satt, durch das halbe Land zu pendeln. Seit Jahren arbeitete er in Niedersachsen. Die Kinder sträubten sich dagegen: als waschechte Berliner wollten sie von dem Umzug nichts wissen. Wir zogen nach Braunschweig. Die Stadt tröstete die Kinder mit ihrer mittelalterlichen Schönheit. „Das ist eine der schönsten Städte Deutschlands", sagte mein Mann stolz. Die Kinder schauten sich um, dachten nach - und gaben ihm recht. Ihr Braunschweig war die schönste Stadt von allen. Später haben wir erfahren, dass in der Straße, in der wir wohnten, bis 1944 ein Kriegsgefangenenlager gewesen war. Die Wiese, wo die Nachbarskinder gelegentlich spielten, verbarg alte Barackenfundamente unter dem Gras. Das Grundstück war nicht zu verkaufen: keiner wollte es haben. Die Vergangenheit holte uns wieder ein.

Jemand klopfte kräftig an der Abteiltür, ich fuhr hoch. „Ihren Pass, bitte!" Das war die polnische Grenzpolizei. Ich streckte müde, fast mechanisch meinen Pass durch die Tür und nahm ihn genau so mechanisch zurück. Es war Mitternacht.

Plötzlich wachte ich auf. Ich war eingeschlafen, ohne das zu merken. Ich hob meinen Arm und schaute auf die Armbanduhr. Die war ein Geschenk meines Bruders - eine russische Marineoffiziersuhr, groß und schwer, aber recht schick. Mein Bruder selbst hat nie gedient. Als er 18 wurde, war Krieg - in Afghanistan. Wir hatten alles getan, damit er als „nicht tauglich" eingestuft wurde.

Es war 4 Uhr morgens. Bald mussten wir in Braunschweig ankommen. Ich faltete die Bettwäsche zusammen und schaute aus dem Fenster. Es war dunkel, der Himmel hellte sich nur zögernd auf. Dichter Nebel floss am Zug vorbei. Die milchigen Wellen verwandelten die Landschaft in ein verschlafenes Märchen. Puschkin schrieb, dass sein Held Eugen Onegin „aus nebligem Deutschland Früchte der Bildung brachte".

Die Schaffnerin hörte anscheinend, wie ich in meinem Abteil mit der Reisetasche hantierte und kam vorbei: „Bald kommen wir nach Braunschweig. Möchten Sie noch eine Tasse Kaffee auf den Weg?" Ob sie überhaupt geschlafen hatte?

Ich packte den Kerzenhalter behutsam ein. Ein kleines Teil fiel herunter, ich hob es auf. Es war ein abgebrochenes Blatt. Ich betrachtete es länger als es nötig gewesen wäre und packte es schließlich mit ein.

Braunschweig. Die Schaffnerin öffnete die Waggontür, wünschte mir alles Gute. Ich dankte ihr: „Spasibo. Auf Wiedersehen!" und trat in die nasse Kälte. Die Stadt schlief noch. Laternen leuchteten verschwommen durch den Nebel. Mein Mann erwartete mich auf dem Bahnsteig und nahm mir die Tasche ab. „Wie geht es den Kindern?" fragte ich. „Gut. Wie geht es dir?"

Wir gingen die Treppe hinunter und durch den leeren Gang zur Bahnhofshalle. Kalter herbstlicher Wind zog durch die Gänge.

Ich war zu Hause.

Chancen
MARIANNE JONDRAL

„Hier ist es aber sehr kalt", sagte der Bantu, als er in Frankfurt das Flugzeug verließ.
„Mein Gott, ist es hier warm", entgegnete der Samojede und warf seinen Mantel fort.

Der Macham-Buddha
Anja Börries

Heute ist Julivollmond. Kamphansa, sagen wir in Thailand. Fast schon ist heute der Tag der Sommersonnenwende, der Tag- und Nachtgleiche. Sonne und Mond segnen ihre Tochter und Schwester, die Erde. Alle Gestirne scheinen hell und klar um die blaue Welt; die Planeten feiern mit Erdgeistern und allen Elementen die Schöpfung und das Leben. Jede Kreatur ist eingeladen, dieses Segensfest mit zu feiern, und in dieser Nacht können Träume wahr werden!

Die Insel, auf der ich euch diesen Tag und diese Nacht erleben lasse, heißt „Koh Chanchau". Der Name ist thailändisch und bedeutet so viel wie „Insel des Mondes". Koh Chanchau liegt nämlich im Golf von Siam, den man auf jeder guten Weltkarte finden kann. Ich selbst heiße Kitty. Mein Name ist nicht thailändisch, sondern britisch und bedeutet „Kätzchen". Ja, denn mein Daddy ist Engländer und wird von den stupsnasigen Thais „Farang" genannt: „Langnase". Diese kleine Sprachlektion soll nicht langweilig sein, sie soll euch nur die Unterschiedlichkeit von Namen für ein und dieselbe Sache aufzeigen. Jedes Volk hat seine eigene Sprache, jedes Dorf und jede Familie. Ja, selbst jeder Mensch hat das eine oder andere Geheimwort für ein bestimmtes Ding. Aber alle benennen mehr oder weniger die gleichen Dinge und interessieren sich mehr oder weniger für dasselbe.

Tamarindenbaum heißt auf thailändisch „Macham". Der, welcher an unserem Strand steht, ist sehr alt und wichtig. Wichtig ist er nicht nur als Treffpunkt, sondern auch, weil er seit langer Zeit wissend über allem Treiben im Dorf wacht. Unsere Alten sagen, er sei ein „Buddha". Buddha, das heißt Erleuchteter, Erwachter.

Unser Macham-Buddha ist immer wach und lebendig, nichts kann ihm entgehen, und sein Dasein ist hell erleuchtet. Wir schmücken ihn mit bunten Bändern und Blumen und zünden blütenduftende Räucherstäbchen an seinen Wurzeln, damit er unsere Familien beschützt, deren Handeln und Reden er genau kennt.

Ich selbst nenne ihn „Himmelsleiter".

Wenn ich zu seinen Füßen liege und in die von vielen Vogelfamilien bewohnte Blätterkrone blicke, meine ich, seine äußersten Spitzen berühren direkt den Himmel. Oft meditiere ich unter der Himmelsleiter: dann bin ich, aufmerksam ruhend, in mich gekehrt. Oder ich träume meinen größten Wunsch: Im Himmel zu sein, bei allen Engeln, von denen Daddy mir erzählt, und bei allen Buddhas und Devas von denen „Mä", meine Mutter, berichtet. Beide können nämlich phantastische Geschichten über den Himmel erzählen; beide waren allerdings noch nicht selbst dort.

Heute weckt mich Taleh aus meiner süßen Anstrengung, den Himmel zu erreichen. Nebenbei gesagt „Taleh" heißt auf thailändisch Meer, und meine Freundin ist eine Prinzessin des Meeres. Sie wohnt nämlich, wie nur noch wenige Thais, direkt am Strand. Mit ihrer Mutter und ihren zwei kleinen Geschwistern haust sie in einer Hütte aus Treibgut und isst, was die Natur gibt, oder was freundliche Menschen abgeben.

Talehs Mutter ist nämlich ein Buddha, auch wenn sie als Frau geboren wurde und ihre Buddhaschaft deshalb von fast allen Buddhamännern bestritten wird. Doch alle, die sie kennen, halten sie für einen, bzw. eine Buddha, denn sie ist grenzenlos gütig und weise. Buddhas sind eine Art Mensch, die ihre himmlischen Eigenschaften finden, ausbilden und zum Wohle aller nutzen. Natürlich können auch andere Lebewesen Buddhas sein, wie man an unserem Tamarindenbaum sieht. Sie sind höchst entwickelte Vertreter ihrer Art, die der Welt und ihren Bewohnern helfen. Es kann mehrere Buddhas zur gleichen Zeit geben. Nicht nur einen, der, so wie Jesus, von dem mein Daddy immer erzählt, ein für alle Male gelebt hat. Buddhisten halten Jesus Christus für einen sehr fortgeschrittenen Buddha-Anwärter. Zu verschiedenen Zeiten haben die Buddhas sowohl verschiedene Interessen und Anliegen, als auch verschiedene Mittel. Sie können viele Wunder vollbringen, so wie es auch Jesus von Nazareth konnte. 5000 Leute zu verköstigen oder Todsterbenskranke zu heilen, oder das Wasser zur Menschenrettung zu teilen – das alles sind Kinderspiele für einen richtigen Buddha.

„Kitty, kommst du an unseren Strand? Heute ist doch Kamphansa und meine Mutter röstet besondere Reisbällchen zu Ehren aller Buddhas", fragt Taleh. „Natürlich komme ich, ich war gerade auf dem Weg zu ihnen, und sie schienen mir wohl gesonnen zu sein. Es kann jedoch nur nützen, bei der Opferzeremonie anwesend zu sein und ihnen einige süße Reisbällchen ehrfurchtsvoll anzubieten.", entgegne ich, von den Wurzeln der Himmelsleiter springend. „Du redest vielleicht manchmal geschwollen!", sagt Taleh vorwurfsvoll „Sprich lieber Thai, da werden nicht viele Worte verloren und wertvolle Luftenergie verschwendet, bloß um Ja zu sagen. „Tschaah-kaah" heißt es da einfach."

Bevor wir Reisbällchen opfern können, begrüßen wir gemeinsam diesen besonderen Tag, den wir ganz bewusst und in aller Ernsthaftigkeit nutzen wollen, um unsere Erde und unser Leben zu lobpreisen. Und natürlich den Himmel. Wir gehen feierlich und still zu einer geheimen Stelle in den Felsen. Dort setzen wir uns mit gekreuzten Beinen hin und erwarten den Auftritt unseres liebsten Himmelsboten, der Sonne. Ihren Schein hatte sie ja schon vor einiger Zeit ausgeschickt, welcher dann auch Taleh und mich aus unseren Betten lockte. Nun malt sie pinkfarbenes Lichtfeuer in die Atmosphäre. Kleine Wölkchen sind in tiefes Violett getaucht in diesem morgendlichen himmlischen Kunstwerk.

Wir sitzen regungslos und atmen ganz tief in unseren Bauch. Langsam ein und langsam aus. Wir konzentrieren uns nur auf unseren Atem und natürlich ein bisschen auf den Moment, an dem der Feuerball aufgehen wird. Und als die Sonne langsam aus dem Meereshorizont auftaucht, durchzuckt es uns beide vor heller Freude. Wir fassen uns wortlos an den Händen, blicken uns in die Augen und schwören uns an diesem Tag ewige Treue und Freundschaft. Die Morgensonne segnet uns und unseren Schwur, sowie jeden Menschen, der sie liebevoll anblickt.

Wir führen unseren Sonnengruß, die Jahrtausende alte Tradition des „Surya namaskar", gemeinsam aus. Unser liebster Freund hat uns dieses Yoga beigebracht, und derweil wir die Sonne mit gestreckten Gliedern und gedehnten Rücken preisen und grüßen, grüßen wir auch ihn.

Und dann geht es lachend und jubelnd über die Felsen im Meer zur nächsten Bucht. „Sawasdee-kah, Guten Tag Kitty", empfängt mich Talehs Mutter mit gütigem Blick. Die kleinen Geschwister Talehs sitzen schon frisch gebadet und blumengeschmückt ums Feuer. Sie lächeln und geben mir ein in Palmblätter gewickeltes, mit Banane gefülltes Reisröllchen, das ich über den tanzenden Flammen röste. Während ich es im Geist den Himmelsbewohnern opfere, esse ich es genüsslich auf: „Aroi dieh, schmeckt das gut!" Sonne grüßen macht hungrig.

„So Kinder", sagt Talehs Mutter, „nun geht und gebt auch den Tieren. Nehmt den trockenen Reis und teilt ihn unter dem Federvieh auf. Vergesst auch die Ziegen nicht und bietet ihnen etwas grünes Gemüse an, denn die Weibchen sind trächtig und brauchen Kraft." Es macht uns Spaß, die Ziegen, Hühner, Enten und Gänse zu füttern. Jedes Tier wird liebevoll einzeln bedacht. Es wird geherzt und getätschelt, und so teilen wir den Segen der Sonne, den wir am Morgen empfangen haben, unter all unseren Lieblingen auf.

Auch die Tiere sind heute in ausgelassener Stimmung und freuen sich über den Zauber dieses Tages. Die besondere Klarheit der kristallenen Luftschichten und die unendliche Weite des Himmels scheinen deutlich bis ins Weltall hinein zu reichen.

Santa Claus, der Ziegenbock, wittert genießerisch ins Nichts, bevor es ihm genehm ist, vom Futter zu kosten. Er mag es sehr, wenn wir ihm seinen weißen Fleck zwischen den Hörnern kraulen. So setzt er sich auch jetzt vor Entzücken auf die Hinterbeine und schließt die Augen. Doch sofort kommt Spaghetti, sein Widersacher. Der braune Hund zwickt ihn in den Po und bellt ihn auffordernd an. Sofort erhebt sich „Santa Claus", der Weihnachtsmann, zu beachtlicher Größe auf die Hinterbeine und droht dem Hund, indem er ihm die Hörner zudreht und wiehert.

Doch es ist nur Spaß. Sobald der Ziegenbock wieder auf allen Vieren steht, preschen die beiden los und jagen sich gegenseitig spielerisch am Strand.

Nachdem die Tiere versorgt sind, haben wir Zeit, unseren allerbesten Freund zu besuchen. Die Inselbewohner nennen ihn „Papa", obwohl er ein Fremder ist und niemandes wirklicher Vater. Aber alle hier lieben ihn sehr, bitten ihn um seinen guten Ratschlag und schätzen seine Hilfe. Er lebt zurückgezogen im Wald, und der Weg zu ihm ist ein bisschen beschwerlich.

Hier im Wald riecht es nach frischen Kräutern, und wir pflücken einige, die wir kennen, um später einen Tee daraus zu bereiten. Wir versuchen, die Milliarden von Moskitos zu ignorieren, die um uns herum schwirren und uns stechen wollen. Huch, eine dicke Pythonschlange liegt zusammengerollt auf unserem Weg. „Bitte, liebe Schlange, lass uns durch, wir wollen zu unserem Freund Papa!", flüstere ich, und Taleh fügt noch schnell hinzu: „Entschuldige, dass wir dich in deiner Morgenandacht stören." Sofort streckt sich die Schlange aus und gleitet zwei Meter lang ins Gebüsch. Fröhlich setzen wir unseren Weg fort, singen mit den Vögeln und treffen sogar noch einen Leguan, der breitarmig unseren Weg kreuzt.

„Guten Morgen, Papa!", rufen wir, als wir am Haus ankommen, „Wir haben Klebreisröllchen mitgebracht." – „Hallo, ihr Lieben, na ihr kommt zur rechten Zeit, denn ich habe gerade den Chai fertig. Kommt her und setzt euch zu mir!" Bei dem Wort für Tee nehmen wir auch schon den guten Duft des Ingwer-Gewürz-Getränks wahr und nehmen die Einladung gern an.

Unser Freund Papa ist ein Yogi. Das bedeutet, dass er in uraltes Wissen und Praktiken über den Menschen und das Leben eingeweiht ist und diese aus Indien kommende Weisheit lebt und lehrt. Wenn wir bei ihm sein dürfen, fühlen wir uns immer zutiefst wohl und zufrieden. „Habt ihr heute schon auf dem Kopf gestanden, Kinder?", fragt er uns, gerade als wir die Reisbälle auspacken wollen. „Nein", geben wir zu, ohne uns zu rechtfertigen, denn Papa hat uns beigebracht, dass klare, ehrliche Aussagen immer einem Herumgedrucke vorzuziehen sind. Alles andere sei Energieverschwendung, sagt er, und Energie nicht zu verschwenden, sondern sinnvoll zu nutzen, sei unsere Aufgabe als Mensch auf dieser Welt.

Schon knien wir uns auf den Boden, falten die Hände vorm Gesicht und legen den Hinterkopf direkt an die gefalteten Hände auf eine Decke am Boden.

Wir laufen nun langsam mit den Füßen in Richtung Nase, bis sich Po und Beine fast von selbst heben. Papa steht zwischen uns und hält meine Beine mit der linken und Talehs mit der rechten Hand. So gestützt können wir Füße und Wirbelsäule schön in die Luft strecken und sehen die Welt verkehrt herum. Die Katze Schippo scheint an den Anblick verkehrt herum stehender Menschen gewöhnt zu sein. Sie gähnt nur und putzt sich hingebungsvoll.

„So, ihr beiden Kopfsteherinnen. Schließt jetzt die Augen! Zweck des Yogas ist nämlich, sich von innen zu erkennen. Dort geschieht das eigentliche Leben. Seht in euch hinein und entspannt euch dort drinnen. Atmet langsam, gleichmäßig und tief ein, und wenn es nicht weiter geht, dann lasst den Atem langsam ausströmen. Nun wieder ein- und langsam ausatmen, bis ihr müde werdet, in dieser Position zu stehen."

Gehorsam führen wir aus, was uns gesagt wird und spüren, wie frische Lebenskraft in unseren Kopf gelangt und wie unser Blut in jede kleinste Ader des Kopfes dringt, um diese mit lebenswichtigem Sauerstoff zu versorgen. Ich merke zuerst, dass ich genug auf dem Kopf gestanden habe. Also führe ich langsam und bewusst die Beine gen Boden, denn nichts geschieht im Yoga unbewusst und schnell. Ich verharre, den Kopf noch am Boden, auf den Knien, und als ich wieder lächelnd aufblicke, sehe ich gerade Taleh, wie sie in der Hüfte einknickt und die Beine gestreckt zum Boden bewegt. Sehr elegant sieht das bei ihr aus, wie ich zugeben muss.

„Sehr gut, ihr zwei. Doch übt diesen Kopfstand noch nicht allein. Ein Erwachsener muss immer dabei sein, der euch stützen und korrigieren kann."

Nein, wir wollen nichts Vorwitziges tun.

Nachdem wir diese „asana", diese Yoga-Körperübung, ausgeführt haben, packen wir endlich die mitgebrachten Opfergaben aus. Wir genießen zusammen die letzten Reisbällchen und sehen Papa dabei zu, wie er seines mit gesenktem Kopf der Sonne entgegenhält, bevor er es zum Mund führt.

Wir mögen die Umgebung, in der Papa wohnt, sehr gern: Der Anblick der grünen Bäume und des zitternden Bambus erfreut uns. Die Bambusblätter sehen aus, als winkten sie einem zu.

Auf einmal unterbrechen Rufe und Schreie unser idyllisches Beisammensein. Talehs kleiner Bruder Num stürzt aus den Büschen hervor und bringt eine Riesenwolke Moskitos mit: „Zu Hilfe, zu Hilfe, kommt schnell Mama zu Hilfe. Die Leute wollen unser Haus einreißen! Kommt doch endlich, kommt!", schreit er völlig außer sich. Wir sehen einander an und erkennen, dass jetzt wohl keine Zeit ist, Fragen zu stellen. Papa lässt alles stehen und liegen und fasst den kleinen Num an der Hand, der ihn auch kräftig vorwärts zieht.

Als wir am Strand ankommen, sehen wir Talehs Mutter mit entsetztem Gesicht. Sie steht mit ihrer kleinsten Tochter Fah fünf gestikulierenden, uniformierten Männern gegenüber. Die Situation von weitem wahrnehmend, stürzt Taleh atemlos auf die Menschengruppe zu, hebt die Faust und fängt im Laufen zu drohen an: „Lassen Sie meine Mutter zufrieden! Was wollen Sie auf unserem Land? Sehen Sie zu, dass Sie hier fortkommen!"

Doch Mutter Chawalee hält sie auf: „Beruhige dich Taleh, so löst man keine Probleme! Entschuldige dich bei den Herrschaften für diese unpassende Begrüßung. Sie sind Abgesandte des Königs und kommen in seiner Mission. Frage sie höflich nach ihrem erlauchten Begehren. Du musst ihnen ehrerbietig eine Erfrischung reichen. Dort steht Yasmintee. Weise den Herren einen trockenen Platz an, vielleicht ist es dir entgangen, dass es angefangen hat zu regnen."

Ich wundere mich nicht weniger als Taleh über diese Aufforderung, aber immerhin sind die Männer Botschafter des Königs. Es scheint tatsächlich besser zu sein, sich erst einmal zu beruhigen.

Papa hilft uns, den Tee zu holen und ihn den fünf Herren anzubieten. Diese nehmen freundlich nickend und lächelnd an. Man setzt sich auf einen angeschwemmten Palmstamm unter einer Pinie zum Gespräch. Im Sitzen und in aller Ruhe verhandelt es sich besser. „Chawalee", beginnt einer der Herren zu Talehs Mutter zu sprechen „Chawalee, dein König verlangt, dass du dein Land so gestaltest, wie alle anderen auf dieser Insel auch. Es soll bequem hergerichtet werden für die Touristen, die das Land unseres Königs besuchen. Sie sollen hübsche Läden vorfinden, in denen sie Erfrischungen kaufen können. Sie sollen die Möglichkeit haben, Liegestühle am Strand zu mieten, um nicht im Sand sitzen zu müssen. Sie sollen sauberen Sand vorfinden. Der Sand auf deinem Land ist aber schmutzig, denn deine Tiere verunreinigen ihn. Du vermietest keine spaßfördernden Gegenstände und hast auch keinen Erfrischungsstand auf deinem Grundstück."

„Wenn jemand eine Erfrischung braucht, so bin ich gern bereit zu geben, wie Ihr, werte Herren, selbst seht und Euch gerade schmecken lasst. Ich verkaufe sie jedoch nicht, denn Wasser ist frei und lebensnotwendig. Warum sollen wir Menschen uns gegenseitig die Lebensnotwendigkeiten verkaufen, die Gott in Hülle und Fülle gibt?" entgegnet Chawalee. „Ich stelle keine Liegestühle auf mein Land, denn auf dieses Stück Land hat die Natur Sand geweht, den man auf der Haut spüren kann und der einem nichts tut, denn er ist feinkörnige Erde. Schließlich ist auch der Mensch aus Erde und Wasser gemacht. Meine Tiere verunreinigen den Strand nicht mehr als die Plastikflaschen und Verpackungen, die der Tourist wegwirft."

„Trotzdem", sagt einer der Botschafter des Königs, „du musst dich fügen und anpassen! Deine Bucht ist ein Schandfleck für die ganze Insel. Wenn du nicht bald Gehorsam leistest und dein Land zu einem Ferienparadies gestaltest, vertreiben wir dich von hier und nehmen es dir weg! Eigentlich gehört es sowieso nicht dir, sondern dem König. Unser Land braucht Geld, denn viele Menschen sind arm. Touristen bringen Geld, also weg hier mit dieser, dieser Natur!" Die anderen Vier sind schon aufgestanden. Alle verbeugen sich knapp mit zusammengefalteten Händen und ziehen von dannen.

„Mama, was wollten die? Was soll das bedeuten?" fragt Num verständnislos, „Dies ist doch unser Zuhause ...". „Ja mein Lieber, aber tatsächlich gehört das Land dem König. Alles in diesem Reich gehört dem König, und wenn seine Ratgeber ihm beibringen, er müsse auf diese oder auf jene Weise mit dem Land verfahren, dann bestimmt er es so", sagt Chawalee, die Mutter, etwas traurig.

„Meistens kann ein König noch nicht einmal über sein eigenes Land bestimmen, wie er will. Die Reisenden, die aus aller Welt an unsere Strände kommen, verlangen Verhältnisse im Urlaub, die sie aus ihrem eigenen Land kennen. Tatsächlich ist das Leben, das eure Familie hier am Strand auf traditionelle Thai-Art führt, nicht mehr zeitgemäß", erklärt Papa und kratzt sich bedauernd den Kopf.

„Nicht zeitgemäß? Warum nicht?", fragt Taleh, die sehr wütend und ratlos ist, „Ich kenne keine Zeit, in der ich nicht so gelebt hätte, wie ich es jetzt tue. Wir waren hier zuerst! Bevor all diese Farangs kamen."

„Ja Taleh, aber all diese Urlauber kommen aus einer Welt des Geldes, und sie meinen, sich damit alles kaufen zu können. Computer und Technik bestimmen ihr Leben, nicht mehr die Natur. Sie leben in Städten, in geschlossenen Wohnungen und Häusern, in die Tiere nicht leicht eindringen können", erklärt Papa weiter und wird von der kleinen Fah unterbrochen: „Wie? Können die Tiere denn gar nicht ins Haus kommen? Auch nicht, wenn es regnet oder die Sonne im Zenit steht und furchtbar heiß scheint?" „Nein", wird Fah von Papa belehrt, „Tiere sollen draußen leben. Sie haben Pflanzen und Bäume zum Schutz. Das ist in der westlichen Welt anders als hier. Und wenn die westlichen Menschen hierher kommen, wollen sie Häuser, die sie kennen und als sicher empfinden. Viele Thais bauen solche Betonhäuser, denn sie wollen mit den Urlaubern Geschäfte machen. Sie wollen auch in einer Welt des Geldes und der Technik leben. Also stellen sie westliche Verhältnisse her und vertreiben die Natur. Die Touristen wollen sich zum Beispiel auch nicht mit einfachem Regenwasser waschen, so wie ihr. Wasser muss für sie von anderen Elementen gereinigt sein."

„Papa?", fragt Num, „warum wollen sie denn, dass das Regenwasser gereinigt ist? Im Meerwasser sind doch auch Tiere, genau wie in der Luft und auf der Erde".

„Ja, weißt du, der moderne Mensch hat Angst vor Krankheiten. Er glaubt, dass in aller Natur, die nicht chemisch behandelt wurde, kleinste Bakterien sind, die krank machen." „Krank macht der Mensch sich nur selbst", stellt Chawalee fest.

„Wenn der Mensch nicht in seinem eigenen Gleichgewicht ist, können ihn Bakterien und andere Krankheitserreger von außen angreifen und schwächen. Dann wird ein Mensch krank. Die Balance zu finden und zu halten, ist eine der wichtigsten Lehren Buddhas. Statt die äußeren Dinge, wie Bakterien, gefährliche Situationen, oder Lebewesen zu bekämpfen, muss er seine eigenen schlechten Gedanken mit guten davon jagen. Das Gute siegt, wenn man ihm Macht in seinem Inneren gibt."

„Ich verstehe nicht, wovon du redest", bedauert Taleh.

„Nun, stellt euch vor: Ein Mensch wäscht sich mit Wasser, das etwas trübe aussieht. Blätter mögen hinein gefallen sein, und die Farbe hat sich von kristallklar zu bräunlich verändert. Nach wie vor ist es Wasser, doch es enthält zusätzlich ein paar Pflanzenstoffe und Bakterien, die durch das Verfaulen der Pflanzen im Wasser entstanden sind. Dieses Faule existiert aber auch in unserem eigenen Körper. Ständig sterben Zellen ab, deren Kraft verbraucht ist, aber es bilden sich auch ständig neue. Und unsere körpereigenen Gesundheitswächter, unser Immunsystem, werden mit diesen Bakterien fertig. Stellt euch also dieses Wasser vor. Ihr würdet nicht den kleinsten Zweifel haben, es in irgendeiner Art und Weise mit eurem Körper in Berührung zu bringen. Höchstens würdet ihr sagen: ‚Oh, danke Wasser, du erfrischst mich'. Richtig?"

„Richtig!", stimmen wir alle überein.

„Gut. Aber ein Kind aus dem Westen oder sogar schon aus der großen

Stadt Bangkok würde anders reagieren. Sie kennen Wasser nur aus der Flasche oder aus der Leitung. Auf Unbekanntes reagieren viele Menschen zunächst mit Angst. Die ist auch manchmal im Leben angebracht, aber nicht immer. Die Menschen sollten in ihrer Angst innehalten, die Lage mit einem gesunden Menschenverstand beobachten und entscheiden, ob ihr Leben wirklich bedroht ist. Auf einen Gedanken der Angst, wie etwa: „Oh Gott, ich werde an diesem Wasser sterben, oder mindestens ganz furchtbar krank werden. Ich habe Angst!" sollte sich der Mensch sofort sagen: „Nein, ich habe keine Angst, und dieses Wasser wird meiner Gesundheit rein gar nichts anhaben. Im Gegenteil, es wird mich gesünder machen und meinen Körper rein waschen. Der letzte Gedanke wird siegen und es wird nichts passieren."

Papa unterbricht seinen Vortrag, um sich zu vergewissern, ob wir ihm alle folgen können. Wir blicken ihn aufmerksam an, um ihn zum Fortfahren zu ermuntern.

„Ihr müsst wissen, dass der Gedanke uns bestimmt und nicht die äußeren Umstände. Der Gedanke ist die mächtigste Kraft in uns. Er kann mit der Haut zusammen arbeiten und sie jucken lassen. Ein Angstgedanke kann sogar kleine Pusteln erscheinen lassen. Doch ein anderer, ein guter Gedanke, kann die Pusteln wieder verschwinden lassen und den Juckreiz beenden. Wichtig ist nur, dass wir uns auf den guten Gedanken konzentrieren und uns nicht von ihm abbringen lassen! Unsere Gedanken bestimmen unser Leben. Äußere Situationen wirken zwar auf uns ein, wichtig und ausschlaggebend ist jedoch nur, wie wir gedanklich auf sie antworten und reagieren."

Taleh hat die Stirn in Falten gelegt und richtet sich an Papa: „Aber manchmal ist es schwer, gute Gedanken zu haben. Es scheint, als fiele es leichter, schlechte Gedanken zu haben. Wie kann man denn dieses positive Denken lernen?"

„Positiv zu denken und klug zu handeln fällt dem Menschen leichter, wenn ein Bestandteil seines täglichen Lebens die Meditation ist. Noch besser ist es, wenn er auch seinen Körper stark weiß. Deshalb sollte er zusätzlich zum Meditationstraining Yoga üben. Es gibt viel mehr in unserem Körper zu pflegen, als nur Haut und Haare zu waschen oder die Zähne zu putzen. Wir leben auf dieser Welt in erster Linie in unserem Körper und erst in zweiter Linie in unseren Häusern, in unseren Zimmern. Der Körper ist das Zuhause der Seele, und diese Seele – das sind wir."

Während die beiden Kleinen noch über den letzten Satz nachdenken und dabei im Sand malen, sagt Taleh: „Ich denke, dass die Angelegenheit zwischen dem König und uns ein gutes Ende nehmen wird. Wir werden weiterhin hier selbstbestimmt leben dürfen und müssen nichts um der Touristen willen verändern. Im Gegenteil: Der König wird es gut finden, dass wir den Touristen zeigen, wie Thais mit der Natur leben. Mancher Fremde findet es sowieso schöner an unserem Strand als anderswo auf der Insel, denn hier ist es viel interessanter und lebendiger. Und schließlich ist hier das Zuhause unserer Körper und somit unserer Seelen. Niemand kann unser Heim nehmen, nicht der König, nur Gott könnte es vielleicht." „Das ist die richtige Einstellung, meine Tochter", sagt Chawalee froh und nickt ihrer Ältesten anerkennend zu.

Da tut sich genau gegenüber unserer kleinen Menschengruppe ein wunderschöner, kräftiger Regenbogen auf, der uns in Lila, Blau, Türkis, Grün, Gelb, Orange und Rot zuwinkt.

Der Regenbogen scheint uns als Bote der übergeordneten Natur ein klares Zeichen für die gute Wendung der Dinge zu geben und erleichtert unsere Herzen. Außerdem erlöst er uns von den richtigen und wohl gemeinten, aber dennoch anstrengenden Belehrungen der Erwachsenen.

„Juchhuuuu," ruft Num und springt als erster ins Meer. Wir Mädchen folgen ihm und sind nicht weniger begeistert. Das Wasser umhüllt unsere Körper, wenn wir uns wie kleine Seeschlangen drehen. In solchem Moment ist Gott ganz klar das nasse Element, das uns beschützt und hält. Keines von uns Mädchen möchte an diesem besonderen Tag mit Num um die Wette schwimmen, und so muss er sich unserem Meeresgöttinnenspiel anschließen. Das tut er nur, wenn wir ihn König sein lassen, was wir gern tun, denn was kann ein König uns schon anhaben?!

Wir tauchen nach Muscheln und finden ganz wunderbare Formen. Unsere Untertanen, die kleinen Fischchen, flirren um uns herum, und dann und wann begegnen wir auf dem Meeresboden einem Krebs, den wir fröhlich grüßen.

Der himmlische Regenbogen setzt sich auch unter Wasser fort: Die Sonnenstrahlen brechen sich an der Wasseroberfläche und zeichnen bunte Zirkel auf alle Meeresdinge. Fah taucht wie ein Delphin und stößt aus dem Mund kleine Luftbläschen aus. Taleh versucht, aller Verbote zum Trotz, in ungeeignetster Umgebung auf dem Kopf zu stehen. Doch die Auftriebskraft des Wassers verhindert, dass diese Akrobatik gelingt. Num, unser König der Weltmeere, schlägt wässrige Purzelbäume, und ich halte mir vor Lachen den Bauch. Gemeinsam steigen wir an die Wasseroberfläche, um Luft zu schnappen.

„Seht nur, wie tief die Sonne schon steht", gibt Fah zu bedenken, „ich muss zum Haus zurück gehen und fegen." „Und ich muss Futter für die

Tiere machen", erinnert sich Num. „Kitty, hilfst du mir, Feuerholz zu sammeln?" „Na klar, Taleh."

„Ach, da seid ihr wieder Kinder. Seht her, ich habe Mangofrüchte gesammelt," begrüßt uns Chawalee, „esst euch satt daran." Das lassen wir uns nicht zweimal sagen. Schalen und Kerne werden getrennt. Erstere sind für die Tiere bestimmt, Letztere werden später verbrannt. Nichts verkommt auf Chawalees Hof.

Taleh und ich gehen ein kleines Stück in den Wald hinein, um trockenes Holz für das Abendfeuer zu sammeln. Als wir zurück kommen, ist Fah schon fast mit dem Fegen fertig und will dabei sein, wenn wir das Feuer zünden. Taleh gibt mir ein Stückchen Kokosnussfaser, und ich setze im rechten Winkel ein kleines Feuerhölzchen hinein. Es wird rhythmisch mit beiden Händen gedreht. Erst kommt Qualm, der von uns dreien singend empfangen wird: „Komm, lieber Feuergott, züngelndes Element der Wärme und des Lichts! Du bist Leben und wir wollen dich ehren. Beschütze uns und unseren Hof an diesem Abend und an jedem neuen Tag! Wir geben dir reichlich Holz und Gesang. Komm, Fai, Feuer, Gott des warmen Lebens!" Und es kommt. Schnell entzündet sich die Kokosfaser, und wir setzen den verzehrenden und beschützenden Gott auf die Kochstelle. Sofort kommt ein Wasserkessel darauf, um keine Energie zu verschwenden.

Es winkt jemand von weitem, und ich erkenne meinen Großvater. „Ja, Pa, ich komme", rufe ich und renne ihm entgegen. „Pa" heißt auf thailändisch Vater, und ich nenne ihn so, obwohl er mein Großvater ist. Er hat inzwischen auf einer Hängewurzel Platz genommen, atmet den Duft der Baumblüten und knetet seine Hände. Letzteres tut er immer, wenn er nichts zu tun hat. Er sagt, es fördere die Gesundheit.

„Na, meine kleine Kitty, hast du einen schönen Kamphansa? Heute ist der Tag der neuen Mönchsweihe und der Beginn der Regenzeit. Tag und Nacht sind heute gleich lang. Die Sonne hast du am Morgen schon gebührend begrüßt, ich habe dir dabei zugesehen. Damit du den Mond nicht nur von weitem und kurz vor dem Zubettgehen sehen musst, habe ich mich entschlossen, dich und deine Freundin Taleh heute Nacht zum Fischen mit aufs Meer zu nehmen. Kommt später an mein Boot", sagt Pa, während er sich anschickt zu gehen. „Ja gern Großvater, vielen Dank, Pa!"

Taleh jubelt vor Freude und macht einige Male Handstandüberschlag. Num weint. „Du dummer Junge", sagt seine ältere Schwester, „hast du schon vergessen, was Papa uns heute Nachmittag erzählt hat? Mach dich von deinen negativen Gefühlen und Gedanken frei. Lass dir aus Erfahrung sagen: Die Tränen nützen dir gar nichts. Sie schwächen dich nur. Freue dich lieber, dass du der Bruder des Mädchens bist, das heute mit Pa Ruoi, dem ältesten und erfahrensten Fischer der ganzen Insel Chanchaus, Nachtfischen gehen darf. Und erinnere dich an deine Pflicht als männliches Familienoberhaupt, auf deine Mutter, deine kleine Schwester und die Tiere aufzupassen."

„Es ist richtig, was du sagst, große Schwester, entschuldige meine Dummheit", gibt der kleine Mann zu unserem Erstaunen zu.

„Mitten in der Nacht, auf dem großen Meer? An so einem besonderen Tag? Na, so ein Glück für euch, dass ihr von Pa Ruoi eingeladen seid. Dann könnt ihr die Kamphansa-Mondzeremonie ja auf dem Wasser vollziehen", schlägt Chawalee zu unserer Freude vor. „Lasst uns keine Zeit verschwenden. Die Sonne geht schon bald unter, und dann ist der Mond nicht mehr weit. Gleich nach dem Abendessen werden wir die Opfergaben herrichten. Kitty, isst du mit uns?"

Siedendheiß fährt mir ein Schreck in die Knochen, und mir fällt die Pflicht ein, meine Mama, von unserem nächtlichen Vorhaben zu informieren. „Oh nein ‚Pi' Chawalee, große Schwester", antworte ich, „ich würde gern, doch ich muss jetzt schnell nach Hause gehen, um meine Mutter zu informieren und um Erlaubnis für heute Nacht zu bitten." „Beeile dich, es vor Mondaufgang zu schaffen. Wir bereiten alles für dich mit vor", ruft Taleh meiner Staubwolke noch hinterher.

„Ich bin mir eigentlich sicher, dass sie mir die Erlaubnis geben wird, mit Pa auf dem Meer zu fischen. Aber es gehört sich einfach, dass ich sie persönlich bitte", denke ich auf dem Weg nach Hause. Meine Mutter empfängt mich an der Treppe zum Haus.

„Mama, Ma, ich habe kaum Zeit, aber ich wollte dich schnell ..." „Ach, weißt du auch noch auf dieser Insel, mein Mädchen?" fällt sie mir ins Wort. Sie hat die Stirn gerunzelt und ihre Augen funkeln wild. „Mami, ich war bei Chawalee und bei Papa und dann kamen die Königsherren und schließlich der Regenbogen, und dann sind wir – aber ich habe keine Zeit dir alles zu berichten, denn ich muss die Kamphansa-Mondzeremonie auf dem Meer vollziehen!" „Mein liebes Kätzchen (das meint sie im Moment ironisch) du wirst gar nichts vollziehen, außer einer Geduldsübung! Erzähle mir bitte, was du heute getan hast. Ich habe dich den ganzen Tag über gesucht und hätte oft deine Hilfe gebrauchen können. Pa hat mir zwar erzählt, dass bei Chawalee ein königlicher Vorfall war, aber ich würde es trotzdem gern von meiner Tochter selbst hören. Was den nächtlichen Meeresausflug betrifft, so ist dein Daddy ganz und gar nicht damit einverstanden!"

„Aber –", wage ich einzuwenden. „Kein aber! Du setzt dich jetzt hier unter den Macham-Buddha und isst in Ruhe dein Abendbrot! Und da man mit vollem Mund nicht redet, sondern kaut, wirst du dir den Bericht für später aufheben."

Ich gehorche und esse das Abendbrot aus Reis und Blumenkohl. Um meine Mutter nicht noch mehr gegen mich aufzubringen, kaue ich jeden Bissen gründlich, bevor ich ihn runterschlucke. Wie erwartet, wird Mä milder. „Kitty, ich weiß um die Ehre, die Großvater euch erweist. Wenn ich es recht bedenke, mag ich dich nicht zurückhalten. Bei Mondaufgang sollst du auf offenem Meer sein und zum Wohl der Familie dem Kamphansa-Mond opfern."

„Oh Mama, du lässt mich wirklich?", frage ich. „Natürlich lasse ich dich. So etwas kann man sich doch nicht entgehen lassen, und die Opferzeremonie ist für uns alle von großer Bedeutung." „Und glaubst du, Daddy wird das auch so sehen?" frage ich etwas ängstlich. „Natürlich wird er das so sehen. Überlass das nur mir. Während du isst, werde ich die Opfergeschenke vorbereiten." „Vielen, vielen Dank liebe Mä, für dein Verständnis und deine Großzügigkeit. Ich hatte mich kurzzeitig nicht unter Kontrolle und habe ganz unschön mit dir gesprochen. Geduld und Selbstkontrolle sind Haupttugenden eines Buddhisten, das hatte ich dummerweise vergessen. Und es tut mir wirklich Leid, dass ich dich heute so im Stich gelassen habe, aber es ist so viel passiert." Ich lege die Hände vor der Brust zusammen und senke den Kopf gebührend. „Ist schon gut meine liebe ‚Me-au', mein kleines Kätzchen, es sei dir verziehen", sagt meine Mutter, während sie selbst die Hände faltet und sich vor mir verbeugt, denn gegenseitiger Respekt sind die wichtigsten Tugenden im Leben der Menschen.

Voller Erwartung empfängt mich Taleh am Boot meines Großvaters. Wir häufen süß duftende Blüten und Räucherstäbchen, Tee, Tofucurry, Reis, Nudeln und verschiedene Süßigkeiten auf. Schließlich krabbeln wir selbst ins Boot, und Pa steuert uns aufs Meer hinaus. Oh, du wunderschönes Leben! Das Wasser schimmert in allen erdenklichen Grün- und Blautönen, und der Wind malt Wolkenbilder, welche die sinkende Sonne mit rosa Pastell behaucht. Als sich die Sonne endlich ganz von uns andächtigen Kindern verabschiedet, ist sie von fächerförmigen Wölkchen umgeben. In der Mitte, gleißend und tiefrot, der halbe glimmende Feuerball. In unendlicher rotierender Bewegung versinkt er im Meer.

Die Windmühlenwolken haben einen sichtbaren Himmel in die Atmosphäre gewoben, und dieser Teppich zieht über den gesamten Horizont dahin. Königin Luft ruht darauf sanft wispernd aus und bringt auf telepathische Weise die Unendlichkeit in unser Bewusstsein. Wolken spindeln sich entgegengesetzt der Sonne auf und finden sich in einem neuen Zentrum wieder zusammen. Es nimmt die Form eines dicht bewimperten Auges an. Bald wird der Mond direkt daraus hervortreten.

Prinzessin Wasser wogt als Welle, und alle kleinen Fischchen schwimmen ganz nah an der Oberfläche ihres Elements, um bloß nichts von diesem Naturschauspiel zu verpassen. Pa Ruoi, der erfahrenste und älteste Fischer Koh Chanchaus, hat nur ein verständnisvolles Lächeln für sie und krümmt ihnen keine Schuppe. Erde, Wasser, Feuer, Luft und Äther geben sich ein liebliches Stelldichein. Eines jeden Lebewesens Seele ist tief erfüllt mit freudigem Glück; kein Wesen kann sich diesem Spiel der Harmonie entziehen.

Gleich wird der Vollmond aus dem Wasser hervor tauchen und das irdische Leben sanft segnen. Ruhig und ergriffen treten wir Mädchen ihm entgegen. Wir breiten alle Opfergaben aus und entzünden die Räucherstäbchen. Auch Pa ist ganz verzaubert.

Stumm, die Augen weit geöffnet und regungslos auf die weiße Kugel gerichtet, atmen alle tief und gleichmäßig. Wir fühlen unsere Körper mit Lebenskraft und unsere Augen mit klarstem Mondlicht gefüllt. All unsere Bosheiten und Fehler vertrauen wir dem ersten Sommervollmond an und bitten um Segen im kommenden Jahr für die ganze Insel und die ganze Welt. Die reinigende Kraft des Erdtrabanten behandelt die ihm vorgebrachten Dinge und sendet sie gereinigt und gelöst in unsere Herzen zurück.

„Pa, willst du an diesem wundervollen Tag wirklich Fische fangen?" frage ich, als mein Großvater sich anschickt, nach der Beendigung der Zeremonie das Netz auszubringen. „Kleines, ich bin Fischer. Ich fange den Weizen des Meeres, denn es gibt so viele Fische im Meer wie Weizen auf dem Feld. Ich bringe ihn zu den Menschen an Land, damit sie sich mit gutem Meeresfisch nähren können."

„Ich möchte keinen Fisch mehr essen, überhaupt kein Tier", sage ich, und Taleh pflichtet mir bei. „Das ist sehr lobenswert, Kinder. Buddha sagt, man dürfe keine anderen Lebewesen töten. Wenn ihr überhaupt keine anderen Lebewesen esst, lebt ihr schon fast wie ein Buddha", bemerkt mein Großpapa.

„Ach Pa, weißt du, es tut mir Leid, sie aufzuessen. Es gibt so viele Dinge, sich zu ernähren. Wir haben doch genug. Fast nie bin ich richtig hungrig. Überall gibt es frische Früchte und Gemüse, Tee, Reis und Soja und Sesam. Kokosnüsse mag ich sehr gern, und oft esse ich Eier von meiner Henne. Die legt sie extra für mich, sagt Chawalee, der sie gehört."

„Ich esse auch keine Tiere.", informiert Taleh meinen Pa, „Wenn man mal ein Buddha sein will, sollte man das nicht tun. Kitty hat recht. Es gibt so viele andere Dinge zu essen. Wir dürfen unsere Mitlebewesen nicht töten, nur weil ihr Fleisch uns gut schmeckt. Essen muss nicht gut schmecken, denn sonst isst man bloß mehr, als man braucht. Es kommt auf den Nährwert an, sagt meine Mutter."

„Deine Mutter ist eine sehr gute und weise Frau, mein Kind", lobt Pa Ruoi. Er kennt Chawalee schon sehr lange. „Wer ein richtiger Buddha sein will und viel meditiert, der kann wirklich kein Fleisch von Tieren essen. Aber ich bin mein Leben lang nicht nur Buddhist, sondern hauptsächlich Fischer gewesen.

Ich fange und töte Fisch, um der Nahrung anderer willen. Nicht jeder Mensch kann ein Buddha sein. Nicht jeder kann seinen Appetit seinem starken Willen unterwerfen. Für solche Menschen fahre ich allabendlich aufs große Meer und bringe frischen Fisch mit, den sie verarbeiten und verspeisen. Doch hört, was ich tue!"

Pa Ruoi bringt das Netz ins Wasser. Er steht aufrecht im Boot und faltet die Hände vor der Brust:

„Oh Chanchau, liebende Mutter der Erde, segne meine Familie genau wie die Chawalees und beschütze sie! Schenk allen Einsicht und Erleuchtung und bedenke sie auch mit Glück!" Dann kniet er im Boot nieder. Er schöpft etwas Wasser in die hohlen Hände und hält es dem Himmel entgegen: „Oh ‚nahm', großes Wasser. Du lässt mich schon so viele Jahre auf dir fahren und reiche Ernte einbringen. Ich habe dir nie etwas gestohlen, oh ‚taleh', ich bitte dich und du gibst. Ich bringe den Menschen Nahrung aus dir, aus dem Element Wasser, und du nährst uns gern. Heute Nacht soll mein letzter Fang sein. Nie wieder will ich dir Fisch abnehmen und töten. Ich gelobe es beim Seelenheil meiner Enkeltochter Kitty."

Pa gibt die Handvoll Wasser wieder an das Meer zurück, lässt das Netz ausgleiten, setzt sich auf seinen Platz und wartet. Er wird nun vorerst nicht mit uns sprechen, und ich gebe Taleh ein Zeichen, dass wir uns hinlegen können.

So liegen wir in Pas Boot, mitten auf dem Meer, mitten in der Nacht, die nun schwarz ist und voll funkelnder Sterne. Der Mond steigt langsam höher und versilbert die Wasseroberfläche. Taleh und ich sind ganz in uns versunken.

Unsere Augen nehmen zwar die Milliarden von Sternen wahr, unser Bewusstsein ist jedoch tief und aufmerksam in unseren Herzen. Ich bin erstaunt über die Handlung meines Großvaters und auch, wie ich leider zugeben muss, ein bisschen stolz. Er hatte bei meinem Seehenheil gelobt, nie wieder Fisch zu fangen. Das ist gut. Es wird ihm ein besseres Karma, ein besseres Leben, einbringen.

Plötzlich beginnt das Boot stark zu schwanken und liegt fast so sehr auf der Seite, dass es umzukippen droht. Flink kontrolliert Pa das Netz, und ein Ausruf des Erstaunens kommt aus seiner Brust. Geschwind lugen Taleh und ich über den Bootsrand. Auch wir staunen über den Anblick, der sich uns bietet: Im Netz zappelt ein Delphin, der etwa so groß ist wie Talehs fünfjährige Schwester Fah. Pa Ruoi zückt sein Taschenmesser und schneidet, ruck zuck, das teure, mühselig geknüpfte Netz kaputt und befreit den Meeressäuger. Uns allen dreien entweicht zur selben Zeit ein Seufzer, das heißt, uns allen vieren, dem Delphin nämlich auch. Nun quietscht er vergnügt. Er springt um unser Boot und um uns herum, zieht größere Kreise, kommt quietschend wieder näher und springt und springt und springt ...

... und plötzlich, ob ihr es glaubt oder nicht, aber ich versichere Euch: tut sich im sternbestickten Firmament ein heller Kreis auf. Gleißendes Licht wie in der Mittagssonne scheint aus ihm und in diesem goldhellen Strahl wandeln schönste Kreaturen zu uns herab.

Ich erkenne Engel, von denen mein Daddy mir berichtet hatte, Dakinis, Himmelswächter, leuchtende Buddhas in goldgelben langen Mönchskutten und einen Mann in brauner Kutte, der einen großen goldenen Schlüssel in der Hand hält.

Es ist, als sängen alle eine Melodie, die unsere Herzen überlaufen lässt. Petrus, mit dem großen Schlüssel, sagt, dass unsere Herzen jetzt aufgeschlossen seien und wann immer wir verlangten, sei uns Einlass in den Himmel gewährt.

Ich sehe Taleh mit einem Dakini und dem thailändischen König Reigen tanzen. Der König, der selbst ein göttlicher Buddha ist, versichert ihr Schutz auf ihrem Land, und Taleh lacht befreit. Ich selbst lasse mich von einem Engel zu himmlischer Melodie wiegen. Großvater hat Tränen in den Augen. Er hält kniend mit beiden Händen die Hand eines lichtdurchfluteten Buddhas, die dieser segnend auf Pas Kopf gelegt hat.

Der Delphin ist immer noch da, und auch er singt das Himmelslied. Er ist ein himmlisches Glückszeichen und wurde nur ausgesandt, um uns zu testen. Da wir die Probe zum richtigen Zeitpunkt bestanden haben, und sich unsere Herzen als mitleidig und verständnisvoll erwiesen, wurde uns die Himmelstür geöffnet und der Segen der Himmelsbewohner zuteil.

Dies muss er sein, der Zustand der Glückseligkeit, denke ich und schieße freudetaumelnd in einer Wirbelwind-Pirouette den goldenen Lichtstrahl hinauf in den Himmel.

Etwas krabbelt an meiner Nase. Als ich die Augen öffne, sehe ich Papas freudestrahlendes Yogi-Gesicht. Er kitzelt mit einem Strohhalm meine Nasenspitze. Was denn, habe ich nur geträumt?

Die Sonne ist noch nicht aufgegangen, aber sie schickt schon ihr schönstes Morgenlicht hervor. Aber wo bin ich denn? Mein Kopf ist auf Großvaters Brust gebettet. Während er selig schläft, hält er mich fest im Arm. Nun räkelt sich Taleh, denn auch ihr kitzelt Papa die Nase. Taleh blickt mich mit weit aufgerissenen Augen fragend an. Ihre Augen habe ich noch niemals glücklicher scheinen sehen. Was ist passiert?

Ich schließe die Augen und sehe mich im Engeltanz in einer Umgebung, die unbeschreiblich schön ist. Fernab von jeder irdischen Vorstellungskraft. Als ich die Augen wieder öffne, sehe ich geradewegs ins dichte, grüne Geäst der Himmelsleiter, des Macham-Buddhas, des Tamarindenbaums.

Begegnung mit Gott, dem Absurden oder Unbegreiflichen

Begegnung mit Gott, dem Tod und zum letzten Mal mit dem Vater
MICHAEL STOCK

Es ist Herbst, vermutlich einer der letzten sonnigen Tage im Jahr 1975. Michael, ein knapp zwölfjähriger Junge, hat die Hände gefaltet, nicht zum ersten Male an diesem Ort, und für Außenstehende wirkt es so, als betete er. Doch, es ist richtig, Michael betet, nein, nicht das Vaterunser, ein sehr persönliches Gebet, wahrscheinlich ein solches, welches schon millionen Mal in der Christenheit gebetet wurde, ein Gebet, das um ein Wunder bittet.

Die Erfüllung dieses Wunders ist so unwahrscheinlich wie der Wunsch von Michael, wie ein Vogel aus dem Laubengang zu schweben und sich über diesen Baum, der schon ohne Blätter im Hof steht, und über die Dächer des Krankenhauses zu erheben in den Himmel, der von allem Kummer befreit.

Denn es kann nicht sein, was nicht sein darf. Seine größte Sorge war bisher, wenn er nachts im Bett lag und seine Eltern sich streiten hörte, sie könnten sich scheiden lassen, wo er doch beide gleich lieb hatte und nicht verlieren wollte. Doch die Realität ist grausamer als seine schlimmsten Befürchtungen.

Stunden hat er schon dagestanden, am Ende des Laubenganges, leicht nach vorn gebeugt, und die Unterarme auf das Geländer gestützt, die Hände gefaltet mit Blick auf den Hof. Dort sieht Michael Menschen in warmen Kleidern mit Blumen kommen und vielleicht mit Hoffnung wieder gehen.

Michael wünschte sich, er könnte dieses Krankenhaus auch mit ein wenig Hoffnung und in Begleitung seines Vaters verlassen. Doch die Hoffnung ist geschwunden, genau wie die braunen Blätter aus den Zweigen des Baumes fallen. Mit seinen knorrigen Ästen wirkt der Baum für ihn wie ein Vorbote des Todes. Seine Gehilfen, die schwarzen Krähen, haben schon darauf Platz genommen und krächzen ihr Lied.

Alle nahen und auch die entfernteren Verwandten haben den Vater schon besucht, um Abschied zu nehmen, einmal oder mehrmals. Auch Menschen, die Michael wenig oder gar nicht kannte, Kollegen und Fußballfreunde.

Gerne war Michael mit seinem Vater zu Fußballspielen gegangen. Nicht, dass er sich gleich sonderlich dafür interessierte! Er war mit seinem Vater zusammen, nur das zählte. Mit seiner kleinen Eintrachtflagge stand er zwischen den großen Beinen in der Südkurve und konnte oft dem Spielverlauf nicht folgen. Aber er schrie mit „Tor", und er freute sich und umarmte Vater, wenn er sich freute. Einmal waren sie nach einem Flutlichtspiel so spät nach Hause gekommen, dass seine kleine Schwester Christine und sogar seine große Schwester Kornelia schon im Bett lagen. Michael war damals stolz.

Eigentlich sollte Michael auch bei Eintracht Fußball spielen, doch dort gab es so viele fußballbegeisterte Jungs, dass man damit hätte Straßen pflastern können. Und so wurde er zu einem Feldhockeyspieler. Aber nur einen Sommer lang, letztes Jahr. Denn niemand konnte Michael im Winter abends um neun vom Hallentraining abholen.

Im Krankenhaus. Die Hände von Michael sind kalt, und doch fühlt er es nicht. Die Tür hinter ihm, zum Zimmer des Vaters, öffnet sich. Er spürt die Hände der Mutter an seinen Schultern. Sie sagt mit leiser Stimme: „Komm!" Sie führt ihn in das Krankenzimmer. Sein Vater ist dort nicht allein. Auch Verwandte sitzen um sein Bett herum. Michael kann keinen von ihnen genau erkennen, es ist wie ein Alptraum, in dem alles verschwimmt. Manche weinen leise. Der Geruch ist, wie in allen Krankenhäusern, säuerlich steril, mit einem Hauch von Tod.

Michael steht an dem Bett seines Vaters. Seine Augen liegen tief in den Augenhöhlen, sie haben durch ihre gelbe Farbe allen Glanz verloren. Genauso gelb ist die Hautfarbe seines schmalen Gesichtes mit den heraustretenden Wangenknochen.

Sein ganzer Körper ist zugedeckt, nur sein linker Arm, der genauso dünn und knochig ist wie die Äste des Baumes im Hof, liegt schlaff auf der Bettkante. Der Blick aus den Augen des Vaters ist so entrückt, dass Michael zu seiner Mutter aufschaut. Sie weint, und Michael spürt den Druck ihrer Hände auf seinen Schultern härter werden.

Da liegt sein Vater und doch auch nicht. Früher, als sein Vater von der Arbeit kam, haben sie sich freundschaftlich gerauft. Kurz und fair. Das endete meistens damit, dass Michael seinen Kopf zwischen den Knien seines Vaters wiederfand, und erst nachdem er dreimal mit der flachen Hand auf den Boden geklopft hatte, wie das beim Judo üblich ist, ließ er ihn wieder los.

Dieser einst so starke Arm greift kraftlos nach Michaels Hand. Michael spürt nicht den Druck, sein ganzer Körper ist wie betäubt. Doch er schaut dem Vater in die Augen und hört seine innigen Worte: „Michael, mein Sohn!" Michael begreift nicht, was geschieht, aber er spürt, dieser Augenblick ist für die Ewigkeit.

Das Weinen der Mutter wird lauter, sie führt Michael weg, er weiß, er nimmt Abschied für immer.

Er verlässt das Krankenzimmer seines Vaters, ohne sich umzudrehen.

Am letzten Tag
BERND KLOSENDORF

Nur einmal noch in Kinderschuhen laufen
im harten Staub der Sanduhr innehalten.
Noch kurz bevor das Stundenglas sich wendet
die Seele in den Balsam früher Sonnentage tauchen.

Mit Händen, zart wie Flügel sanft den Blick berühren Gesicht
auch Stein und Baum,
die lange – lange Freund mir waren.

Im Ohr den Nachtgesang der Freude ohne Sorgen
tret ich hinaus ins Zelt, das alles bergen wird für morgen.

ABSCHIED
PETER JANSSEN

Immer wieder berührt er ihr Gesicht, streicht mit dem Zeigefinger zärtlich über ihre Stirn und über ihre Lippen. Nach einer Weile legt er seine Hand auf die kalten Hände der Toten und sitzt minutenlang in stiller Versunkenheit da. Dann erhebt er sich und tritt ans Fenster. Er blickt nach draußen in den leuchtenden Spätsommertag. Verwundert sieht er: Die Sonne scheint, die Blätter der Bäume bewegen sich im Wind, und Bussarde kreisen hoch oben am blauen Sommerhimmel – alles geht weiter, als sei nichts geschehen, als sei wirklich nichts geschehen.

Vollpension
KARIN STIDDIEN

Ich weiß nicht, was es zu erzählen gibt, alles ist ganz normal, ganz ohne Höhen und Tiefen, ohne große Gefühle, das Herz schlägt immerfort gleichmäßig und ruhig, die Gedanken plätschern dahin wie ein Bächlein in geradezu ebener Landschaft oder wie Wellen, die einen tuchglatten Strand bei stillem Wind hinaufkriechen, perfekt angenehm, Tage um Tage, die so glatt verlaufen, dass sie sich nicht als Erinnerung in meinem Hirn, meinem Herzen festsetzen, sie laufen durch beides hindurch im Gleichmaß eines Metronoms, Begegnungen – mit Menschen sind belanglos, sie sind bloß Schatten, die einen streifen, ohne einen wirklich zu berühren, ohne klare Konturen. ohne Substanz, ohne Farben, die Städte und Vororte, die Landschaften, in denen ich mich bewege – gleichmäßig, ohne Hast, doch auch ohne bewusste Langsamkeit –, hinterlassen keine Eindrücke, so wenig wie ich Eindrücke in ihnen hinterlasse, wie Sandkörner einer Sanduhr rieseln sie an meinen Augen vorbei, Schatten um Schatten, Korn um Korn, meine Pupillen verraten nichts, ebenso bin ich Sandkorn unter Sandkörnern, mit denen es sich gleichsam rieseln lässt, auf die letzte Ruhe zu, die vielleicht nur vorläufig ist, wer weiß, vielleicht dreht jemand die Uhr noch einmal, und das Rieseln geht wieder los, vielleicht, meine Phantasie ist auch nur Schatten, sie kennt keine Hoffnung, keinen Glauben, keine Angst, Schatten und Sandkörner und metronomisches Rieseln, so, die Sandburg ist fertig, was sagt meine Uhr? – in einer viertel Stunde gibt es Abendessen im Kurhotel.

Von ganzem Herzen
RALF OHAINSKI

Wie gern hat sie Kaffee getrunken mit ihrer Schwägerin. Wenn sie vom Putzen bei Schapers nach Hause kam, der erste Weg in die Küche nebenan: „Na, Hildchen ... "

Jeden Tag wieder haben sie geschnault. „Ach wirklich, nein, ... was es aber auch so gibt. Na, ich kann dir sagen. Und die Schapersche ... "

Jeden Tag wieder.

Immer vertraut, immer neu. Die Zeitung, Lohmanns Laden, die Kneipe, der Pastor und natürlich unsere Gerda. „Ihr geht es überhaupt nicht gut. Na, Gott sei Dank, ist ja Elke da. Ich mach mir solche Sorgen ... "

Sie hat die Erbsen mit guter Butter gemacht.

Und auf dem Hocker vor der Haustür die Kartoffeln geschält.

Und zur Beerdigung hat sie den kleinen schwarzen Hut mit der Gardine dran aufgesetzt.

Am Weihnachtsnachmittag gab es Zirkus Krone im Fernsehen. Alle sind dann gekommen und haben bei ihr Kaffee getrunken aus dem viel zu modernen Geschirr. „Das ist dann mal für unsere Gerda", hat sie gesagt.

Aber Gerda ist gestorben.

Und Elke hat sich scheiden lassen.

Und die süße kleine Jaqueline hatte schlimme Haut.

Und als dann Onkel Willi auf dem Weg zum Tippen umgefallen ist, haben alle mit ihr geweint.

Nach einer Woche war er tot.

Sie haben ihn im falschen Grab beerdigt.

Und sie haben sie weggebracht, unser Elkchen, Lothar und Heinz.

Ins Altersheim.

Und sie ist nie wieder gekommen.

Noch drei, vier Jahre war sie dort mit ihrer Kittelschürze aus Lohmanns Laden, und manchmal durcheinander.

Und als sie gestorben war, habe ich einen Kranz gekauft für Tante Berti.

Schade, dass ich nicht da war.

Der Urlaub
Frieda F. Büscher

Warum?
Wie waren wir in diese Gegend gekommen? Aufs Geratewohl waren wir in südöstlicher Richtung immer weiter gefahren. Die Grenze hatten wir unbehindert passiert. Miriam und ich schauten uns glücklich an: Frei waren wir, allem Stress entflogen, kein Betrieb tyrannisierte uns. Wir wollten Platz finden, wo wir uns selbst leben konnten, wenn auch nur für drei Wochen. Freude und Erwartung beflügelten uns. Es beglückte uns schon, dass die Namen der Dörfer und Weiler an unserem Wege unverständlich wurden. Lachend versuchten wir, sie auszusprechen, verrenkten gleichsam die Zunge dabei und gaben es schließlich auf. Wir benutzten keine Karte mehr und genossen das prickelnde Gefühl, ins Unbekannte zu fahren.

Die Straße war nicht die beste. Schlaglöcher versetzten uns gehörige Erschütterungen. Wir nahmen es gelassen. Das Morgenlicht lag milde über einer hügeligen Landschaft, in die sich ärmliche Dörfer schmiegten, von Feldern und Waldstücken umgeben. In der Ferne erhoben sich blaue Berge, die im Dunst zu verschwimmen schienen. Wir fuhren noch eine geraume Strecke, immer die blauen Berge vor uns, bis sie plötzlich sehr nahe waren und sich ein weites Tal eröffnete. Miriam sah mich innig an, legte den Arm um meine Schultern und flüsterte an meiner Wange: „Hier ist es wunderbar, hier halten wir an. Einverstanden?" Natürlich war ich einverstanden und küsste sie.

Wir stiegen aus. Unser Blick glitt über die bewaldeten Berge, die eine grüne, blühende Wiesenlandschaft an den Flanken begrenzten. Die Straße verlief mitten durch das Tal und schien sich im Dunst der Unendlichkeit zu verlieren. Kein Mensch weit und breit, nur das Zirpen der Grillen im Gras. Wir sahen uns glücklich an. Miriam sprach es aus, was wir beide dachten: „Hier, in dieser blühenden Wiese wollen wir rasten. Dort sind Büsche und eine Baumgruppe. Lass uns dort unseren Rastplatz suchen! Wir sind dann vor der Sonne geschützt, wenn sie höher steigt und brennend wird." Sie hatte recht, ja, sie dachte immer an alles.

Ich fuhr das Auto vom Weg tief in die Wiesen hinein. Die Gräser waren so hoch, dass sie das Auto fast umhüllten. Ich nahm eine Decke aus dem Kofferraum, schlug sie über die Schulter und wanderte hinter Miriam her, die schon den Weg auf die Baumgruppe zu genommen hatte.

Mit einem Jubellaut rief sie: „Hier ist auch ein Bach. Er führt klares Wasser, kaum zu glauben, aber sieh nur!" Ich keuchte heran und fand es bestätigt, als ich das Wasser über den Kiesgrund fließen sah. Mit Behagen erfrischten wir uns an dem kühlen Nass, benetzten die heiße Stirn, das Gesicht, zogen Schuhe und Strümpfe aus und tauchten die Füße tief in das rieselnde Wasser.

Miriam schaute sich um. „Hier ist weit und breit kein Mensch zu sehen, kein Dorf, kein Betrieb. Ich zieh mich aus. Wir sind die einzigen Menschen hier." Im Nu hatte sie die wenigen Kleiderfetzen von sich geworfen, warf sich in das duftende Gras, zog in Büscheln die blühenden Margeriten an ihre Brust, raufte den duftenden Salbei aus und steckte die blauen Blüten in ihr Haar, mit rosa Skabiosen bestreute sie ihren Leib, blaue Glockenblumen und gelber Hornklee bedeckten das Gesicht und die Brust, und die weißen Dolden der wilden Möhre schwankten über ihrem blonden Haar. „Komm zu mir", rief sie lachend, „komm an die Brust von Mutter Natur." Ich warf mich zu ihr, riss die Kleider von meinem Leib und spürte ihren warmen Körper. Im Rausch vergaßen wir Ort und Zeit. Irgendwann schliefen wir ermattet ein.

Ich schlug die Augen auf. Miriams Gesicht war dicht über meinem. Sie lächelte, aber in ihren Augenwinkeln nistete die Trauer. „Du hast vorhin Ada, Ada gerufen. Deine erste Frau spukt also noch in deinen Träumen herum." Ich stotterte: „Nein, das kann nicht sein." Sie schaute mich durchdringend an, schüttelte den Kopf und legte sich zurück ins blühende Gras. „Du denkst noch oft an sie, gib es zu! Ich weiß es doch." Sie drehte mir den Rücken zu und schwieg.

Es konnte gut sein, dass ich Adas Namen im Halbschlaf genannt hatte, aber das bedeutete nichts. Ada war die Mutter meiner beiden erwachsenen Söhne. Unwillkürlich schob sich ihr Bild in mein Gedächtnis: Eine Frau, Ende 40, mittelgroß, blond, füllig, freundliche blaue Augen, mir zugetan in allem. Sie versuchte, unser Familienleben harmonisch zu gestalten, aber für mich wurde das langweilig. Und wie sie sich anzog! Wie ein braves Hausmütterchen. Sie war eine vorbildliche Mutter unserer Söhne, das muss ich zugeben, und meine Karriere hat sie auch mit allen Kräften gefördert, aber sie konnte als Frau meiner Stellung gemäß nicht repräsentieren.

Ja, ich hatte Karriere gemacht. Der Betrieb wurde größer und größer. Wir stehen jetzt an führender Stelle in der Holz verarbeitenden Industrie. Vor 4 Jahren trat Miriam in mein Leben. Sie war in einem Werbebüro tätig. Schlank, groß, elegant, gepflegt von Kopf bis Fuß, redegewandt, eine wunderbare Frau, die ich von Anfang an verehrte. Wenn ich Ada mit ihr verglich, konnte ich nicht begreifen, warum ich diese unscheinbare Frau geliebt hatte. Ich hatte es nicht erwartet, dass Miriam auf meine Werbung einging. Immerhin war ich ein Mann über 50. Aber ich konnte ihr ein angenehmes Leben bieten.

„Miriam, ach Miriam, geliebte Frau, deinethalben habe ich Ada verlassen, sehe mein Söhne nur hin und wieder."

Ada weinte herzzerreißend, als wir uns trennten. Das ging mir sehr nahe. Aber die Ehe war nicht mehr zu kitten. Mit Miriam begann eine wundervolle Zeit. Nicht nur, dass ich mich wieder jung fühlte und mit Sehnsucht die Nächte erwartete, sondern auch die Mitarbeiter schauten fasziniert auf sie. Sie war der Mittelpunkt, wo sie auftauchte. Das machte mich stolz und in allem ihr ergeben.

Zwei Jahre waren wir nun schon zusammen. Immer noch hielt die Leidenschaft der ersten Tage an. Da gab es einen kleinen Zwischenfall. Miriam fühlte sich nicht wohl. Der Arzt stellte eine Schwangerschaft fest. Um ganz sicher zu gehen, auch ein gesundes Kind zur Welt zu bringen, ließ sie eine Fruchtwasseruntersuchung machen. Der Arzt stellte sie vor die Tatsache, dass ihr Kind mongoloid sein würde. Daraufhin ließ sie die Schwangerschaft abbrechen. Ich akzeptierte ihren Entschluss. Das war vor zwei Jahren. Ich weiß, dass Miriam gern ein Kind haben wollte, aber ein gesundes. Nach diesem Eingriff stürzte sie sich in die Arbeit, war einfallsreicher und kreativer als je und überraschte ihre Mitarbeiter mit ihrem Tatendrang. Im letzten halben Jahr jedoch hatten sich leichte Ermüdungserscheinungen bei uns beiden gezeigt. Wir waren gereizt im Umgang. Miriam schlief schlecht. Ich hielt mich fit mit täglichem Jogging. Auf meine besorgte Frage winkte sie ab: „Wir sind halt ferienreif. Das ist alles."

So beschlossen wir, außerhalb der Touristikwege zu fahren. Wir wollten unsere Insel der Seligen suchen, das Land Falado, wo wir glücklich sein konnten. War es hier in den blühenden Wiesen, in der Stille, die so köstlich war? Ja, wir haben die Liebe genossen, haben alles vergessen, und jetzt habe ich im Traum den Namen Ada ausgesprochen und damit die Kette der Erinnerung in Gang gebracht.

Der Himmel hatte sich bezogen. Das Blau war einem fahlen Gelb gewichen. Ich wandte mich Miriam zu. Sie lag noch immer nackt im hohen Blütengras, sie hatte das Gesicht mit den Händen bedeckt. Ich nahm behutsam die Hände von ihrem Gesicht. Sie weinte. Ich war bestürzt und wollte den Grund wissen. Sie stieß mich zurück und schrie mich an:

„Scheißkerl, lass dir doch mal was einfallen. Immer tust du nur, was ich gerade will. Du merkst nicht, was mir wirklich fehlt. Auch der raffinierteste Sex wird doch langweilig, wenn nicht ein Sinn dahinter steckt. Ich will ein

Kind, hörst du, ein Kind!" Ich war fassungslos. So kannte ich sie nicht. Ich hatte immer angenommen, sie restlos zu befriedigen. Sie zog sich fröstelnd an. Ihr Gesicht war von einer hilflosen Traurigkeit überzogen.

Auch ich suchte meine Sachen zusammen und zog mich an. Dann setzten wir uns noch einmal ins Gras, lehnten uns aneinander und sahen, wie das Tal sich langsam verdunkelte. Plötzlich sprach sie wieder, jetzt ruhig und gelassen: „Weißt du, ich träume in letzter Zeit viel. Es ist ein merkwürdiger Traum, der immer wiederkehrt: Ich fahre mit dem Auto durch eine helle, freundliche Gegend. Der Weg wird lang und länger, ich fahre und fahre immer weiter und weiter. Das Gefühl der Freude aber verwandelt sich allmählich in Angst. Ich komme nie an. Das ist unendlich quälend. Davon werde ich wach. In irgendeiner Nacht wiederholt sich der Traum, aber er erweitert sich, er wächst. Plötzlich sitzt ein Kind auf der Kühlerhaube. Es ist blond und lächelt mich freundlich an, es winkt und öffnet den Mund. Meine Angst weicht. Ich rufe laut: ‚Was willst du?' Wieder winkt das Kind und lacht. Es hat mandelförmige Augen, die Lider blinzeln schelmisch. Neben der Fahrbahn tauchen jetzt Gesichter auf, dunkel, nicht zu erkennen, aber bedrohlich. Sie rücken immer näher heran. Wie ein Lichtkreis bleibt das freundliche Gesicht des Kindes, das mich fragend ansieht. Ich rufe noch einmal wie mit letzter Kraft: ‚Was willst du, sag es mir!' Da kommt es ganz nahe heran, so dass sein Mund meinen Mund berührt und wispert: ‚Dich will ich. Dich'." - Schweigen.

Ich strich über ihr bekümmertes Gesicht und versicherte ihr meine Liebe. Sie schien sich zu beruhigen und kuschelte sich in das blühende Gras. „Vergiss es", murmelte sie „Träume sind Schäume". „Aber doch bedrängt dich der Traum, und du bist traurig. Du solltest doch einmal zu einem Therapeuten gehen." Sie winkte ab. „Komm wärme mich! Es wird kühl. Den ‚Scheißkerl' verzeihst du mir, ja?" „Vergeben und vergessen." Ich bedeckte sie fürsorglich mit meinem Körper und schlang die Decke um uns beide, so gut es ging.

Plötzlich weiteten sich ihre Augen. Ein Schrei entfuhr ihren Lippen. Ich hob meinen Kopf. Mein Blick fiel zuerst auf zwei militärische Stiefel, wanderte dann an einer männlichen Gestalt empor, die in einer Tarnuniform steckte. Er war nicht allein. Sein Begleiter trug eine Maschinenpistole im Anschlag. Sie deuteten auf uns, schüttelten den Kopf, sprachen, gestikulierten. Wir verstanden kein Wort. Schließlich ging der eine zurück zu einem Geländefahrzeug, das auf dem Weg hielt. Er kam mit einem Schild zurück. Das Schild hielt er uns unter die Nase. Dann zeigte er auf die Wiese und machte hastig die Bewegung des Weggehens. Wir schauten auf das Schild.

Ein Totenkopf mit den gekreuzten Beinknochen grinste uns an. Jetzt begriffen wir. Die Wiese war gefährliches Sperrgebiet. Fluchtartig rafften wir unsere Sachen zusammen, folgten den Uniformen und bestiegen unser Auto. Die Männer bedeuteten uns, ihnen zu folgen.

Wir fuhren eine lange Strecke hinter ihnen her, bis wir an eine Gabelung des Schotterweges kamen. Sie zeigten uns noch die Richtung, in die wir fahren sollten, dann brausten sie in entgegengesetzter Richtung davon. Wir schauten uns an, Panik erfasste uns. Nur schnell weg von hier! Plötzlich überfiel uns die Sehnsucht nach einer belebten Stadt, nach einem Dorf, wo Menschen waren. Miriam drängte sich jetzt ans Steuer. Sie fuhr schneller und wagemutiger als ich. Reifen quietschten, Staub wirbelte auf, wir rasten davon, weg aus dem grünen Paradies, in dem der Tod lauerte.

Inzwischen war es drückend schwül geworden. Gewitterwolken türmten sich am Himmel auf, hinter denen die Sonne verschwunden war. Miriam fuhr schneller. Gott sei Dank! In der Ferne tauchten die Dächer eines Dorfes auf. Wir würden es erreichen, bevor das Wetter losbrach. Neben der Straße bemerkten wir Leute, die hastig Heu auf einen Wagen luden. Sie schauten während der Arbeit besorgt auf die Wolkenwand: Schaffen wir es noch? Sie liefen schneller. Frauen mit großen weißen Kopftüchern und schwarzen Kleidern harkten das Heu in Reihen, hinter ihnen stakten die Männer es mit großen Gabeln auf den Pferdewagen, wo einer die Ballen zurecht legte. Jetzt sprang der Wind um. Eine Böe zerfetzte den Ballen auf der Gabel, die hochgereckt wurde. Die Männer schrien sich an. Die Pferde schnaubten, setzten zum Sprung an. Nur mit Mühe konnten die Männer sie bändigen. „Miriam, fahr schneller, fahr schneller! Wir müssen das Dorf noch erreichen," so redete sie sich selber zu und fuhr entsprechend. Plötzlich tauchte vor uns ein voll beladener Heuwagen auf. Miriam fluchte. „Er versperrt mir die Sicht. Ich kann nicht überholen, er fährt mitten auf der Straße." Zornig schaute sie auf den hochbepackten Wagen, dann lachte sie auf und rief: „Sieh mal die Kinder da oben."

Nun sah ich sie auch. Zwei Kinder hockten oben im Heu und starrten unser großes Auto an. Es war ein dunkelhaariger Junge mit dunklen Augen und brauner Haut und ein kleines Mädchen, weißblond mit mandelförmigen Augen. Es blinzelte unentwegt. Plötzlich lachte es und winkte uns zu. Miriam hob die Hand und winkte ebenfalls. Ich gemahnte sie: „Versuch zu überholen, wir müssen das Dorf noch erreichen." „Ich versuch's", rief sie und setzte zum Überholen an. In diesem Augenblick fuhr eine Windböe in den schlecht gepackten Heuwagen, und riss die Ballen los. Ein Ballen wirbelte herunter, darin strampelnde Beine und Arme, ein Schrei. Miriam bremste sofort. Wir sprangen aus dem Wagen. Da lag das Kind, vom rechten Vorderreifen überfahren. Das Blut lief ihm aus dem Ohr, aus dem Mund. Miriam nahm das Kind auf die Arme, drückte es an die Brust und flüsterte nur immer wieder: „Stirb nicht, o bitte, stirb nicht." Mir schrie sie zu: „Lauf ins Dorf und hol einen Arzt, oder telefoniere einen Krankenwagen herbei." Ich lief in das Dorf und fand schließlich einen Polizisten. Er reagierte gelassen auf mein hektisches Reden und Gestikulieren. Er verstand nichts. Schließlich kam er mit. Die Straße war leer. Der Heuwagen war verschwunden. Unser Auto war vorschriftsmäßig am Wegrand geparkt. Der Polizist sah mich spöttisch an. Er schritt die Straße ab. Ich lief hinter ihm her und zeigte ihm eine Stelle, die sorgfältig gesäubert und geharkt war. Er zuckte die Schultern, brabbelte etwas in seinen Bart und machte sich auf den Heimweg.

Jetzt setzte der Regen mit voller Wucht ein. Verrückt war ich, verrückt. Wo war das Kind? Wo war der Heuwagen? Miriam" rief ich, „Miriam, wo bist du?". Ich rannte zum Wagen. Er war leer. Ich lief in die Wiesen. Der Regen klatschte mir ins Gesicht, der Donner grollte und die Blitze erhellten die fahle Dunkelheit. Ich taumelte über die abgeernteten Wiesen und suchte Miriam. Der niederströmende Regen umgab mich wie ein Vorhang. Plötzlich stand ich unter einem Baum. Die Zweige berührten meinen Scheitel. Ich schaute nach oben. Nach langem entsetzlichem Schweigen konnte ich nur noch stöhnen: „Miriam, Miriam, was haben sie mit dir gemacht?" Dann geschah lange Zeit nichts. Irgendwann gelangte ich in das unheimliche Dorf. Der Polizist bestätigte den Tod Miriams.

Alle Nachforschungen nach dem Täter blieben ergebnislos.

Heute, fünf Jahre danach, grübele ich immer noch über Miriams Tod nach, über diesen Tag, der so paradiesisch begann und der so böse und unerklärlich endete. Warum? Ich verlor die Lust am Erfolg. Meinen Betrieb übergab ich den Söhnen.

Die verpasste Gelegenheit
Tagebucheintragung vom 6. Dezember
RENATE G. KOCH

Ein Wintertag, der hektisch begann, denn der Termin im Krankenhaus musste unbedingt eingehalten werden. Wenn ich jetzt beim Schreiben zurückdenke, entdecke ich das Widersinnige darin: Anziehen in Eile, frühstücken in Eile, zur Straßenbahn laufen in höchster Eile, in sinnloser Hast, weil es im Grunde unwichtig war, weil nur aufgeschoben wurde, was doch mit Riesenschritten auf mich zustürzte. Und wie fast immer wurde auch diesmal alles pünktlich erledigt, wurde jede geforderte Aufgabe gewissenhaft von mir durchlaufen, um auf diese Weise meinen nimmermüden Denkapparat zu besänftigen, ihn einzuschläfern, ihn fast zu hintergehen.

Langweiliges Geplauder, sage ich, das nichts ändert an der Lage der Dinge. Langweiliges Geplauder, wiederhole ich, das in sich die Frage trägt nach dem Warum, nach dem Weshalb-gerade-ich? Was ich hiermit erfragen möchte, ist nicht die Unerbittlichkeit meiner Gegenwart, es ist auch nicht die Gewissheit um meine Zukunft oder aber ein rechnerisches Erinnern an abgeschlossene Ereignisse; nein, es ist nur das allgemeine Forschen nach dem Wer-bin-ich. Meine Zeit ist eine Zeit des Abwartens, des Hoffens und des Bangens, eine Zeit, in der ich vergebens versuche, es zu erkennen und zu begreifen, das Ziel meiner Existenz, das Ziel des Dahintreibens. Und anders kann man es kaum nennen, es ist das Treiben in eine vorbestimmte Richtung, die ich gar nicht mal kennen will, da sie mich nicht weiter interessiert. Was kann ein solches Leben für einen höheren Sinn haben? Keinen, wirklich keinen, denn was sollte demnach eintreten? Was sollte mir zu tun auferlegt sein vom Schicksal, wenn ich nichts mehr verlange, fordere, begehre, ersehne, nichts mehr plane oder anstrebe, als mich so untätig gehen zu lassen, als mich so schieben zu lassen in diese namenlose Zukunft? Welche Zukunft eigentlich? Welche? Es gibt keine Zukunft für mich. Meine mir verbliebene Lebensspanne ist zu kurz, ist zu knapp bemessen, um sie überhaupt zu erwähnen oder sich noch den Kopf darüber zu zerbrechen. Falls ich einen Wunsch hegte, müsste ich ihn mir schnell erfüllen, weil er mir nicht lange bleiben wird, ein nichtiger Wunsch, der sich eingeschlichen, der sich herauskristallisiert haben könnte aus der Fadheit und dem Einerlei einer Abfolge von alltäglichen Geschehnissen und stets auch vertanen Gelegenheiten, die mich bis hierher geführt haben; bis zu diesem Punkt, der Stillstand ist, der sich in der Rückschau auf verflossene Tage, im Rückblick auf Begegnungen in einer unbeschwerten Vergangenheit erschöpft und darin eine trügerische Oase der Ruhe, des Friedens und des kurzlebigen Glücks gefunden glaubt bei der vergeblichen Flucht vor den Gedanken an das Jetzt – ein dürftiges Bemühen, das Untier in meinem Leib für einen kleinen Augenblick zum Schweigen zu bringen, für wenige Minuten zu vergessen, dass es mich von innen her zerstört, mich mit unausweichlicher Konsequenz zerfrisst, mich in das gefürchtete Morgen stößt.

Der sechste Dezember wird für mich immer mit Jennifer verbunden bleiben. Es war vor bald zwanzig Jahren und an eben diesem besonderen Tag gewesen. Marzipan, Nüsse, Mandarinen und Äpfel, Lebkuchenherzen von Schokolade umhüllt und dunkelbraunsüße Dominosteine hatten am Morgen in meinem Stiefel gesteckt, den ich nur rasch auskippte, um mir dann den Schuh überzustreifen. Nachts war Schnee gefallen, und das Fahrrad rutschte auf dem Schulweg häufig zur Seite, stellenweise musste ich es sogar schieben. Natürlich hatte ich mich verspätet, aber es gab keine Verwarnung oder den fälligen Eintrag ins bewusste Buch, da der Lehrer selbst erst Minuten nach mir den Klassenraum betrat.

Die letzte Unterrichtsstunde fiel unerwartet aus, deshalb zogen wir Schüler zum Weihnachtsmarkt, mitten in der Stadt zu Füßen des Doms. Ich hatte mich unauffällig neben Jennifer gedrängt und behauptete diese Position gegen jeden, der sie mir hätte streitig machen wollen, und das erforderte schon einiges an geschicktem Taktieren. Seit Beginn des neuen Schuljahrs war ich in sie verliebt, nein, ich liebte sie, nur wusste sie nichts davon, ich traute mich nicht, es ihr zu sagen – jetzt noch nicht. Mir schien sie ein himmlisches Wesen mit ihrem feingliedrigen Körper, den zarten Gesichtskonturen, dem goldlockigen Haar; anmutig geschwungene Brauen wölbten sich über leuchtend blauen Augen, einer leicht aufgebogenen, schmalen Nase und einem sanft gezeichneten Mund. Ich bewunderte sie aus der Ferne oder auch aus der Nähe so wie an diesem Tag bei unserem Gang über den weihnachtlichen Markt.

Jener unverkennbare Dunst lag über dem Platz; Buden und abermals Buden, Bratwurststände, Schmalzgebackenes, Töpfe, Pfannen, Tannenbaumschmuck, Holzarbeiten, vielerlei mundgeblasene Figuren aus getöntem Glas, Korbwaren, Kerzen in jeder Form und Farbe und natürlich Kinderkarussells, eingehüllt in den Klingklang alter Weihnachtslieder, die unermüdlich abgespielt wurden. Manchmal fielen wir lautstark ein, die Mädchen trällerten mehr, als dass sie den Text beherrschten, wir Jungen tönten in tiefem Bass dazwischen, nicht sehr melodiös, doch erfreulich ungekünstelt. Ich hätte ohne Zögern mit Jennifer eines der zwergenhaften Pferdchen besteigen mögen, sie vor mir quer im Sattel, mein Arm fest um sie geschlungen. Nur waren wir längst dem Kleinkindalter entwachsen, das bunt aufgezäumte Tier hätte uns beide kaum tragen können. Ich habe seinerzeit gegrinst bei dem Gedanken an einen daraus vielleicht entstehenden Tumult, die Reaktion des entrüsteten Betreibers und unser Gelächter, wenn wir, verknäuelt mit Pferd und Gestänge, auf dem Holzboden der sich unbeirrt weiter drehenden Scheibe gelegen hätten – und ich grinse auch jetzt bei der Niederschrift dieser Zeilen.

Wir waren schon ein lustiges Völkchen gewesen, wie wir da vergnügt lachten und herumalberten oder prahlten, wenn es galt, einander zu übertrumpfen beim Erinnern an das Wie-war-es-doch-noch, als wir früher selbst einmal dem Nikolaus begegnet waren und uns eingeschüchtert hinter dem Rücken der Eltern versteckt hatten. Mit einfallsreichen Kommentaren bedachten wir den weißbärtigen, rotbefrackten Mann, der inmitten der lichterglanzgeschmückten Stände hin- und herlief, dann und wann ein Mädel oder einen Buben aus der Menge griff, sich das verängstigte Menschlein vorknöpfte und ihm gehörig Furcht einflößte, indem er mit bollernder Stimme seine üblichen Sprüche anbrachte. Gleichzeitig fuchtelte er mit der Rute vor dem verschreckten Gesicht des kleinen Geschöpfs herum und zog endlich, als vermeintliches Trostpflaster, ein winziges Geschenk aus seinem riesigen Sack hervor. Schmunzelnd umstanden ihn die Erwachsenen. Sie ergötzten sich an dem bänglichen Verhalten der Kinder und dachten sicher wie wir Jüngeren an eigene Erlebnisse mit dieser traditionell verkleideten Figur, die uns Jahr um Jahr aufs Neue eine heile Welt vorgaukelt.

Beharrlich verteidigte ich meine Stellung an Jennifers Seite. Manchmal streiften wir einander im Gedränge, was ich freudig auskostete und wobei mir jedes Mal ein leiser Schauer den Rücken hinunter rann. Gern hätte ich sie dichter an mich gezogen, um sie nicht aus meiner Reichweite zu lassen, sie bei der Hand genommen oder gar den Arm um sie gelegt – nur fehlte es mir an der nötigen Courage. Feigling! schalt ich mich im Stillen.

Der nächtliche Schnee war auf den Dächern der Häuser liegen geblieben, türmte sich am Straßenrand und leuchtete in unberührtem Weiß in allen Ecken und Winkeln, die bislang kein Fuß oder Kehrbesen erreicht hatte. Wegen der Kälte tranken wir Glühwein und wärmten unsere erstarrten Finger an den heißen Bechern, obendrein knabberten wir puderbezuckertes Gebäck, aßen mit laut knackenden Geräuschen frisch geröstete Mandeln und kicherten und schwatzten pausenlos.

Ihr sei kalt, sagte Jennifer plötzlich. Fröstelnd hatte sie die Schultern vorgeschoben. Sie wolle sich zum Aufwärmen in ein Café setzen, meinte sie, und natürlich war ich sofort bereit, sie zu begleiten.

Schließlich saßen nur wir zwei in der nahegelegenen Kaffeestube an einem kleinen Ecktisch bei einer Tasse Schokolade mit Sahnehaube und einem Stückchen Kuchen, weil keiner von den Freunden Lust verspürt hatte, uns zu begleiten. Mir war ihre Ablehnung willkommen gewesen, mehr als willkommen; ich war beglückt und wusste, dass diese einmalige Chance, dieser mir so unverhofft in den Schoß gefallene Umstand nicht ungenutzt verstreichen durfte, sondern zu meinem Vorteil eingesetzt werden musste.

Jennifers Finger, unmittelbar neben meinen auf dem runden Tischchen, nur einmal kurz streicheln, das sollte genügen, dachte ich, für den Anfang wenigstens, ihre Finger nur einmal geschwind drücken oder flüchtig mit meiner Hand bedecken, darauf richtete sich mein ganzes Sinnen und Trachten, nichts schien mir plötzlich wichtiger.

Ich zählte in Gedanken bis zehn, dehnte das Durchnummerieren in die Länge, zwängte viertel und halbe Zahlen dazwischen und räumte mir diese knappe Frist ein, diese hilfreichen Sekunden, um Mut zu fassen für mein verwegenes Vorhaben – und dann wollte ich es tun, dann wollte ich es wirklich tun, gleich augenblicklich wollte ich es wagen. So einfach und nichts Unmögliches, wenn man die Aktion für sich allein betrachtete, aber wieder musste ich mich Feigling schimpfen, wieder musste ich meine Unfähigkeit feststellen.

Während ich mit mir in heftiger Fehde lag, unterhielt ich Jennifer mit einem ununterbrochenen Strom von Worten und verschlang sie dabei heimlich mit meinen Blicken. Wovon sprachen wir eigentlich? Gewiss vom Wetter, von dem leckeren Tortenstück vor uns auf dem Teller, oder ich belästerte die anderen Gäste im Lokal und ließ so keinen Moment der Stille zwischen uns aufkommen. Sicher plauderten wir auch über die Schule, oder wir diskutierten die letzte Klassenarbeit, die bei mir leider nicht sonderlich gut ausgefallen war, was ich in Gedanken meiner derzeitigen Unaufmerksamkeit zuschob, meiner inneren Anspannung und Zerstreutheit, meiner Geistesabwesenheit, Gefühlsverwirrung, meiner Verliebtheit, nur hätte ich es nie offen bekannt.

Ich redete, um mir meine Unsicherheit nicht anmerken zu lassen, ich redete, um Jennifer am Fortgehen zu hindern, und ich redete, um sie abzulenken, um den richtigen Zeitpunkt abzupassen, und dann endlich würde ich ihre Hand ergreifen, sie einfach festhalten – und Jennifer verraten, wie gern ich sie hatte? Nein, nein, das lieber noch nicht so schnell, die Angst, abgewiesen oder, schlimmer, von ihr ausgelacht zu werden, war mir ein zu großer Hemmschuh für eine derart kühne Vorgehensweise, aber danach und vielleicht nur ein wenig später würde ich es bestimmt fertig bringen, dann würde ich ihr alles sagen, was mich bewegte, ihr sagen, dass ich sie liebte ...

Ungezählte Male schaute ich sehnlich auf Jennifers Finger. Direkt neben meinen lagen sie, friedlich, entspannt und völlig im Gegensatz zu mir, zu meiner Hand, die unruhig zuckte, sich verkrampfte, zur Faust zusammenzog und sich erneut löste, fast wie ein Raubtier auf dem Sprung.

Jennifer amüsierte sich über mein Geschwätz, sie lachte über meine scherzhaften Bemerkungen und Karikaturen unserer Lehrer, dabei verkniff sie ein wenig die Augen. Ich war schmerzhaft glücklich – mein Blick verfing sich an ihrem Mund, folgte den Konturen ihrer Lippen, die leicht gewölbt und zart gerötet waren.

Jetzt tue ich's wirklich, dachte ich, jetzt – und ich schob meine Finger dichter an ihre heran, so dass ich sie fast schon fühlte. Mein Herz klopfte verräterisch. Jetzt! Jetzt gleich auf der Stelle! Sofort! Nur eine winzige Bewegung galt es noch auszuführen, nur ein unmerkliches Anheben meiner Hand ... Aber nein, ich schaffte es nicht, schaffte es wieder nicht, schier zum Verzweifeln war mir zumute.

Wie lange hatten wir uns bereits in diesem gemütlichen Winkel aufgehalten? Erst fünf Minuten oder tatsächlich zweieinhalb Stunden, wie meine Armbanduhr zeigte? Die Kellnerin kam und bat um Bezahlung. Ich griff hastig zum Portemonnaie, zählte das Geld ab und fügte ein kleines Trinkgeld hinzu. Wir erhoben uns, zogen die dicken Winterjacken an – ich half Jennifer in ihre hinein, was sie gern geschehen ließ – und traten auf die Straße, Jennifer immer noch kichernd, ich immer noch irgendwelche Geschichtchen zum besten gebend, die mittlerweile reichlich verkrampft wirkten. Vorbei, unwiderruflich vorbei war diese Möglichkeit sich näher zu kommen, hatte meine Angebetete doch die Hände in den Taschen ihres Anoraks versenkt, unerreichbar für mich und ich machte mir die bittersten Vorwürfe, als ich tief enttäuscht, ja, wütend meine, ach, so heldenhaften Angriffe auf ihre Tugend bedachte.

Ich wünschte, ich hätte mir wirklich ein Herz gefasst, ich wünschte, ich hätte Jennifer meine Empfindungen wirklich eingestanden und wenn schon nicht damals, dann doch später, als wir älter waren. Warum habe ich ihr meine Gefühle nie offenbart? frage ich mich. Ja, warum tat ich es nicht? Hier, im Tagebuch, mag ich es ruhig eingestehen, hier mag ich es bekennen, ohne nachträglich rot zu werden: Die verflixte Schüchternheit hatte es nicht zugelassen. In den wenigen Schuljahren vor dem Abitur bin ich Jennifer auch nie mehr so nahe gekommen wie an diesem ganz besonderen Nikolaustag, diese einmalige Gelegenheit hatte ich endgültig verpasst, und ich habe meine Zurückhaltung oft bereut. In Gedanken hatte ich alles wieder und wieder durchgespielt, dann natürlich mit einem forscheren Auftreten, aber es änderte nichts am tatsächlichen Ergebnis. Ich liebte sie schmerzlich, wie es sich in dem Alter wohl zutragen mag, aber meine Liebe war einseitig geblieben und wurde allmählich von zwingenderen Anliegen in den Hintergrund gedrängt. Jetzt kann ich über meine einstigen Nöte lachen, jetzt kann ich wegen meiner kläglich gescheiterten Annäherungsversuche mitleidig die Schultern zucken. Was ich mir aber bewahrt habe, ist die Erinnerung an jenes kleinmütige Hin und Her zwischen Wollen und Unvermögen, die Erinnerung an jene fast unüberwindlich scheinenden Schwierigkeiten eines vernarrten Pennälers – und die Erinnerung daran begleitete mich, als ich heute und vielleicht zum letzten Mal über den Weihnachtsmarkt ging ...

erlegt
ELSA ROMFELD

wuchtdunkelungeheuer
aufstürzt mich ein von
widerwelt gepackt und
wahngeschüttelt von
statischem sekundenfluss
umzingelt
ins winkeleck gewurmt
flackert aug' noch
züngelflamm
noch standhält geistesflirrn
– da jetzt –
verflucht die
nacht

Grenzgang
LINDA ENTZ

Keine Zeit, kein Ort. Irgendwann, irgendwo kräuselt sich auf der anderen Seite der Grenze Rauch aus einem Schornstein, mühsam, gerade hinaus ins Blau, gegen den trägen Widerstand der absoluten Windstille. Eine schmale Rauchsäule in einigen Kilometern Entfernung, ein Zeichen dafür, dass es drüben auch Leben gibt, obwohl viele es leugnen. Akin zündet sich eine Zigarette an und setzt sich auf einen Felsblock am Rande der Anhöhe, es ist der einzige Platz, von dem aus man diesen Abschnitt einsehen kann.

Eigentlich darf er das nicht, sich setzen, verweilen und schauen, aber er tut es täglich, drei Minuten, eine Zigarette lang, bevor er sich wieder schwerfällig erhebt und weitergeht. Bisher hat es niemand gemerkt außer Joost, aber der schweigt. Nein, er als Wache im Hinterland darf nicht schauen, wohl aber die Kollegen in den notdürftig zusammengenagelten Holzhütten entlang der Grenze, jenem primitiv wirkenden Limes, der doch ein Bollwerk gleich der Chinesischen Mauer darstellen soll, wenn es die Situation erfordert. Akin überlegt, ob das jemals der Fall gewesen ist, aber er kann sich an kein einziges Beispiel erinnern. In den Holzhütten sitzen sie also, zwei Mann in der Regel, und starren hinüber, mit dem bloßen Auge, mit Ferngläsern, Nachtsichtgeräten; Tremmler und Jimms, Regnaz und Ardo, Balgan und Jelko sind es in diesem Abschnitt, aber Akin und Joost kennen sie kaum, nur ihre Gesichter und ihre Namen auf der Liste. In den benachbarten Abschnitten sind es wieder andere, und noch weitere dahinter; Akin weiß nicht, wie viele, weiß nicht, wie weit die Grenze sich erstreckt und ob sie überhaupt irgendwo aufhört. Es ist absurd, wie wenig sie wissen, die Männer in den Hütten und die Posten hier draußen, überlegt er, während er mit dem Absatz seine Zigarette nicht nur ausdrückt, sondern sie zu einem undefinierbaren krümligen Etwas zerreibt. Wir halten Ausschau und wissen nicht wonach. Wir patrouillieren und wissen nicht weshalb, denkt er und kichert nervös in sich hinein, ehe er sich erhebt und weitergeht.

Die Männer in den Hütten legen dann und wann ihre Ferngläser beiseite, reiben sich die müden Augen, kneifen sich mit Daumen und Zeigefinger in die Nasenwurzel, bis keine kleinen schwarzen Punkte mehr auf der verschneiten Ebene jenseits des Zaunes tanzen; während sie von Zeit zu Zeit auf- und abgehen, sich dehnen und strecken und das schmerzende Kreuz massieren, kommt ihnen der Gedanke, dass sie vielleicht nur in überanstrengtem Zustand das Wirkliche sehen, dass sie die kleinen schwarzen Punkte nicht wegwischen dürfen; aber diesen Gedanken behält jeder für sich, Tremmler und Jimms, Regnaz und Ardo, Balgan und Jelko und all die anderen. Man fürchtet, sich lächerlich zu machen. Keiner weiß genau, wer ihn für diesen Job empfohlen hat, keiner könnte sagen, was ihn dafür qualifiziert hat; jeder hat irgendwann einmal ein Formblatt erhalten, unterschrieben und sitzt nun hier, mäßig entlohnt, bei Kost und Logis, fernab von Freunden und Familie.

Die in den Hütten haben es besser, fällt es Akin nicht zum ersten Mal ein. Drüben, auf der anderen Seite, liegt fast immer Schnee, und der eiskalte Hauch lässt auch diesseits der Grenze auf einem knapp 200 Meter breiten Streifen den Boden gefrieren und kaum höhere Pflanzen wachsen. In den kleinen Bretterhütten gibt es immerhin Ofen und Decken; zwar sieht man manchmal aus dieser Entfernung eine nur schemenhaft erkennbare Gestalt eine Fensterscheibe freikratzen, aber für gewöhnlich befinden sich bloß die Wachen hier draußen im Freien, und allein die Kälte verhindert schon, dass sie sich zu lang auf einem Platz aufhalten. Manchmal fällt Akin in einen leichten Trab, um sich aufzuwärmen, und bisweilen wechselt er dabei in den an den Froststreifen angrenzenden Tannenwald, wo er sich einige Minuten lang vor dem eisigen Luftzug schützt. Sicherlich könnte ihm, wenn er so durch den dichten Baumbestand läuft, etwas entgehen, aber das Risiko ist relativ gering. Wann auch immer etwas auf dem breiten, nahezu leer gefegten Abschnitt vor der Grenze auftauchen sollte, er würde es sofort wahrnehmen, sobald er wieder aufs freie Gelände käme. Keinerlei Deckung weit und breit. Wofür auch? Bisher ist ihm, abgesehen von den diesseitigen Posten, noch nie jemand hier begegnet.

Dass von der anderen Seite etwas herüberkäme, wäre eine Sensation, die gottlob noch nie eingetreten ist, zumindest nicht hier. Dass von dieser Seite eine ständige Fluktuation zur anderen stattfindet, gilt wiederum als offenes Geheimnis, aber noch nie konnte ein solcher Übergang beobachtet werden. Ob sie deshalb in ihren muffigen Bretterverschlägen sitzen und hinüber starren? Oder warten sie doch auf den unmöglichen, nie eingetretenen umgekehrten Fall, und die Wachen weiter hinten und für die angeblich so häufigen Übergänge zur anderen Seite zuständig? Verärgert stellt Akin zum wiederholten Male fest, dass niemand einen eindeutigen Auftrag hat, dass die wenigen Regeln, die hier gelten, von namenlosen Vorgesetzten aufgestellt worden sind, die nie in Erscheinung treten, geschweige denn den Sinn der Grenze und ihrer Arbeit erklären. – Bewachen wir, erwarten wir etwas?

Noch einmal, ehe sie hinter einer der riesigen Schneewehen verschwindet, wirft er einen Blick auf die Rauchsäule, die jetzt nicht mehr ganz so friedlich und still aufsteigt. Es kommt wieder eine Brise auf, und leichter Schneefall setzt ein, kleine weiße Sterne lassen sich auf Akins Haar und Wimpern nieder, auf den Schultern und den Stiefelspitzen. Er blinzelt ein wenig und fährt mit dem Finger in der Luft die Konturen des aufsteigenden Rauches nach, stellt sich ein gemütliches kleines Haus vor, in dem Menschen leben. Oder etwas Ähnliches. Manchmal verspürt er sogar das Bedürfnis, hinüber zu rufen, aber er weiß, dass man ihn nicht hören würde.

Gerade, als er Joost pro forma per Funk seine Position durchgegeben hat, sieht er den Mann; er steht nur etwa fünfzig Meter von ihm entfernt, eine kleine, schmächtige Gestalt mit Hut und Mantel, graubraun wie die gefrorene Erde, beinahe unsichtbar. Eigentlich steht er viel zu weit vom Waldrand entfernt, um so plötzlich, wie aus dem Nichts, auftauchen zu können, aber Akin denkt nicht weiter darüber nach und geht auf ihn zu, rasch, mit einer gewissen Strenge im Gesicht. In diesem Abschnitt darf sich keiner aufhalten außer Joost und ihm, und so viel er auch über die „Übergänge" gehört hat, insgeheim hat er das für paranoides Geschwätz gehalten. Woanders, von mir aus, aber nicht in diesem Abschnitt, denkt er und langt bei dem anderen an, einem älteren Herrn mit grauem Bart, Brille und Spazierstock.

Was haben Sie hier zu suchen?" erkundigt sich Akin forsch und hält seinen Ausweis in der Tasche seines Mantels bereit, falls er danach gefragt werden sollte. Sein Gegenüber mustert ihn aufmerksam mit den zusammengekniffenen Augen eines Weitsichtigen und entgegnet ruhig: „Eigenartig, ich glaubte, Sie suchen etwas." - „Das ist keine Antwort auf meine Frage", versucht Akim gelassen und höflich zu bleiben und seufzt innerlich: Ein spitzfindiger, vermutlich auch störrischer alter Mann, die Sorte, der man wegen ihrer etwas einfältigen Freundlichkeit nie böse sein konnte und die man schon deshalb um so schwerer los wurde.

„Wir sollten ein Stück gehen", schlägt der Fremde unvermittelt vor und hakt sich bei dem Grenzposten ein, ehe jener protestieren kann. „Was sollten wir?" will er das Versäumte nachholen und bleibt abrupt stehen, aber der Alte zieht ihn mit unerwarteter Kraft mit sich, wobei er jedoch gleichzeitig einen so zerbrechlichen Eindruck macht, dass Akin ihn nicht einfach abschüttelt, aus Angst, ihn zu Boden zu werfen. Auf der einen Seite stützt sich der Mann auf seinen Stock, auf der anderen hängt er schwer in Akins linker Armbeuge. So lässt er den Fremden ein paar Schritte lang gewähren, bis dessen Gleichgewicht stabilisiert zu sein scheint; dann löst er vorsichtig den Griff der Hand an seinem Arm, der schon zu schmerzen beginnt, Allerdings nur mit dem Ergebnis, dass sein Begleiter jetzt sein Handgelenk umklammert.

„Hören Sie, es ist verboten, dass Sie sich hier aufhalten", erklärt er mit Nachdruck, aber der Alte schüttelt nur mit Bedauern den Kopf und äfft ihn nach: „Verboten, verboten, bei euch ist alles verboten." Eigentlich möchte Akin etwas Giftiges entgegensetzen, aber er beherrscht sich und nimmt sich lediglich vor, den Fremden auf schnellstem Wege zu einer der Hütten zu bringen. Sollen doch die anderen sehen, wie sie mit ihm fertig werden, und ihn dann mit dem Auto dahin bringen, wo er hergekommen ist. Plötzlich bleibt der andere stehen, atmet tief und genüsslich die eisige Luft ein und deutet in Richtung Grenze: „Ist das nicht schön?" Akins Blick folgt seiner Geste, und er sieht eine Ansammlung von Häusern auf der anderen Seite, viel näher als die Rauchsäule, ein Weiler, den er nie zuher wahrgenommen hat. Sollte er seinen Abschnitt bereits verlassen haben? Zerstreut antwortet er: „Ja, ja, schön ist das" und schaut sich verstohlen um nach der Markierung, die das Ende seines Abschnitts bezeichnet, kann sie aber nirgends entdecken.

Inzwischen hat der Alte sein Handgelenk losgelassen, aber der stechende Schmerz ist geblieben, und arbeitet sich hinauf bis zur Schulter. Ein Griff wie ein Schraubstock, denkt Akin verärgert und massiert seinen Arm, während er neben seinem Begleiter, der ihn prüfend im Auge behält, weiter entlang der Grenze geht. Wenige Augenblicke später sieht er, allerdings noch ein gutes Stück weit weg, Joost auftauchen, ein Anblick, der ihn mit Erleichterung erfüllt.

Sei es, dass er mit der Aussicht auf Unterstützung einen Schritt zu schnell gegangen ist, sei es aufgrund des Schmerzes in der linken Seite, der plötzlich unerwartet heftig explodiert: Akin stolpert und stürzt, fängt sich aber noch geschickt genug auf dem hart gefrorenen Boden ab, um Verletzungen zu vermeiden. Von dem Fremden mit einem feinen Lächeln beobachtet, rappelt er sich wieder auf und stellt fest, dass der Schmerz vollkommen verschwunden ist. Unter dem zurechtweisenden Blick des Grenzpostens bemüht sich der Alte sichtlich um einen ernsteren Ausdruck, während sie nebeneinander auf Joost zugehen, der mittlerweile zu rennen angefangen hat und den Namen seines Kollegen ruft, übertrieben besorgt, wie Akin findet.

Er registriert Akins beruhigendes Abwinken gar nicht, läuft weiter, aber würdigt die beiden keines Blickes und eilt so dicht an ihnen vorbei, dass er nur mit viel Glück nicht den alten Mann umstößt. Verblüfft wendet Akin sich um und sieht ihm nach, sieht, wie Joost auf etwas am Boden Liegendes zustürzt, daneben niederkniet und es schüttelt. Es ist ein Mensch, erkennt Akin und wundert sich, warum er ihn nicht selbst bemerkt hat. Der Fremde will ihn zurückhalten, aber er reißt sich los und tritt an Joost heran, der in diesem Moment die Gestalt umdreht: Es ist Akin.

Der aufrecht stehende Akin taumelt zurück, prallt gegen seinen Begleiter, der ihn rasch stützt, und bringt kein Wort heraus, nur ein ersticktes Ächzen. Fassungslos sieht er zu, wie sein Kollege sein Funkgerät hervorholt und die anderen von seinem Tod in Kenntnis setzt. Man solle ihn abholen. Irgendetwas in Akin will noch protestieren, aber der Alte nimmt ihn erneut bei der Hand und zieht ihn mit sich, fort von dem entsetzten Joost und dem bald eintreffenden Wagen, fort von Balgan und Jimms, die aussteigen und – wie sie reagieren, erkennt er schon nicht mehr.

Der Fremde führt ihn jetzt, es besteht kein Zweifel mehr daran, wer die Richtung angibt. Dicht vor einer der Grenzhütten biegt er unvermittelt ab und geleitet ihn durch eine breite Lücke im Zaun, die dort normalerweise nicht sein dürfte; als Akin sich noch einmal umdreht, ist sie verschwunden. Außerdem erkennt er in der Hütte Tremmler wieder, der wie Joost angestrengt durch ihn hindurch starrt, schließlich blinzelt, sich die Augen reibt und aufsteht, um sich die Beine zu vertreten. Beinahe hätte Akin ihm zugewinkt, doch der Alte lenkt ihn weiter, auf den Weiler zu, zu den Häusern, aus deren Schornsteinen sich Rauch emporkräuselt, mühsam, gerade hinaus ins Blau, gegen den trägen Widerstand der neuerlichen absoluten Windstille.

Die letzte Geschäftsverhandlung
HARALD RIEBE

Wir sitzen uns jetzt schon eine Weile gegenüber, nahezu wortlos, als erwarteten wir noch jemanden.

So entspricht es jedoch meiner Strategie: den anderen nur ganz allmählich zur Sache kommen und ihn von meiner Seite her ein eher gelangweiltes Interesse an einem Abschluss spüren zu lassen. Es soll Zeit verstreichen, in der nichts Bestimmtes angegangen wird, nichts jedenfalls, was auf eine Entscheidung hindrängte. In meinem Gegenüber soll sich das Gefühl ausbreiten können, nicht er sei meine, sondern ich sei seine Chance, und zwar die letzte.

Emil, der hinter der Theke sich wie immer bei solchem mäßigen Nachmittagsbetrieb mit Gläserputzen abgibt, sieht ab und zu herüber, als sei auch er verwundert. Aber mein Gegenüber trinkt ebenso zögerlich wie ich, der ich ganz beiläufig mal mein Glas aufnehme und an dem herben Roten herum schmecke.

Auf der Außenfläche meines Glases wölbt sich das Spiegelbild eines Fensters, durch das etwas von dem trüben Licht dieses verregneten Spätsommernachmittags noch bis in unsere Ecke hereindringt. Ich vermeide, mein Gegenüber anzusehen, weil das von ihm als Nötigung missverstanden werden könnte. Ich war auch vorhin darauf bedacht gewesen, meiner Einladung zu diesem Glas Rotwein keinerlei Nachdruck zu geben, und mit nur langsam-mäßigen Schritten von der Theke her auf seinen Tisch zugegangen.

„Sie sind also schon hier", hatte ich gesagt. Er hatte mich lediglich mit einem Wink seiner Hand aufgefordert, ihm gegenüber Platz zu nehmen, und zu meinem Weinangebot kurz genickt. So war es zu diesem Roten gekommen, dem von der Insel Paros, (einer Kostbarkeit, mit der weit und breit gewiss nur Freund Emil dienen kann).

Er hatte mich gestern angerufen. Seine Stimme, ich weiß nicht, sie hatte so gar nichts hergegeben von dem, was mir immer wichtig war, wenn sich jemand bei mir meldete. Während er noch redete, nicht gerade viel und eher bedächtig, hatte ich ihn mir schon als einen der Leute vorgestellt, mit denen ich nur ungern etwas zu tun haben möchte, eigentlich ja lieber gar nichts. Und so schien er mir dann auch hier am Tisch zu sitzen. An diesem seinem So-Dasitzen hatte ich ihn sofort erkannt. In dem Tonfall seines Sprechens gestern musste etwas gewesen sein, so ein – ich weiß nicht, was – so eine mir noch nie begegnete Art, sich bedeckt zu halten, welche die erwartbare Gewöhnlichkeit seiner Erscheinung als etwas Außergewöhnliches avisierte. Sonst säßen wir uns hier jetzt nicht gegenüber. Bestimmt nicht.

Irgendwie hat mich der Verlauf unserer Kontaktaufnahme in fataler Weise verunsichert. Nichts ist mir mehr zuwider, als wenn sich um meine Geschäftsverhandlungen herum so eine Art Fluidum der Illegalität ausbreitet. Ich lege den allergrößten Wert darauf, dass sich meine Absprachen in einem Jenseits von Gut und Böse vollziehen und nur in einer bis an den Rand des Flüsterns herabgedämpften Verhaltenheit, wie sie in den Gängen und Räumen der Gemäldegalerien oder Direktionsetagen renommierter Banken üblich ist. Natürlich halte ich mich so lange wie möglich bedeckt; ich muss das, weil sich meine Geschäfte ja ganz anders als gewöhnlich abwickeln. Nicht, dass sie das Licht zu scheuen hätten. Absurder Gedanke. Ihre hohe Sensibilität entspricht indessen der Einzigartigkeit der in ihnen gehandelten Objekte. Grelles Licht oder der heute ja ebenfalls übliche lautforsche Ton entrisse ihnen sozusagen die Aura der Exklusivität; beides entkleidete sie geradezu ihres Wesens. Gewiss, ich bin andererseits angewiesen auf ein sehr direktes Draufzugehen, ich muss sehr genau abschätzen können, was mein Gegenüber will, vor allem, dass er es wirklich will und dass er sich über die Konsequenzen, die aus dem erstrebten Besitz resultieren, völlig im Klaren ist. Erst dann gehe ich daran, ihm Angebote zu unterbreiten. Warum aber bin ich jetzt schon eine ganze Weile mit dem Zweifel zugange, ob denn meine an sich ja doch recht simple Strategie bei dem da überhaupt verfängt? Eher wohl nicht.

„Haben Sie es sich auch richtig überlegt?"

Ich bin nervös. Ich spüre es die ganze Zeit. Habe ich schon jemals so plump nachgefragt? Er jetzt:

„Naja."

Nichts weiter; einfach nur: „Naja". Und das nicht etwa als den Anfang, als das Einleitungssignal, er werde sich nun auf eine Entscheidung zubewegen. O nein. Dieses Naja kommentiert in geradezu entblößender Weise meine mir verdammt peinliche, ja ganz und gar widersinnige Ungeduld. Ich sehe hinüber zur Theke, kann Emil aber nicht entdecken; ich sehe nur die vielen Flaschen in dem Spiegelregal, sehe sie und anderes doppelt, waghalsig angekippt: über den Flaschen der gespiegelte Raum davor, das wirkt, als sei das Regal ohne Rückwand und es gäbe dahinter noch Zimmer, die schräg nach oben führen. Ich sehe die Uhr, die über dem Durchgang in eine Holzverkleidung eingefügt ist (London, sehr frühes neunzehntes Jahrhundert), nichts Besonderes. Ich hatte sie in einer Kirche entdeckt, auf einer der Kykladen, und Emil mitgebracht, damals, als wir uns diese Kneipe hier für meine Geschäftsverhandlungen einrichteten. Sie war mir passend erschienen zu dem Holz und zu der wundervollen Schnitzarbeit (unbekannte Werkstatt, mit Sicherheit fünfzehntes Jahrhundert); ich vermute, das Flaschenregal und die Durchgangsverkleidung hatten mal zur Ausstattung einer mitteldeutschen Klosterbibliothek gehört. Gelegentlich fragt schon mal einer. Emil erklärt das dann für orientalisch, es sei ein Erbstück von einem seiner Vorfahren, der Seeräubern in die Hände gefallen war und eine Zeit lang einem Bey von Tunis als dessen rechte Hand gedient hatte. Heute wirkt das so, als habe dieser Ururgroßvater schon davor gestanden und Gläser geputzt. Emils massige Gestalt ist wieder aufgetaucht. Er nimmt eben ein Glas in die Hand, behaucht es an der Außenseite und beginnt dort mit einem Tuch zu reiben. Jetzt hält er es gegen das Licht. Wenn mich nicht alles täuscht, ist es ein Glas aus der Londoner Sammlung, zu der sich William eines Tages Zugang verschafft hatte (bestimmt achtzehntes Jahrhundert). Vielleicht sollte Emil nicht alles so zeigen. Aber da sind ja nur noch die beiden Leutchen dort hinten in der Ecke, offenbar ein Liebespaar, das in einem fort etwas aufeinander einzureden hat. Sicherlich harmlos. Er jetzt:

„Es macht Freude, diesen Wein zu trinken."

Aha, es geht los. Meine Strategie!

„Er ist außerordentlich selten."

Das sagte ich um ein nur Geringes auffordernder jetzt und sehe hinüber zu ihm, sehe ihm zu, wie er das Glas anhebt und vor die Kerzenflamme hält. Dabei legt sich ihm ein hellrotes Leuchtfeld aufs Gesicht. Das pendelt ein wenig. Auffällig: die zwei kräftigen dunklen Linien von den Nasenflügeln herunter zu den Mundwinkeln und die mit schwarzen Barthaarpunkten gerasterte Oberlippe. Das Leuchtfeld rutscht eben weg. Er setzt das Glas ab. Es ist eines von der alten „Queen Elisabeth". Davon habe ich Emil einen ganzen Satz beschafft; jemand hat dann das Zeichen („Q-E" mit der Krone darüber) in das Wappen seines Vorfahren umgeschliffen, dem wegen seiner Verdienste von dem Bey so eine Art türkischer Adel verliehen worden war. Zu Emil kommen öfter vornehm tuende Leute; die legen großen Wert auf so was, auch auf die Geschichte vom gekidnappten Ururgroßvater, vielleicht sogar mehr noch auf die. Das verkauft sich. Er jetzt wieder:

„Was ich zuerst gern wissen möchte: Werden Sie mir, sagen wir, etwa fünfzig Kilometer Strecke beschaffen können?"

Das hat der eben mit einer beinahe lustlosen Entschlossenheit gesagt, nämlich so, als ginge es dabei lediglich um lästiges Beiwerk. Wie aber soll ich mich dazu stellen? Worauf mich angesichts einer derart absurden Forderung einrichten? Ob es nicht besser wäre, seine Aufmerksamkeit gleich von Anfang an auf etwas anderes zu lenken? Also, im Moment wüsste ich wirklich nicht, wo ich fünfzig Kilometer Strecke hernehmen soll. Der aber scheint mit irgendeiner Lokomotive nicht zufrieden zu sein. Ich hatte ihm deshalb am Telefon ja schon eine „DhZ 3T 16.5" (Baujahr neunzehndreizehn) angeboten, obwohl ich aus dem Stand überhaupt nicht wusste, ob man die eine, die noch vor wenigen Jahren zwischen Aleppo und der türkischen Grenze verkehrte, nicht inzwischen kannibalisiert hat. Allerdings soll es von der ja mal fünftausend Stück gegeben haben; also müsste sich doch noch irgendwo eine auftreiben lassen. Vielleicht in Südamerika? Ich sollte nachher gleich mal mit Alfonso telefonieren. Eine „Mallet-Tenderlok" biete ich jedenfalls nicht an. Die fünfundzwanzig Stück, die es von der mal gegeben hat, das ist einfach zu wenig, das ist keine Basis für ein ernsthaftes Geschäft. So was muss man in der Hand haben oder die Finger davon lassen. Eine „Preußen T18" eventuell? Egon hat doch gerade wieder eine entdeckt. „Baujahr neunzehnzwölf", sagte er, und dass der fehlende vordere Radsatz sich bestimmt würde beschaffen lassen; in einem Schuppen bei Ziersdorf soll noch einer liegen.

Es ist mir sowieso lieber, wenn solche Aufträge mehr in der Nähe abzuwickeln gehen. Andererseits lässt sich das Verschwinden einer Lok in einem orientalischen Land viel leichter vertuschen. Wenn dann bloß nicht immer die Probleme mit der Überführung wären, ein schrecklicher Aufwand, die Bestechungskanäle erst alle wieder aktivieren zu müssen! Das lohnt eigentlich nur bei einem Großauftrag. Am einfachsten ist es, wenn man was zum Tauschen anbieten kann, wie die „P4" (achtzehneinundneunzig) kürzlich, diese Kostbarkeit, (dieses Gedicht von einer Lokomotive!). Da war es ein leichtes, ein intaktes U-Boot (neunzehnsiebzehn) zu bekommen. Apropos U-Boot. Ob ich ihn dazu überrede? Emil sollte den Lars gleich mal anrufen. Vor der schwedischen Küste ja nicht mehr, aber im Eismeer (Barents-See?), da könnte sich eventuell was machen lassen. Lars hätte sich längst wieder mal melden können, finde ich. Er jetzt wieder:

„Ich warte auf eine Antwort von Ihnen."

Das klang eben so, als sei er einen Schritt näher herangekommen. Ob ich ihn doch noch zu erwischen kriege? Aber die Strecke muss ich ihm ausreden. Gerade jetzt, diese vielen Angebotsumstellungen, wie die von der Bahn sagen, diese Stilllegungen oder Privatisierungen, da wird doch viel zu viel Lärm drum gemacht. Darin kann ich nicht arbeiten. Vielleicht ist das jetzt mit den U-Booten aber auch so, wo der Russe gerade diesen schrecklichen

Unfall hatte. Kann sein, Lars hält sich deshalb bedeckt. Damals, vor Jahren, die fünfundzwanzig Kilometer Strecke, das waren noch Zeiten, ein Kinderspiel, als die Chinesen in Tansania bauten. Bei denen ging das so schnell, dass man noch mehr hätte abzweigen können, und keinem wäre was aufgefallen. Es will aber selten genug mal einer ran an so was. Ist ja schließlich auch eine Platzfrage. Und der jetzt? Ich muss was sagen:

„Wissen Sie, mit den fünfzig Kilometern, glauben Sie mir, das lässt sich nur sehr schwer realisieren. Eigentlich ja gar nicht, Sie müssen das verstehen. Ich will Ihnen mal ein Beispiel erzählen. Das war während des Krieges. Wollte doch einer seiner Großmutter zu ihrem Achtzigsten ein halbes Pfund Butter schenken. Eine gewaltige Kostbarkeit damals, können Sie sich vielleicht denken. Er wandte sich an jemanden, den er in entsprechenden Geschäften wusste, und der hat ihn nur ausgelacht: ‚Was? Ein halbes Pfund? Also nicht mal ein achtel! Das Einzige, was ich dir anbieten kann, ist eine Wagenladung. Verstehst du? Dann sieh' du aber zu, wo du nachher mit dem Rest bleibst!' Will sagen: ein komplettes Streckennetz, das könnte eventuell gehen, eines mit einem richtigen schönen Knotenpunkt. Aber was wollen Sie da mit einer einzigen Lokomotive?"

Das sollte jetzt eigentlich sitzen. Der ist doch kein kleines Kind und will nur deswegen etwas haben, weil er's sich in den Kopf gesetzt hat. Ob ich gleich noch nachstoße? Ein Ausbesserungswerk? Mit einem Wasserturm, einem der schönen alten Ziegeltürme in Neogotik? Oder ganz was anderes? Eine Bohrinsel eventuell? Oder einen Satelliten? Raketen aus den Abrüstungsbeständen auf keinen Fall. Auf so was lasse ich mich nicht ein. Das sind Verbrecher, die damit handeln und irgendwelchen politischen Ganoven Erpressungsinstrumentarium in die Hände spielen. Vielleicht besser, ihn erst noch weiter kommen zu lassen. Ich weiß nicht, eine Lokomotive: ja. Aber eine Bohrinsel? Das ist doch ein Monster, wie sie da steht, draußen im Meer, hauptsächlich staksige Beine, starr dasteht und was Gewaltsames hat, was Drohendes, fremd dasteht, weil dort überhaupt nicht hingehörig. Ich gäbe mich viel lieber mit kulturellen Dingen ab, wie das Pharaonengrab zum Beispiel (zwanzigste Dynastie). Ali schüttet den Eingang immer wieder zu, wenn es jemand hatte sehen wollen, und nachher zieht er mit Touristen drüber weg, welche die Spuren zertrampeln sollen, damit die aus Kairo nicht draufkommen. An so was traut sich aber keiner ran. Ob ich dem da was stecke? Nein, das ist zu riskant. Auf so was sollte er schon von selber kommen. Man muss da ja höllisch aufpassen, dass nicht etwa doch mal was in diesen widerwärtigen Medienrummel hineingerät. Die Journalisten, die sind doch wie die Hyänen und lauern überall nur herum, bloß, um ein paar lärmende Sendeminuten oder kreischende Überschriften zu verkaufen. Das interessiert die gar nicht, was sie einem damit alles kaputtmachen. Überhaupt: das Großklima der Geschäftswelt ist richtig unseriös geworden. Da kann einem die Lust vergehen. Ich will's ja gar nicht leicht haben. Aber ein bisschen zivilisiert sollte es schon zugehen.

„Wollen wir uns noch ein Glas von diesem herrlichen Roten kommen lassen?"

Jetzt habe ich überhaupt nicht aufgepasst. Der sagt das ganz ruhig, so beherrscht, der flüstert beinahe.

„Gern. Natürlich. Sehr gern. Emil!"

Du musst jetzt unbedingt noch etwas zu seiner Strecke sagen, irgendwas Abschätziges, nur nicht etwas Abschreckendes, was Belangloses eben. Ja, aber was? Oder doch besser noch zu warten? Was ist das bloß für einer? Ich komme nicht dahinter. Ich hätte am Telefon gleich absagen sollen. Irgendwie hatte ich das doch im Gefühl. Niemals bisher habe ich mich auf bloßen Verdacht hin auf jemanden eingelassen. Und nun sitzt da einer, mit dem ich einfach nicht klarkomme. Eine Bohrinsel passt überhaupt nicht zu dem. Absurder Gedanke. Eine Bohrinsel ist was für Ex-Profis aus'm Fußball oder solche Typen. Kürzlich wollte doch einer einen kompletten Schwimmkran haben für sein Wochenendhaus, um es über der Wasserfläche eines Sees baumeln zu lassen. Verrückt sind die. Aber nicht der da. Ein U-Boot ist da doch noch was anderes, das ist für Leute, die nichts zeigen wollen. Aber dieses laute Pack will doch gesehen werden. Und wenn erst ein paar von ihnen ihren Schwimmkran haben, dann woll'n die nächsten Bohrinseln für's Wochenende. Also dann lieber total verrückt wie der, dem ich den Lunochod vom Mond ausreden musste. Der lasse sich doch auch hier besorgen, habe ich gesagt. Nein, es sollte der vom Mond sein. Ein U-Boot ist was für Leute, die verschwinden wollen. Mal eine Weile nichts hören und nichts sehen von all dem Rummel hier oben. Oder auch einen Raumflugkörper. An die kommt man aber noch nicht ran. Halt! Eine Untergrundbahn! Dass ich darauf noch nicht gekommen bin. Ich brauchte ja nur mal Ronald anzurufen. In irgendeiner dieser Megastädte sollte sich doch was machen lassen bei all dem Chaos. Womöglich ließen sich dort die fünfzig Kilometer zusammenbringen. Aber ob der eine komplette Linie nimmt? Darunter wird es vermutlich schlecht gehen. Er jetzt:

„Also ein Streckennetz, wie Sie meinen, damit kann ich nichts anfangen."

Aber fünfzig Kilometer! Das ist doch Hirnriss! Der hat sich noch keinen Meter weg bewegt von diesem idiotischen Gedanken. Ich muss was tun. Ich muss ihn in was reinlaufen lassen. Vielleicht wartet er bloß darauf, Emil sollte den Wein bringen. Wieso guckt der so komisch her? Wahrscheinlich weiß er nicht, ob er Licht machen soll.

„Hören Sie. Ich will mich da nicht reinmischen in Ihre Vorstellungen. Bitte, missverstehen Sie mich nicht. Also: eine Lokomotive, denken Sie nur mal an diese herrliche „1913ner Dh2 T3", die ist doch nun wirklich eine schöne Sache. Überhaupt diese alten Loks. Die haben noch was Künstlerisches. Das ist einfach Poesie. Das ist die reine Poesie der Funktionalität, wie sie nur aus dem Dampf geboren werden konnte. Mit nichts zu vergleichen oder am ehesten noch mit einem richtigen alten Dampfer. Ich könnte Ihnen da ein paar interessante Offerten machen. Im Mittelmeer zum Beispiel. Kennen Sie die „Lydia"? Diesen herrlichen alten Kahn? Jetzt hat sie einer auf den Strand gezogen und'n Restaurant draus gemacht. Finde ich nicht gut. Ein Schiff muss schwimmen, sonst wird es zum Gespenst. Aber sagen Sie das einmal diesen knallharten Geschäftemachern ... "

Wo sieht der eigentlich die ganze Zeit hin? Und Emil? Der stellt den Wein ab in einer Art, die kenne ich gar nicht an ihm. Was ist denn heute bloß los?

„ ... damit will ich Sie keinesfalls abbringen von Ihrem Wunsch. Aber Sie können mir glauben: Lokomotiven habe ich immer gern besorgt. Ich habe selber eine zu Hause, eine „Alte Preußen". Die soll mal mein Enkel kriegen, wenn er erst ein bisschen größer geworden ist. Wissen Sie: wenn dann jeder kommt ... also, vor ein paar Jahren waren es sechzehn Stück. Stellen Sie sich vor: sechzehn Stück in einem Jahr, Tendenz steigend, hier bei uns jedenfalls. Und wissen Sie, was diese Leute dann damit machen? Bestimmt nicht. Darauf kämen Sie gar nicht. Halten Sie sich das mal vor Augen ... "

Wie der guckt. Ich rede doch keinen Stuss.

„ ... bitte, stellen Sie sich so ein unvergleichliches technisches Wunderwerk vor. Stellen Sie sich's vor, wie es dann da steht im Garten neben dem Swimmingpool, ein Prellbock davor, einer dahinter und ein Gleissperrsignal als Beleuchtung für den Abend, ja, Sie werden's nicht glauben, aber einige packen ins Führerhaus dann doch tatsächlich einen Gartenzwerg hinein, dem sie eine Lokomotivführermütze auf die Zipfelmütze drücken, Württembergische Staatsbahnen von anno dazumal wollte einer mal haben, die können Sie nur noch in Eisenbahnmuseen finden ... "

Verdammt nochmal, warum sagt der denn nichts? Er hätte mich doch längst schon unterbrechen können. Ich weiß ja nicht einmal, ob er mir überhaupt zuhört.

„... und damit noch nicht genug. Die feiern dann ihre Gartenparties um so eine Lokomotive herum, als sei die das Goldene Kalb. Ich habe mir davon mal eine Video-Aufzeichnung anfertigen lassen. Schlecht kann einem werden, glauben Sie mir ... "

Warum kotze ich das bloß alles aus vor dem da? Ich weiß nicht, was mit mir los ist. Vielleicht sollten wir was essen. Emil könnte doch so beiläufig mit der Karte kommen.

„... ja, und was denken Sie? Die spielen dann Orientexpress. Sie kennen doch das Mörderspiel. Nein? Also, passen Sie auf ... "

Der winkt ab, Endlich sagt er mal wieder was: „Lassen Sie nur. Ich verstehe Ihre Entrüstung voll und ganz. Ich teile Sie. Ich habe mir übrigens ihren Video-Film angesehen."

Wieso? Wie ist der an meine Aufzeichnungen gekommen?

„Darf ich Ihnen noch ein Glas bestellen? Möchten Sie vielleicht etwas essen?"

„Nein, danke. Aber ein Glas nehme ich gern noch. Ich kenne diesen vorzüglichen Wein. Ich schätze ihn sehr. Er hat für mich etwas von der strengen Schönheit des Parischen Marmors, obgleich der ja nicht rot ist."

„Emil!"

Was weiß der? Woher kennt der diesen Roten? Kein Mensch kennt den. Was hat der mit der Strecke vor? Der lässt mich auf ihr sitzen. Ich sollte es doch mit dem U-Boot versuchen. Ich möchte endlich mal sein Gesicht sehen können: „Emil! Bitte, mach doch mal Licht."

Schon wieder winkt er ab: „Lassen Sie nur. Nicht meinetwegen. Ich liebe gedämpftes Licht. Schon gut. Es ist nicht nötig. Danke, Emil."

Was soll das? Wieso redet der mir einfach das „Emil" nach?

„Bitte, sagen Sie mir: Warum wollen Sie eine Lokomotive? Irgendwie passt das gar nicht zu Ihnen."

Der winkt schon wieder. Das macht mich ganz nervös. Der lässt mich jetzt schon gar nicht mehr ausreden. Mit einem U-Boot komme ich an den überhaupt nicht ran. Da, er jetzt: „Sie haben ja Recht. In erster Linie geht es mir auch gar nicht um eine Lokomotive, obwohl ich Ihre gelegentlich geäußerte Begeisterung durchaus nachvollziehen kann. Ich habe Ihnen doch aber gesagt, was ich wünsche. Anscheinend können Sie nicht liefern. Ist es nicht so?"

„Ich bitte Sie, so war das nicht gemeint ... "

Dass ich mir das nicht angewöhnt habe, die Brille zu tragen. Ich kann die doch jetzt nicht rausholen. Das durchschaut der. So was hätte mir nicht passieren dürfen. Jetzt rede ich nur immer drauflos ins Dunkle wie ein Jäger, der kein Büchsenlicht hat und auf bloßen Verdacht in die Gegend ballert.

„... ich habe Ihnen ja nur zu beschreiben versucht, wie schwierig das geworden ist. Verstehen Sie bitte. Seit Jahren hat keiner mehr eine Strecke verlangt. Der Letzte wollte, wenn ich mich recht erinnere, nur einen Tunnel. Das waren dann so zwei, drei Kilometer. Idiotisch war das: Was wollte der bloß mit einer schönen Lokomotive in einem Tunnel? Lassen Sie mich Ihnen das noch erzählen: Da hat es vor ein paar Jahren mal zwei ganz Verrückte gegeben. Die wollten unbedingt einen kompletten Güterbahnhof haben. Und sehen Sie: Dann wussten die nicht, wohin damit. Aber jetzt kommt's erst. Sie werden es nicht glauben. Da fragt mich doch der eine, ob sich das Ganze nicht in die Arktis verlegen ließe. Hätten Sie so was für möglich gehalten? Mich kann solche Ignoranz fürchterlich aufregen. Die wollen immer alles nur denkbar Mögliche, und dabei haben sie nicht die geringste Ahnung. Dümmliches Gesindel ist das! Entschuldigen Sie! Keinen blassen Schimmer hatten die, was einen echten Winterbetrieb ausmacht. Wissen Sie, der kann nämlich wirklich schön sein, wunderschön. Wenn Sie mich fragen, der hat noch was Poetisches, ich meine: eingefrorene Weichen, Schneeverwehungen, mit Schnee behäufelte Kohleberge unter klirrend klarer Mondnacht und so. Winterbetrieb, also der unter extremsten Bedingungen, der hat, wenn Sie so wollen, noch was echt Abenteuerliches. Lassen Sie sich das mal von den alten Veteranen erzählen, was die sich alles einfallen lassen mussten, um ihre Maschinen durch die eisigen Nächte zu bringen. Echter Winterbetrieb war etwas, wo einer noch ganz hart rangenommen wurde. An diesen alten Lokomotiven konnte man noch herumimprovisieren. Machen Sie das mal heute an einem Raumflugkörper. Da hocken die Leute drin und sind auf Gedeih und Verderb den Rechnern ausgeliefert. Was konnte ich anderes tun, als diesen Leuten ihren Wunsch auszureden? Ich verkaufe nicht alles und jedes an jeden. Ich habe den beiden ein U-Boot angeboten."

Der winkt natürlich bloß. Hab' ich mir doch gedacht. Der bringt mich noch zur Strecke mit seiner Art, mich hier herum zu dirigieren. Dabei hätte ich doch bloß den Hörer aufzulegen brauchen. Ganz einfach wäre das gewesen. Emil dürfte jetzt mit den Karten kommen. Und ‚ne Kerze sollte er schon längst gebracht haben. Vielleicht für die Positionslampe hier über uns: stammt von einer Venezianischen Galeasse, vermutlich ist die sogar bei Lepanto dabeigewesen (jedenfalls sechzehntes Jahrhundert). Er jetzt:

„Ein U-Boot hätte ich schon haben können. Sie brauchen sich da nicht weiter zu bemühen. Ihr Freund Lars hätte es mir besorgt."

Lars? Wieso Lars? Seit wann bietet Lars die U-Boote schon selber an? Was geht hier vor? Der sagt „Lars" wie er vorhin „Emil" gesagt hat.

„Woher kennen Sie Lars?"

„Oh. Also kennen? Natürlich längst nicht so wie Sie. Ihr Freund Ronald hatte den Kontakt hergestellt. Ich bin gar nicht in Stockholm gewesen ... "

„Ronald? Ronald kennen Sie auch?"

„Gewiss. Allerdings nur sehr flüchtig wie auch Ihren Freund Alfonso. Ich habe die beiden in den Staaten getroffen."

Was wird hier gespielt? Was hat dieser Kerl vor? Wieso Lars? Und Ronald? Und Alfonso? Wahrscheinlich kennt der Egon auch.

„Sie kennen also Emil schon länger. Nicht erst seit heute."

„Ja, schon. Sie dürfen ruhig davon ausgehen, dass ich alle Ihre Freunde kenne. Was überhaupt nicht sagen will, dass Ihre Freunde etwa nicht auch weiterhin Ihre Freunde sind. O nein, da hat sich bestimmt nichts geändert."

Wieso soll sich nichts geändert haben? Da kommt so ein grauer Typ daher und kennt alle meine Partner. Und nichts soll sich geändert haben? Der kennt alles. Der hat überall seine Finger drin, und ich sehe mich plötzlich neben mein eigenes Netz versetzt, hocke bewegungslos da, eine alt gewordene Spinne, derweil eine andere munter auf meinem Netz herum turnt und die Beute einkassiert. Und da soll sich nichts geändert haben? Aber ich habe es doch gewusst. Ich habe es am Telefon bereits gewusst und war doch unfähig, den Hörer aufzulegen. Komm, mach jetzt keine Tragödie draus. Sag' was!

„Haben Sie jetzt Lust, etwas zu essen?"

„O ja, das ist ein guter Gedanke. Emil! Die Karte, bitte!"

Nicht einmal mehr das ist mein Part. Der benimmt sich, als sei ich hier der Gast. Ich bin es.

„Sie haben Ali Abdel Rassoul nicht erwähnt. Dürfte ich erfahren, ob dieser mein alter Freund auch zu den Freunden gehört, die noch immer meine Freunde sind?"

„Scheich Ali? O ja. Ich bin in Kourna gewesen. Ich war sehr beeindruckt. Sie dürfen nicht etwa glauben, ich sei nicht empfänglich für derartiges ... "

Eben sieht er zum ersten Male herüber. Die Fenster einer der Galeassenlaternen hinter mir, die Emil inzwischen angezündet hat, werfen ein irritierendes Schattennetz über sein Gesicht. Zwei dunkel glänzende Augen sind auf mich gerichtet. Das Gesicht verhält unter dem zitternden Gitter aus Schatten, es entzieht sich in demselben Augenblick, in welchem es sich zeigt.

„ ... übrigens: kein Gedanke, dass Ihr Freund das Pharaonengrab noch herausrücken wollte. Er hat es mir gezeigt. Ich weiß, es war eine selten vergebene Auszeichnung. Und er hat mich gebeten, Ihnen etwas mitzuteilen. Er lässt Ihnen sagen, dass dieses Grab viel zu schön sei, um es zu verkaufen. Er meint, es solle Ihnen beiden aufbewahrt bleiben."

Emil hat die ledernen Buchdeckel mit den eingelegten Karten auf den Tisch gelegt. Der Deckel des meinen ist eine rheinfränkische Arbeit (wahrscheinlich vierzehntes Jahrhundert). Bisher hatte mir Emil immer den Registereinband mit den Goldschließen gegeben (Venezianische Arbeit, siebzehntes Jahrhundert). Aus der Art, wie auf den einliegenden Karten Speisen gestrichen oder andere nachgetragen waren, konnte ich eine Nachricht entschlüsseln, die für meine Verhandlungsführung bedeutsam war. Diesmal aber lese ich nichts als die Abfolge unverschlüsselt gastronomischer Angaben. Diese erscheinen mir kahl und kalt und von einer erschreckend wesenlosen Eindeutigkeit so, als sagte mir einer: eine Lokomotive sei nichts weiter als eine Lokomotive.

Biographien
der an der Anthologie beteiligten Autoren

BARTSCH, HANNELORE, geb. 1950 in Helmstedt, Bürokauffrau, Autorin und Illustratorin von bisher 5 unveröffentlichten Büchern, 1990 Veröffentlichung des Gedichtes „Wintertag" im Helmstedter „Blitz", wohnt in Wolsdorf, Kreis Helmstedt, in der Anthologie vertreten mit der Erzählung „Ein Weihnachtstag", S. 87.

BAUMANN, INGEBORG, geb. 1926 in Dunsen/Eime, Hausfrau, lebt in Braunschweig seit 1927, bisher keine Veröffentlichungen, in der Anthologie vertreten mit der Erzählung „Tiefe Liebe", S. 49.

BÖRRIES, ANJA, geb. 1968 in Berlin, seit 1969 in Braunschweig, Philologin, Thailandkennerin. Veröffentlichte bisher nur in Zeitschriften, in der Anthologie vertreten mit der Erzählung „Der Macham-Buddha", S. 191.

BOLEININGER, HELENE, geb. 1962 in Pawlodar/Kasachstan, Diplomingenieurin, Autorin in russischer und deutscher Sprache, bisher noch keine Veröffentlichungen, in der Anthologie vertreten mit der Erzählung „Ein langer Weg nach Hause", S. 180. 3. Preis des Literaturwettbewerbes 2001 der Braunschweigischen Landschaft.

BÜSCHER, FRIEDA FRANZISKA, geb. 1926 in Hille, Krs. Minden/Lübbecke, Gemeindehelferin in kirchlicher Frauen- und Jugendarbeit, lebt in Helmstedt, bisher veröffentlicht: „Erzähle uns von früher", Balladen und Erzählungen, Pfadverlag 1991, SZ-Sauingen, in der Anthologie vertreten mit der Erzählung „Der Urlaub", S. 216.

EGBUNA, BETTINA DANIELA, geb. 1964 in Wolfenbüttel, Grafikerin, Telefonagentin, seit 1992 literarisch tätig, aber noch keine Veröffentlichungen, lebt in Braunschweig, in der Anthologie vertreten mit dem Gedicht „Blaue Stunde", S. 82.

ENTZ, LINDA, geb. 1976 in Helmstedt, Fliesen-, Platten- und Mosaiklegerin, schon seit der Kindheit literarische Betätigung: Gedichte, Erzählungen, Kurzgeschichten, Veröffentlichungen im „Stadtbüttel Königslutter" und im „Helmstedter Blitz", lebt in Groß-Steinum. In der Anthologie vertreten mit der Erzählung „Grenzgang", S. 229.

ERSFELD, RALF, geb. 1971 in Hannover, Pädagogikstudium, lebt seit 2000 in Braunschweig. Bisher keine Veröffentlichungen. In der Anthologie vertreten mit der naturalistischen Erzählung „Eine Kneipe", S. 64.

FÖRSTERLING, REINHARD, geb. 1948 in Halberstadt (DDR), seit 1956 in der Bundesrepublik Deutschland, Abitur 1966. Arbeit im Baugewerbe, in einer Maschinenfabrik und bei der Bundesbahn. Ab 1978 Studium des Lehramtes. Nach Abschluss der Lehrerprüfung wissenschaftlicher Mitarbeiter im Stadtarchiv Salzgitter. Neben mehreren Publikationen zur Regionalgeschichte Veröffentlichungen von Lyrik und Kurzepik in Zeitungen, Zeitschriften, Anthologien. Einzeltitel: „Kalendarisches" (Lyrik und Kurzprosa) Hannoversch-Münden 1985. Mitglied im VS. In der Anthologie das Gedicht „auch feldwege", S. 132.

GAWAD, KARIM ABDEL, geb. 1971 in Braunschweig, Angestellter im Öffentlichen Dienst, lebt in Hannover, Bisher keine Veröffentlichungen. In der Anthologie vertreten mit dem Gedicht „Sie marschieren wieder", S. 135.

GLOCKENTÖGER, ULRIKE, geb. 1954 in Remlingen, Lehrerin, Autorin, lebt in Remlingen, Veröffentlichungen: „Jan hat immer R/recht", Kinder-/Jugendbuch, 1998, „Müttergärten gibt es nicht!", Kinderbuch 2000, „Leo" 2001 in Frankfurter Edition, Gedicht u. Gesellschaft, Goethe-Gesellschaft Ffm. In der Anthologie vertreten mit der Erzählung „Alleen", S. 90 und dem Gedicht „Garding", S. 81. Im Literaturwettbewerb 2001 der Braunschweigischen Landschaft Epik fünftplatziert.

HARTMANN, ANDREAS, geb. 1947 in Braunschweig, seit 1976 Gymnasiallehrer in Peine, später Braunschweig, Schultheaterarbeit, zur Zeit Regisseur und Darsteller in der Niederdeutschen Bühne Braunschweig, seit 1988 schriftstellerische Betätigung, bisherige Veröffentlichungen: „Aufgerauht", Gedichte, Kuhle-Verlag Braunschweig 1994, „Zwischen Coletti und Capriccio", Kuhle-Verlag BS 1998, Beiträge in der Anthologie „Die anderen Menschen", Deutsch-Russischer Almanach, Moskau 1996, OLMS Hildesheim 1998, „Traum-Haft", Frisierte Fragmente, Selbstverlag BS 1997, „To Huus", Schauspiel von John Murphy, Niederdeutsche Bearbeitung, Ahn & Simrock Verlag, München 1998, „Aufgelesen", Gedichte und Geschichten, Kuhle Buchverlag Braunschweig 1998, Preise: 1999 Preisträger beim Liebes-Gedichte-Wettbewerb der Pro Familia BS, 1. Preis Lyrik im Literaturwettbewerb der Braunschweigischen Landschaft 2001, in der Anthologie vertreten mit dem 1. Preis Lyrik gekrönten Gedicht „Alles auf einmal", S. 108, außerdem mit den Gedichten „Nachklang", S. 50 und „Spielchen", S. 38. Hartmann ist Mitglied im Verband deutscher Schriftsteller (VS).

HELMER, ERICH, geb. 1922 in Braunschweig. Theologiestudium, Pfarrer, jetzt emeritiert und wohnhaft im Peine. Literarisch seit 30 Jahren tätig. Veröffentlichungen (außer theologischen Abhandlungen): 1960 „Als Kellner im Speisewagen", 1977 „Lenin ibi Jerusalem", 1988 „Crash-Alarm", 1991 „Unvergesslich", 2000 „Pastorenkinder", 2001 „Ich bin der Herr Pastor und predige Euch was vor. In Arbeit: „Der Tornister" Preise: „Die Sehnsucht der alten Frau" – „Grenzgang nach Osten", 1993 ausgezeichnet beim Literaturwettbewerb für Senioren vom sächsischen Staatsministerium. In der Anthologie vertreten mit der Erzählung „Heimkehr nach Braunschweig", S. 158.

HERRMANN, SIGRID ELISABETH, geb. 1967 in Braunschweig, freiberufliche Journalistin und Werbetexterin. Zeitungsberichte, Reportagen, Anekdoten, Reiseerzählungen, in Zeitungen veröffentlicht. In der Anthologie vertreten mit der Erzählung „Der Stern von St. Malo", S. 39.

HERZOG, JOSEF, geb. 1960 in Seesen, Stadtinspektor i. R., lebt in Salzgitter. Literarische Veröffentlichungen in Anthologien und Literaturzeitschriften. In der Anthologie vertreten mit der Erzählung „Die Verteidigungsrede des Wolfes", S. 122, ausgezeichnet mit dem 4. Preis Epik des Literaturwettbewerbes der Braunschweigischen Landschaft 2001.

HILDEBRAND, UWE, Autorenname Uwe Flügel, geb. 1970 in Braunschweig, Redakteur der Gifhorner Rundschau, Magister der Politik- und Literaturwissenschaft, Veröffentlichung: „Körpertausch" bei Belletrist 2002. In der Anthologie vertreten mit der Erzählung „Alte Bäume", S. 69.

ILBERG, KLAUS, geb. 1921 in Blankenburg, seit 1952 in Braunschweig lebend, Rechtsanwalt i.R. Bisher keine Veröffentlichungen. In der Anthologie vertreten mit dem Gedicht „Bamberg", S. 157.

JANDER, PETER-MICHAEL, geb. 1949 in Seesen, Apotheker, lebt in Gifhorn, Gedichte zunächst in Zeitschriften und Tageszeitungen, Lyrik-Telefon Hannover, Veröffentlicht: „Imaginationen"/Lyrik/Kurzprosa, Ziehl, Jander, Söhle, Bläschke Verlag 1980, „Lyrik und Prosa vom Hohen Ufer" Moorburg Verlag Hannover 1979 und 1982. „Das Große Buch der Renga-Dichtung" C.H. Kurz (Hrsg) Verlag Graphikum 1987. In der Anthologie vertreten mit dem Gedicht „FILM-SPOTS", S. 171.

JANßEN, PETER, geb. 1937 in Krefeld, Sonderschullehrer i.R., lebt in Braunschweig. Mitglied im Deutschen Schriftstellerverband, literarisch tätig seit 1963, zahlreiche Veröffentlichungen von Gedichten und Kurzprosa in Zeitungen, Zeitschriften, Anthologien und im Rundfunk. Einzelveröffentlichungen „Der Flügelschlag meiner Unruhe" Gedichte 1981, „Immer warten wir" Gedichte 1983, „Maria-Schmolln" Erinnerungsbilder, 1987, „Im wechselnden Licht", Lahnstein 1987, „Vernissage" Kurzprosa, Göttingen 1988, Unterwegs", Kurzprosa, Göttingen 1996, Lyrikpreis „Zum halben Bogen", Bovenden 1987 , Beiträge zur Anthologie „Die anderen Menschen", Deutsch-Russischer Almanach, Moskau 1996, OLMS Hildesheim 1998. In der vorliegenden Anthologie vertreten mit der Erzählung „Abschied", S. 213.

JONDRAL, MARIANNE, geb. 1961 in Szczytno in Polen. Leitende Disponentin am Staatstheater Braunschweig, seit 1997 endgültig in Braunschweig lebend. Literarische Betätigung als Hobby. Bisher keine Veröffentlichungen. In der Anthologie vertreten mit dem Gedicht „Chancen", S. 190.

KAHL, FRED, geb. 1951 in Schwicheldt Krs. Peine, Realschullehrer, literarisch tätig als Übersetzer lyrischer Texte aus dem Englischen. In der Anthologie vertreten mit dem Gedicht „die greisin", S. 56, 2. Preis Lyrik im Literaturwettbewerb 2001 der Braunschweigischen Landschaft.

KLOSENDORF, BERND, geb. 1952 in Erfurt, Theologiestudium, ev. Pfarrer, seit 1990 literarische und kompositorische Betätigung, aber bisher unveröffentlicht. Seit 2000 wohnhaft in Salzgitter. In der Anthologie vertreten mit den Gedichten „Am letzten Tag", S. 212 und „Märznacht", S. 75.

KOCH, RENATE G., geb. 1939 in Mölln, Krs. Hzgt. Lauenburg. Apothekerin, ab 1967 wohnhaft in Braunschweig. Hobbyliteratin, bisher keine Veröffentlichung. In der Anthologie vertreten mit der Kurzgeschichte „Die verpasste Gelegenheit", S. 222 und der Erzählung „Die Lütte und der alte Dichter", S. 111.

KÖNIG, SIMONE, geb. 1958 in Salzgitter-Lebenstedt, Pädagogische Leiterin von Eltern-Kind-Gruppen, Sopranistin, Hausfrau. Für Gemeindebriefe Verfasserin von Gedichten und Kurztexten, lebt in SZ-Lebenstedt. In der Anthologie vertreten mit dem Gedicht „Ich schenk dir meine Zeit", S. 94.

KOHN, FRIEDERIKE, geb. 1976 in Salzgitter-Bad, Studentin im kreativen Schreiben und Kulturjournalismus an der Uni Hildesheim. Teamerin der Bundesakademie für kulturelle Bildung in Wolfenbüttel. Veröffentlichungen in Anthologien des Göttert-Verlags Diepenau. Wohnhaft in Elbe. In der vorliegenden Anthologie vertreten mit den Erzählungen „Das Sofa", S. 35 und „Jo", S. 106.

KOPP, FRIDA, geb. 1955 in Steyerberg bei Nienburg. Seit 1975 wohnhaft in Braunschweig. Abitur am Abendgymnasium Braunschweig, Studium der Anglistik und Germanistik an der TU Braunschweig. Literarische Betätigung seit 1980, Märchen, Kurzgeschichten, Lyrik, z.T. veröffentlicht in Literaturzeitschriften. In der Anthologie vertreten mit dem Gedicht „Alte uralte Weiden", S. 72.

KOSEWITSCH, MIRJAM MILENA, geb. 1957 in Berlin. Schreiberin ohne bisherige Veröffentlichungen. Schwerpunkte: Romane, Gedichte. Lebt in Wolfenbüttel, In der Anthologie vertreten mit dem Gedicht „Contradictio", S. 147.

KOTT, CHARLOTT RUTH, geb. 1937 in Leipzig. Ausbildung als Schriftsetzerin in der Gutenbergschule Leipzig. Seit 1954 in Braunschweig lebend. 1981-85 Gaststudium an der HBK Braunschweig, Teilnahme an Editionen, Studienaufenthalte in der Provence. Stipendium für die Internationale Sommerakademie Salzburg, Stipendium des Landes Niedersachsen für Malerei in Frankreich. Mitglied der GEDOK Hannover und seit 1991 im Kunstverein Séguret. Jetzt „Freie Maler- und Bildhauerin" in Braunschweig. Kleine literarische Arbeiten zu Bildern und für Zeitungen. In der Anthologie vertreten mit der Erzählung „Wie schmeckt Blau?", S. 83.

KRÜGER, CHRISTIANE, geb. 1928 in Danzig-Langführ. Lehre als Industriekaufmann bei Voigtländer, Arbeit im Patentamt der Firma, dann bei der PTB. Arbeit im ev. Studentenwohnheim als Hausdame und Pfarramtssekretärin. Literarische Betätigung nur zum Hausgebrauch. In der Anthologie vertreten mit der autobiographischen Erzählung „Entwurzelung", S. 149.

KUMLEHN, JÜRGEN, geb. 1945 in Sülingen, Krs. Helmstedt. Bereichsleiter der Werkstatt für behinderte Menschen in Neuerkerode. Wohnhaft in Wolfenbüttel. Mitglied der Ende der siebziger Jahre aufgelösten Braunschweiger Werkstatt des „Werkkreises Literatur der Arbeitswelt". Veröffentlichungen in Taschenbüchern des Werkkreises, in der ZS „Horen" und in Zeitungen. 1. Preisträger Epik des Literaturwettbewerbes 2001 der Braunschweigischen Landschaft. In der Anthologie vertreten mit der preisgekrönten autobiografischen Erzählung „Volkberts Begegnungen", S. 136.

Leskien, Jutta, (Künstlername) geb. 1937 in München. Lektorin in der Hörspielabteilung des Bayrischen Rundfunks, von 1973 bis 1999 Lehrerin in Braunschweig, jetzt im Ruhestand, lebt in Braunschweig. Veröffentlichungen: Hörspielbearbeitungen für den Bayrischen Rundfunk. „Vom Sendespiel zur Medienkunst", München 1999. Gedichte in Zeitschriften und Anthologien. Ein Schultheaterstück im Deutschen Theaterverlag in Weinheim unter dem Namen Heusinger. Übersetzungen der Nachlassgedichte von Paul Celan ins Italienische, dafür der Preis „Premio Europeo ‚Calliope 1998' di Poesia". In der Anthologie vertreten mit dem im Literaturwettbewerb 2001 fünftplatzierten Gedicht „Winter", S. 96.

Liepelt, Claudia, geb. 1974 in Braunschweig, Erzieherin, lebt in Braunschweig. Bisher veröffentlicht: „Solange ich weiß" Gedichtband im R.G. Fischer Verlag Frankfurt, „Leben will ich" Gedicht in einer Anthologie der Cornelia-Goethe-Gesellschaft. In der vorliegenden Anthologie vertreten mit dem Gedicht „Du", S. 63.

Ludwig, Andrea, geb. 1957 in Magdeburg, wohnhaft in Irxleben. Technische Mitarbeiterin. Bisher keine Veröffentlichungen. In der Anthologie vertreten mit dem Gedicht „schön, dass es dich gibt", S. 37.

Mohr, Gerd, geb. 1959, Agraringenieur, Dipl.-Ing., wohnhaft seit 1988 in Braunschweig. Schreibt seit einigen Jahren Gedichte. Noch keine Veröffentlichungen. In der Anthologie vertreten mit dem Gedicht „Leitbilder", S. 131.

Nabert, Dagmar (alias Steblewa, Alla), geb. 1943 in Burg bei Magdeburg als Tochter einer russischen Zwangsarbeiterin. Von deutscher Familie mit dem Namen Dagmar adoptiert. Verlagsrepräsentantin, lebt seit 1956 in Braunschweig, seit 1980 in Bad Harzburg. Bisher keine Veröffentlichungen. In der Anthologie vertreten mit der autobiographischen Erzählung „Schicksal oder Fügung?", S. 173.

Nieske, Ralf, geb. 1957 in Wolfenbüttel, Call-Center-Agent, wohnhaft in Braunschweig, noch keine Veröffentlichungen. In der Anthologie vertreten mit der Erzählung „Der Arm der Eisenhütte", S. 22.

Nührig, Klaus, geb. 1958 in Wrestedt, Krs. Uelzen. Gymnasiallehrer, seit 1985 in Braunschweig wohnhaft. Mitglied des Deutschen Schriftstellerverbandes. Veröffentlichungen: Hörspiele: „Weggenossen" Radio Bremen, „Schwanensee 2000", WDR, Novelle „Auge" 2002 im Leda Verlag Leer. In der Anthologie vertreten mit dem epischen Beitrag „Nathans Gegenwart", S. 127.

NÜSSE, FRIEDEL, geb. 1932 in Nikolai/Kattowitz. Gelernte Friseurin, Hausfrau, Hobbyschauspielerin und Regisseurin, wohnhaft in Salzgitter-Bad seit 1953, Mitglied im Literaturzirkel der Theatergruppe SZ-Bad. Veröffentlichungen: Beiträge zur Stadtgeschichte der Stadt Salzgitter. „Bergbau in Salzgitter" Appelhans Verlag, Beitrag zu der Anthologie „Die Heimat im Kopf", BS 1994, drei Beiträge in dem Büchlein „Über Brücken geht der Weg", herausgegeben vom Literaturzirkel der Theatergruppe SZ-Bad. Mitarbeiterin in dem Buch „Wege und Spuren", Appelhans Verlag BS 1999. 1. Preisträgerin des Senioren-Autorenwettbewerbes der Stadt Salzgitter 1988, Titel: „Wie ich mein Alter sehe". In der vorliegenden Anthologie vertreten mit der Erzählung: „Bosnische Begegnungen", S. 164.

OFF, JAN, geb. 1967 in Braunschweig, Schriftschaffender. Wohnhaft in Braunschweig. German National Slam Champion 2000; Gewinner des German Grand Slam 2001. In der Anthologie vertreten mit dem Gedicht „Umleitungsende", S. 134.

OHAINSKI, RALF, geb. 1958 in Dorstadt, Theologiestudium. Ev. Pfarrer, wohnhaft in Flöthe. Bisher keine literarischen Veröffentlichungen. In der Anthologie vertreten mit der Erzählung „Von ganzem Herzen", S. 215 und „Himbeersommer 64", S. 110.

ORLAMÜNDE, HERMANN, geb. 1936 in Barleben bei Magdeburg. Lehrer, jetzt im Ruhestand. Literarische Betätigung seit 1987. Wohnhaft in Colbitz, aber Mitglied des Arbeitskreises Plattdeutsch in der Braunschweigischen Landschaft. Veröffentlichungen: 1998, „Kommste mit? Dorfgeschichten aus den vierziger Jahren", 2000, Buch „Bei den Pyramiden und anderswo", 2000, Buch „De Kiwitt un annere fidele Vortelljen" Ostfalia Verlag Peine. 2001, Kurzgeschichten in Ostfälischem Platt in Anthologien des Dr. Ziethen-Verlages Oschersleben, 2001, Kurzgeschichten in einer Anthologie „Herbsttage" der „Kulturfabrik Haldensleben", dazu plattdeutsche Kurzgeschichten in der „Volksstimme" Magdeburg. Preise bei den Niederdeutschen Literaturwettbewerben der DEUREGIO Ostfalen e.V. 1998 3. Preis, 1999 3. Preis, 2000 1. Preis. In der Anthologie vertreten mit der Erzählung „Eine Alte Liebe", S. 45.

RIEBE, HARALD, geb. 1923 in Frankfurt/Oder. Prof. emer., wohnhaft in Wolfenbüttel seit 1993. Veröffentlichung von Nichtbelletristischem seit 1966, von Belletristischem seit 1988 (Erzählungen, Gedichte, 2 Romane.) In der Anthologie vertreten mit den Erzählungen „Die letzte Geschäftsverhandlung", S. 234 und „Die Murmelleute", S. 98.

RIECHEY, IMKE CATHARINA, geb. 1981 in Peine, Studentin, seit 1995 literarische Betätigung, noch keine Veröffentlichung. Wohnhaft in Peine. In der Anthologie vertreten mit dem Gedicht „gehörtes Gefühl", S. 86.

ROMFELD, ELSA, geb. 1975 in Braunschweig. Germanistikstudentin an der TU Braunschweig. Wohnhaft in Braunschweig Veröffentlichungen in der „Geyso-Gazette – Zeitschrift für Philosophie in BS". In der Anthologie vertreten mit dem Gedicht „erlegt", S. 228.

ROSNER, FLINT, geb. 1954 in Braunschweig. Lymphdrainage- und Oedemtherapeut. Wohnhaft in Braunschweig. Gedichtband „Wiedergänger" im Eigenverlag. Unter dem Zeichen: Mod Lyr 514/93 – Gedichte und Balladen im Goethe-Institut Helsinki. Erster Preis beim IG-Metall-Literaturwettbewerb 1989, Mitgewinner des Gedichtwettbewerbes von PRO FAMILIA BS Liebesgedichte 1999. Gereimte Novelle „Richter und Dämon", seit 2000 im R.G.Fischer-Verlag archiviert, noch nicht veröffentlicht. In der Anthologie vertreten mit dem Gedicht „Ein Tag begegnet dem Herbst", S. 73.

RÜHE, BIRGIT, geb. 1942 in Nordhausen. Lehrerin in Harlingerode (Bad Harzburg), Walkenried, heute wohnhaft in Heere, Krs. Wolfenbüttel. Literarisch tätig seit 1988. Bei den Märchentagen Salzgitter 2. Preis für das Märchen „Der Besuch des Prinzen". 1993 2. Preis beim Literaturwettbewerb der Braunschweigischen Landschaft mit dem Gedicht Harfen-Agnes, veröffentlicht in der Anthologie „Die Landschaft im Kopf" BS 1994. Gedichtband „Die Häuser am anderen Ufer" 1996 bei Eric van der Wal, Bergen (Holland). In der Anthologie vertreten mit den Gedichten: „Jagdschloss II", S. 126, „Herbstgang", S. 74 und „Der Mond", S. 97.

SCHÄPE, SOPHIE, geb. 1981 in Helmstedt, Jurastudentin an der Uni Augsburg. 2001 Mitarbeit beim Literatur-Labor in Wolfenbüttel, mit 11 anderen jungen Autoren erste Veröffentlichungen in einer Anthologie. In der vorliegenden Anthologie vertreten mit der Erzählung „Die Frau im Auto", S. 34.

SCHICKTANZ, HEINZ, geb. 1933 in Politz, Krs. Tetschen, Sudetenland. Bergmann, später Realschullehrer, seit 1947 in der Region Braunschweig, wohnhaft in Liebenburg. 5. Preis des Dichterwettbewerbes zum 500. Geburtstag von Hans Sachs für den Beitrag: „Geburtstagswunsch für Hans Sachs". In der Anthologie vertreten mit dem Gedicht „Vor dem Spiegel", S. 121.

SCHÖNBERG, SILVIA, geb. 1952 in Braunschweig. Pädagogin in seelsorgerischen Einrichtungen. Schreibt Gedichte und Tagebücher, bisher keine Veröffentlichungen. 3. Preis Lyrik im Literaturwettbewerb 2001 der Braunschweigischen Landschaft. In der Anthologie vertreten mit dem preisgekrönten Gedicht „Eigentlich", S. 33 und dem Gedicht „Erfahrung", S. 21.

SCHULZ, GREGOR WINFRIED, geb. 1964 in Rottorf. Dipl.-Ing. seit 1986 in Braunschweig wohnhaft. Veröffentlichungen: „Ausgewählte Werke IV", Anthologie der Nationalbibliothek des dt. Gedichts, München 2001. Gewinner des Slam-Poetry-Wettbewerbes „wortwärts" BS 1998. In der Anthologie vertreten mit dem Gedicht „Hühnergaucho", S. 109.

SCHWARTZ, SIGRID, geb. 1944 in Magdeburg. 1945-1965 in Wolfenbüttel. 1965-1968 Studium in Marburg und Göttingen. Danach Realschullehrerin, wohnhaft in Braunschweig. Seit Eröffnung der Bundesakademie in Wolfenbüttel 1988 literarische Tätigkeit in einer Schreibwerkstatt. 2 Veröffentlichungen im R.G. Fischer Verlag Ffm 1997. 2. Preisträgerin Epik beim Literaturwettbewerb der Braunschweigischen Landschaft 2001. In der Anthologie vertreten mit der preisgekrönten Erzählung „DIE KETTE", S. 51.

SEELIG, VANESSA, geb. 1973 in Braunschweig. Rechtspflegerin, Beamtin im gehobenen Justizdienst. Wohnhaft in Braunschweig. Literarische Betätigung als Hobby. Bisher keine Veröffentlichungen. In der Anthologie vertreten mit der Erzählung „Auszeit", S. 57.

STIDDIEN, KARIN, geb. 1956 in Wolfenbüttel. 1. Staatsexamen für Germanistik/Anglistik (Höheres Lehramt), aber Umschulung zur Wirtschaftsassistentin für Fremdsprachen, seit 1991 Sekretärin in der BMA (Braunschweigische Maschinenbauanstalt AG). Seit 1982 wohnhaft in Braunschweig. 1998 Teilnahme am Braunschweiger Poetry Slam. Veröffentlichung des Textes „Personenbeschreibung" in „wortlaut", Göttinger ZS für neue Literatur. (Hainholz Verlag Göttingen) In der Anthologie vertreten mit der Erzählung „Vollpension", S. 214 und dem Gedicht „Jahresring", S. 55.

STOCK, MICHAEL, geb. 1966 in Braunschweig. Angestellter. Wohnhaft in Braunschweig. Bisher keine Veröffentlichungen. In der Anthologie vertreten mit der Erzählung: „Begegnungen mit Gott ...", S. 209.

STOPPE, MANFRED, geb. 1948 in Wolfenbüttel. Realschullehrer. Jetzt Pädagogischer Seminarleiter im Studienseminar Helmstedt. Bisher keine Veröffentlichungen. In der Anthologie vertreten mit dem Text „Einmal Ewigkeit und zurück", S. 76.

UTHE, BIRGIT, geb. 1954 in Salzgitter. Literaturwissenschaftlerin. Wohnhaft in Salzgitter. Bisher keine Veröffentlichungen. In der Anthologie vertreten mit dem Gedicht „Dir entgegen", S. 48.

ZOCH, MICHAEL, geb. 1966 in Braunschweig. Schriftsteller. Wohnhaft in Braunschweig. Veröffentlichungen: 1999 „Tiffany", Roman im Medien Verlag Vienenburg. 2000, „Ja" ‚Gedicht in der Literaturzeitschrift „Wortspiegel" Berlin. 2000 „Vision vom Rand der Nacht", Gedicht in der Frankfurter Edition: Das Gedicht der Gegenwart. Goethe Gesellschaft Frankfurt. 2001 Acht Gedichte in der österreichischen Literaturzeitschrift „ZEITschrift", Bd. 100, „Aus anderer Landschaft", Stolzalpe. 2001 10 Gedichte in der gleichen Zeitschrift, Bd. 107, „Ich wär so gerne Philosoph". Veröffentlichungen in mehreren Internet-Literaturmagazinen. In der Anthologie vertreten mit dem Gedicht „Das Paar an der Ampel", S. 43.

Biographien der Juroren bzw. Lektoren

BISCHOFF, GERNOT, geb. 1933 in Pößneck/Thür. Oberstudienrat a.D. Fachlehrer für Deutsch, ev. Religion, Erdkunde und Gemeinschaftskunde in Salzgitter-Bad. Seit 1977 Leiter eines Amateurtheaters und Literaturzirkels. Seit 1992 Sprecher der AG Literatur der Braunschweigischen Landschaft e.V. Veröffentlichungen: mehrere Theaterstücke im Deutschen Theaterverlag Weinheim seit den 80-er Jahren, Lyrik und Kurzepik „Zwei halbe Steine" 1990 Pegasus Agentur, Littmann Oldenburg; Autor, Juror, Lektor, Übersetzer, Mitherausgeber in folgenden Veröffentlichungen der Braunschweigischen Landschaft: „Die Landschaft im Kopf", 1994; „Die anderen Menschen", OLMS Hildesheim 1997, „Wege und Spuren" Appelhans Verlag BS, 1999. Mitglied im VS.

DR. ANNETTE BOLDT-STÜLZEBACH, geb. 19. Juni 1959 in Berlin. 1978 - 1983 Studium der Fächer Geschichte, Anglistik, Philosophie und Pädagogik an der Technischen Universität Carolo Wilhelmina in Braunschweig. 1984 - 1987 Dissertation im Bereich mittelalterliche Geschichte an der TU Braunschweig als Stipendiatin der Studienstiftung des Deutschen Volkes. 1987 Freie Mitarbeiterin am Institut für Denkmalpflege, Braunschweig. 1988 - 1990 Wissenschaftliche Mitarbeiterin am Historischen Seminar der TU Braunschweig und der Freien Universität Berlin, Friedrich Meinecke Institut im Rahmen eines DFG-Forschungsprojektes, seit 1990 Kulturinstitut Stadt Braunschweig.

GUDER, RUDOLF, geb. 1931, Studium der Pädagogik in Braunschweig, seit 1954 im Schuldienst, Mitglied in VS, Gesellschaft für zeitgenössische Lyrik, und Fachverband für Theatererziehung, Lehrtätigkeit an der Universität Braunschweig, lebt in Dettum, Kr. Wolfenbüttel, war langjähriger Herausgeber der Zeitschrift „In Sachen Spiel und Feier" (Höfling Verlag Weinheim). Neben zahlreichen spielpädagogischen und mathematikdidaktischen Veröffentlichungen liegen im Deutschen Theaterverlag Weinheim rund 50 darstellende Spiele von ihm vor, 1981 dort auch Gedichtband „Bescheidene Abnormitäten". Unveröffenlicht Romane, Gedichte, Essays und eine Biographie.

MAROHN, ARIBERT, geb. 1933. Oberstudienrat a.D. Fachlehrer für Deutsch, Philosophie, Geschichte, Politik und Englisch in Braunschweig. Mitgliedschaften u.a.: AG Literatur der Braunschweigischen Landschaft e.V., Raabe-Gesellschaft, Kolleg 88, Geschichtsverein, Freundeskreis des Braunschweigischen Landesmuseums.

RISCHER, WOLFGANG, geb. 1935 in Hamburg, lebt in Süpplingen; studierte Elektrotechnik und Pädagogik; war im niedersächsischen Schuldienst tätig, leitete das Studienseminar Helmstedt. Schreibt Gedichte, Essays, Kritiken. Veröffentlichte u.a. die Gedichtbände „Landvermessung" (1988) und „Zeitansage" (2000) sowie zahlreiche Gedichte in deutschen und ausländischen Literaturzeitschriften und Anthologien. Gedichte von ihm wurden ins Japanische und Russische übersetzt. Lyrikpreis „Junge Dichtung in Niedersachsen" 1971; Niedersächsisches Künstlerstipendium für Literatur 1989; „Gedicht des Monats" 1998 und 1999 der Gesellschaft für zeitgenössische Lyrik, Leipzig, Mitglied im VS.